中国通史大师课

邓小南 等／著

CNS
岳麓書社

博集天卷
CS-BOOKY

目　录

第一章　宋代政治文化面面观

邓小南

第二章　大元王朝的统治

张帆

第三章　内敛的明代中国

赵现海

第四章　康乾时期的清代中国

刘凤云

第五章　四组关系中的近代中国

马勇

第一章
宋代政治文化面面观

邓小南

第一节　概述（上篇）：帝国的辉煌与苍凉

这一章我们要讲的是宋代政治文化面面观。在这样一个大题目下，我们会分九个子题目来讨论。在本章开头部分，我们先对宋代做一个概述，分为上篇和下篇。

长时段的观察

我们要讲的宋代，从时间的序列上来看，是处在中国帝制朝代的中段。也就是说，中国帝制朝代大约为2000年，如果我们把2000年打一个对折，那么折线处恰好就是宋代所处的时段。从严格意义上说，宋朝不是一个统一的王朝，和宋朝先后并存的，先有北边契丹民族建立的辽、党项民族建立的西夏、女真民族建立的金，后有蒙古民族建立的大蒙古国，也就是后来的元朝。严格来说，我们应该说当时是中国历史上又一个“南北朝”时期。

宋代前后持续了近320年的时间，我们把这段时期分为北宋和南宋。北宋王朝的政治中心在北方，首都是现在的河南开封。到了北宋王朝末年，女真的军队打过来之后，北宋王朝就覆亡了。重新集结起来的朝廷一路向南迁，最终把临时性的首都定在了现在的浙江杭州，因此我们把后期的宋代称为南宋。

对宋代的历史评价

对于宋代的历史，近代以来有许多不同的评价。一些很有名的国学大师，比如严复先生，在给一个学生的信里说道，古代的人都喜欢读“前四史”，也就是《史记》《汉书》《后汉书》《三国志》，主要是因为前四史的文字比较好。但是，严复先生说，研究历史，不仅要注意文字，还要关注人心和政俗的变化，因此要特别关注历史上的宋代，因为中国近代以来的很多现象都是从宋代遗留下来的。陈寅恪先生讲到“华夏民族之文化”的时候，也特别提到历经数千年之演进，文化有高峰、有低谷，却是“造极于赵宋之世”的。钱穆先生从中国古代社会的变化来讲，也认为各个时期都是有变化的，但最重要的变化是发生在宋代，宋代以前大体上可以称为“古代中国”，而宋代以后则可以称为“后代中国”。

20世纪50年代，当时隶属于中国科学院的文学所曾经出过一部《中国文学史》，宋代的部分是钱锺书先生写的。在这部书里，钱锺书先生就曾经从历史的延续和关联的角度来看宋代。他说中国文化史上有几个朝代一向是相提并论的，比如谈及文学，我们会说唐诗宋词；谈及绘画，我们会说宋元文人画；谈及学术思想，我们会说汉学、宋学。不管从哪个脉络延续下来，都会说到宋代。

近些年来，学界有讨论“唐宋变革”的，也有讨论“宋元明变迁”的，不管从哪个角度讨论，我们都会看到宋代的位置：讲唐宋变革，宋代可能是变化的整合收束期；讲宋元明变迁，宋代就是新发展的开端。对于宋代的历史，国内的学者以及海外的学者都有很多讨论，很多情况下都是关注一个朝代社会的、政治的、经济的、文化的变迁。例如，葛兆光老师曾经说：“唐、宋文化的嬗变，在中国文化史上也许是最值得研究的题目之一。”陈来老师也讲，从中唐以来，中国的文化出现了几件大事，包括新禅宗的盛行、新文学运动的开展，还有新儒家的兴起，这样的学术潮流，从中唐以来一直延续到宋代，形成了主导宋代以后的文化的主要形态。

昔日的辉煌

这样一些事实，都会让人注意到，宋代这个历史时期在中国整个历史的脉络里有特别的意义。比如在经济发展方面，有位英国史学家伊懋可（Mark Elvin），在他的著作*The Pattern of the Chinese Past*（《中国历史的模式》）里曾经说过，中国在中古时期出现了一次经济革命，这个“经济革命”实际上指的就是宋代那个时期经济突飞猛进的发展。当然，革命通常是一种颠覆性的变化，而经济的发展应该说是一种积累性的变化，所以用“革命”这样一个词，我觉得并不恰当。但是，至少学界有很多学者从很多角度都在讲宋代的“革命”，比如传统农业发生了“绿色革命”；面向大众的商业网络出现，发生了“商业革命”；世界上最早的纸币出现，发生了“货币革命”；都市面貌改变，可以说发生了“城市革命”；特别是为人熟知的“四大发明”里的印刷术、指南针、火药，它们的完善与外传都是在宋代，可以称为“科技革命”。“革命”的说法让我们注意到在这一时期，宋代在方方面面都有非常突出的发展。

如今我们都在谈论“一带一路”，其中所谓的“海上丝绸之路”，应该说真正成形是在中国历史上的宋代。包括近些年的海上考古发掘，例如从海底出土的“南海一号”商船，也是宋代的，有学界、新闻界人士称之为“沉睡了800年的繁华”。

末日的苍凉

尽管宋朝的经济和文化如此辉煌，人们还是会认识到，这样一个王朝，一方面它的社会经济、制度建设和科技文化都领先于世界，另一方面它又受到周边民族的严重挤压，内政因循求稳。当时宋朝面临着很多严峻挑战，导致这个王朝的战略格局和政策应对出现了很多问题。

我们既要看到宋朝经济和文化辉煌的一面，也要关注它结局悲凉的一面。我们现在看到的宋代皇帝的陵墓，不管是北宋在巩义地区的帝陵，还是南宋在绍兴的帝陵，都给人非常突出的落寞和苍凉感。

第二节　概述（下篇）：生于忧患，长于忧患

宋王朝在中国历史上相对来说有其特别之处。黄仁宇先生曾经说过，中国历史上的各个王朝都有突出的特点，但相比之下，宋王朝是比较特别的。这种“特别”是和立国的环境直接相关的，立国环境决定了宋王朝持续的这319年时间都伴随着强烈的忧患意识。宋代的“生于忧患”和“长于忧患”，表现为以下几个方面：

“天时”的角度

通常在论及一个王朝的强盛，或者说一个时期的衰落的时候，我们总是会从天时、地利的角度入手。

首先来谈一下宋代的“天时”——气候背景条件。竺可桢先生在20世纪70年代写过一篇文章，讨论中国近5000年来的气候变化。他在其中提到，11世纪初到12世纪这段历史时期，气候转寒，温暖期趋短。根据一些气象统计资料，并借助近些年的一些技术，倒推、回溯曾经的历史状况，去看当年的气候变化，我们大体上有一

个共同的认识，就是在11世纪初到12世纪这段时间里，气温确实处于低谷。那么，这种气候转冷，特别是伴随着干旱的气象条件，对当时的王朝来说意味着什么呢?

中国古代王朝都是农业国家，王朝的财政倚赖农业方面的赋税收入。如果无霜期突然缩短，那么粮食的收成肯定会受到相应的影响，继而对整个国家的农业税收包括国家的财政命脉都产生一定的影响。但这还不是唯一的影响。气候转向寒冷、干旱，特别是持续相当长一段时间，会成为当时的北方民族南下的一个重要原因。古代北方民族大多都是游牧民族，习惯于逐水草而居。当气候非常寒冷、干旱的时候，他们很自然的选择就是向温暖的地方转移，也就是要南下。在这种情况下，游牧民族就会和生活在相对比较靠南的包括黄河流域的传统农耕民族发生摩擦，严重的就会导致冲突甚至战争。而中国古代的游牧民族是马背上的骑兵，在冷兵器时代可以说是战斗力最强的族群。在这样的情况下，他们就对中原王朝造成了非常大的压力。

“地利”的角度

从地利的角度来讲，黄河流域长期以来都是农业的主产区。唐代中期以后，百姓安居乐业，于是大规模地垦田，垦田带来的黄河流域的水土流失使黄河经常淤塞，淤塞的结果就是在唐代后期，黄河频繁决口。这一问题也被宋代继承下来。宋代时黄河决口，最北曾经夺海河口入海，最南（当然有一些人为因素）曾经夺淮河口入海。也就是说，黄河当时在南北呈现出大规模扇面形的摆动，这使得很多地方成为黄泛区，农业生产受到了非常严重的影响。

因此，从天时、地利的角度来讲，这样的情况对宋代当时的社会发展是相当不利的。

宋朝的疆域

另外，从当时的政治格局来看，宋朝的疆域是中国古代主要王朝中最小的。这里所说的疆域狭小，当然是相对而言的，我们可以和唐朝的疆域做一个比较。

众所周知，唐朝的疆域是相当广袤的。在鼎盛时期，唐朝的疆域其实是分成东、西两大板块，这两大板块共同构成了唐朝的领土。公元755年安史之乱爆发以后，为了解决内地的变乱问题，唐王朝不得不把驻扎在西北的大量军队调回来，西北因此呈现出政治地理上的真空。这个真空迅速被周边的一些民族包括民族政权所填满，这样唐代后期实际控制的领土其实已经极大地缩小了。唐代晚期，在这个已经缩小的领土范围内，还出现了很多藩镇节度使，实际上就是一些大大小小的军区。这些军区之间有一些争斗，包括火并。最终有一些军区坐大，这些大军区里有个别的就摇身一变，建立政权。比如宣武军节度使朱温，他就推翻了唐的统治，取而代之。

这样一来，整个中原以及东南、西南的大片地区就陷入了一种分裂割据的局面。我们把这一时期称为五代十国，也就是说，中原地区先后出现了五个王朝，即我们通常所说的梁、唐、晋、汉、周；它的周边也有一些原来的大军区凭借实力，建立了自己的政权。当时南方有九个小的政权，加上北方在太原的一个政权，就是我们所说的十国。中国历史上分裂的时期其实并不短，但是像这样一种彻底分裂，若干个王朝同时并存的情形还是比较罕见的。宋代所完成的统一，实际上就是把五代十国这样一种分裂局面结束了，也就是说其实是大致恢复到了唐代后期的版图。

宋王朝的北边有契丹民族，契丹民族当时已经建立了自己的政权；西北有党项在活跃；西南有吐蕃，有大理。因此，宋王朝建立的时候，已经面临着周边多民族政权环伺的局面。就疆域的广度而言，与汉唐时期相比，宋代所完成的统一并不是真正意义上的统一。但是，宋代对地方的统治达到了一种相对纵深的程度，这种情形应该说是前朝无法相比的。即便是汉唐盛世，汉代和唐代都是灭亡于其内部扶植起来的一些军事势力；而在宋代以后，再也没有内部严重分裂割据局面出现，地方势力无法再向中央“叫板”。中央对地方统治所达到的这种纵深程度，在中国历史上有很重要的意义。

亚欧大陆视域里的宋代

不管是北宋还是南宋，都始终承受着来自北方民族政权的巨大压力，当时就有宋人说“天下大势，分为南北”。即便是宋代的内政措施，也是在这样一种非常沉重的外部压力下的选择。

如果把10—13世纪这样一种南北对峙放在亚欧大陆的视域里观察，我们会看到与以往相当不同的情景：中原王朝传统上视为边缘的东北、北部、西北这样一些地区，在亚欧大陆实际上处于中间地带。也就是说，契丹、女真、蒙古这样一些北方民族，恰恰是当时连接南北大陆带、连接东西交通通道的核心性力量。这些力量活跃于亚欧大陆，给中原地区农耕民族政权带来的压力和刺激是不言而喻的。

中国历史上的10—13世纪，是一个北方民族活动的高峰时期。和以前的突厥、回纥这类草原游牧民族建立的汗国非常不同，辽、夏、金、元政权都是相当成熟的政权，而且它们已经不同程度地、越来越深入地影响中原社会。宋王朝和这样一些政权的对峙和战争关系，成为当时的一条重要的历史线索。

辽、夏、金、元的统治在中华文明发展史上产生的影响是非常复杂的。当时的边境冲突和民族战争使一些农业文明受到了沉重的打击和破坏，但是与此同时，这些北方的民族政权又在开拓边疆、推动民族文化发展和民族融合、活跃内外文化交流等方面，起到了汉族王朝难以替代的积极作用，他们对中华文明的整体发展是做出了重要贡献的。

在这样一个历史时期，中原王朝所谓的核心地位和领头作用不再体现在统一大业的主导权上，而是表现在政治制度、社会经济和思想文化等方面的巨大影响上。

宋王朝的战略布局

在这样的整体局面下，宋朝统治集团当时的战略布局发生了一些严重问题。北宋的第二任皇帝宋太宗在位时，随着两次北伐的失利，整体战略布局转向内部。当时宋太宗有一种观点，认为一个国家必定是有内忧和外患的，那么这两者哪个更重要呢？他说内患是更为重要的，“帝王合当用心于此”，帝王要特别警惕内部发生变乱。所以，在这种情况下，他的整体战略布局就是所谓的“守内虚外，强干弱枝”。也就是说，把国家最主要的警惕目标放在内部的变乱上，把国家军队最强劲的部分收归中央直接指挥，而让地方的军事力量没有办法跟中央抗衡。这样的布局是针对五代时期国家动荡的局面所采取的，是一种应对、防范弊端的基本政策。

这样的基本政策，在宋代一直维系下来，成为朝廷对外的消极防御政策。这与宋代整体的军事被动局面是有直接关系的。我们说到宋代的时候，经常谈及“重文轻武”，实际上这种概括并不确切。宋朝在建立的时候，就面临着诸多北方民族政权的压力，从根本上来讲，它是不可能“轻武”的。那个时期的人也认为，宋朝必须要“以兵立国”，没有军事力量，宋朝是没有办法在当时这种竞争局面中立足的。但是，宋朝以兵立国的方式，和它的消极防御政策是并行不悖的。这样一种基本的战略布局，实际上奠定了两宋319年对外相对被动局面的基础。

当然，从北宋到南宋，有很多将士、很多民众，他们靠自己坚毅的努力和奋斗撑起宋朝这一片天，也保证了宋朝疆域内部相对来说比较稳定的局面。因此，我们才可以看到宋朝在经济、文化上有如此长足的进步。

在宋代，王朝的基本政策导向是在外部压力下的一种内政选择，这样一种政策导向是比较因循守旧的。

从以上概述中，我们能够一窥宋代的基本历史格局和它整体的政策选择。这样一种政策选择，实际上决定了整个宋代的发展方向。

第三节　防弊之政：宋代的“祖宗之法”

宋代的“祖宗之法”，就是宋代防范弊端的一些基本政策原则。

赵宋王朝建立于五代之后，虽然我们经常唐宋并提，但实际上宋代和唐代并不是紧紧相连的。唐代在公元907年就结束了，宋代在公元960年才开始，所以两者之间相距53年。在这53年里，中原地区先后出现了5个王朝，即我们通常所说的梁、唐、晋、汉、周。这5个王朝一共才维持了53年，而前前后后出现了14位皇帝，我们大致算一下，就知道平均每位皇帝在位多长时间。

这些前代的帝王，也就是五代的君主，有不少都是禁军统帅出身。禁军就是当时朝廷直接指挥的精锐部队，这些精锐部队的统帅直接掌握着军权，所以他们就有可能跟君主叫板。这些政权的更代在当时非常频繁，可以说是走马灯式的一种局面。在公元960年的时候，禁军统帅赵匡胤通过陈桥兵变“黄袍加身”。这个故事众所周知，赵匡胤摇身一变，从一个禁军统帅变成了宋代的开国君主。人们现在谈及赵匡胤，似乎有一种钦佩感，认为他开创了大宋王朝，实际上如果我们回到当时的环境里，会看到官员、民庶没有什么理由相信这个新上来的禁军统帅能维持他的政权。在当时的人们看来，这很可能就是第六个短命王朝又开始了；前面的14个君主走马灯一样地下去了，又来了第15个。

防弊之政：事为之防，曲为之制

因此，对赵匡胤来说，当时最突出、最严峻的挑战就是如何能把他所建立的王朝稳定下来。后来有些人就追溯当时宋太祖所采取的各方面的举措，也有人在那个时候的档案里看到了宋太祖跟他的臣僚、跟他的心腹智囊来往的一些书信。其中有一封宋太祖写给赵普（赵普是宋太祖的左膀右臂）的信，其中写道，我们这些人平定了祸乱，让天下归到我们手里，我们所创建的这些法度，子孙应该世世代代谨守不失。如果子孙能够世代谨守，那么我们这个王朝存在百世，都是有可能的。可以看到，赵匡胤对他所创建的这些法度是非常重视的。

赵匡胤做了差不多17年皇帝，就突然去世了。他的去世是不是正常死亡，后世很难知道。他去世以后，他的二弟赵光义继承了皇位，而不是他的儿子。虽然赵匡胤的两个儿子当时都已经成年了，但是都没能继承皇位，所以赵光义上台到底是正常的还是不正常的，这个问题一直众说纷纭。现在我们姑且不讨论这个问题，而将视角转向北宋的第二代皇帝赵光义，来看看他所执行的基本政策，或者说他对其兄长所执行的政策有一些什么样的理解和继承。每个皇帝登基的时候，都会发布所谓的“即位诏”，其实就是一份告全国军民书，用来安定军心、民心。当时宋太宗也有这样一份即位诏，在即位诏里，他有这样两句话，先是说“先皇帝创业垂二十年”，就是说他哥哥在位将近20年的时间；随后他把他哥哥将近20年的所有举措概括成8个字，就是“事为之防，曲为之制”。“事为之防”，就是所有的事情都要预先进行防范；“曲为之制”，就是凡事都要周全地进行制约。这8个字，可以说就是防微杜渐的一整套制度措施。

宋太祖赵匡胤

宋太宗赵光义

在归纳了他哥哥的这些作为之后，宋太宗就此表态，他说现在“纪律已定”，所有的规矩都定下来了，“物有其常”，所有的事物都在正常运转了，他“谨当遵承，不敢逾越”，就是他要继承这样一套做法，把他哥哥没有完成的事业继续推进下去。这套做法，即“事为之防，曲为之制”这样一种防微杜渐的精神，实际上是来自赵宋王朝对五代以来纷纷攘攘的动荡局面，即前车之鉴的一种警惕和防范。这套做法，就被归纳成宋代的“祖宗之法”，因为它是祖宗留下来的一些基本法度和基本政策原则。南宋的第二任皇帝宋孝宗曾经非常明确地说“祖宗法度乃是家法”，是赵宋王朝世世代代奉行不辍的一套基本原则。

相对“开明”的王朝

这样一套基本原则，在宋代历史上始终发挥着影响力。宋朝当然是一个帝制王朝，帝制王朝原则上都是专制的王朝，说不上有什么真正的自由、民主。但即便都是专制的王朝，彼此之间也会有明显的不同。宋代的朝政，历史学家通常都认为称得上中国历代王朝中最为开明的。

沈括是我们非常熟悉的一位大科学家，但是沈括的文字记录不仅仅限于科学技术方面，他也讲到了当时政治上、文化上的一些事情，记载了很多非常珍贵的材料。比如，沈括曾经记载了这样一件事情，说宋太祖曾经问赵普：“你说天底下什么东西最大？”赵普想来想去，不知道怎么回答这个问题。皇帝一直催问，于是他急中生智，说了四个字：“道理最大。”据说宋太祖非常赞赏。当时究竟有没有发生这件事情，这两个人之间是不是有这么一段对话，我们很难确认。沈括是我们目前所见的最早提到这件事情的史家，而他记载这件事情的时候，距离宋太祖的年代已经有近百年了。所以，我们不能确认宋初的时候是否有这段对话，但至少可以确认的是，当时的宋人认为应该是有这段对话的。在宋人的一些记载里，包括给皇帝的章奏里，都会引用这样一种说法。也就是说，当时的人们都认同“道理”是最大的。

后世也有许多传言，说宋太祖当皇帝以后刻了一块誓碑，碑上有几条条文，里面说到不杀大臣，不杀进言的人。所谓进言的人，就是给皇帝提意见的人。不管这些人提的建议或意见多么逆耳，都不能杀。据说刻了誓碑以后，把碑藏在太庙里面。对于这件事情，我个人并不相信。但这个说法反映的是宋代可能有这样一种规矩——尽管是不成文的。我们从宋代的史实中看到，宋代并不是没有杀过大臣，也有一些大臣在政治不正常的情况下被冤枉，最终被迫害致死，这样的情况在宋代历史上也并不是罕见的。但是，从总体上来讲，宋代确实很少诛杀提意见的人。有些人提出了对朝廷来说非常尖锐的意见，有些人也在当时受到了不同程度的处分，但是大体而言，言官因为进言而被杀的情况是很少的。所以，很多人都说宋代相对来说言路比较开放，政治比较开明。陈寅恪先生也曾经说，宋代思想是比较自由的，文章相对来说也臻于上乘。宋代有很多好的文章、作品出现。

立纪纲，召和气

宋代这种相对开明的政策，是落实在具体的抓手上的。所谓“抓手”，我们或许可以把它概括成两端，即立纪纲和召和气。所谓“纪纲”，在宋代也被称为“纲纪”，就是制度的意思，立纪纲就是建立制度。“和气”是什么意思呢？按照宋人的理解，天地之间运行着阴阳二气，阴阳二气的运行如果是自然谐调的，没有受到很多人为的干预，那么就能够感召和谐之气。

宋代的很多材料都表明，当时的人们把“纪纲”和“和气”相提并论。他们讲到纪纲的时候，和法制联系在一起讲；讲到和气的时候，就和道德仁义、国家的仁政联系在一起讲。纪纲、和气这两端，就像一辆车的两个车轴一样，两个车轴共同转动，使得当时的政治能在一种比较平和的状态下得到发展。

提到立纪纲，从太祖朝的情况来看，最主要的或者说首先面对的挑战就是如何能够集中军政的权力。五代的教训就摆在太祖眼前，而五代的动乱很多都是缘于禁军高层，也就是精锐部队的高层。所以，从太祖的角度来讲，禁军就是一种腹心之患，是他没有办法忘记的一种严重威胁。

我们经常会讲到一个故事，就是“杯酒释兵权”。这个故事是说宋太祖上台一年之后，召集他当年在禁军中的一些平起平坐的同事，或者说他当年的朋友来喝酒。在大家酒酣耳热的时候，宋太祖说，你们不知道，这个皇帝确实不好做啊！周围的这些禁军统帅说，皇帝有什么不好做的，大家都不会有二心了。宋太祖说，你们虽然没有二心，但如果你们手下的人把黄袍披到你们身上，你们不想做皇帝也不行。听了宋太祖这样一番话，这些禁军统帅心里都非常明白，太祖实际上是怀疑他们也可能效法他发动兵变，采取“黄袍加身”这样的军事行动。所以，这些人一下子就被吓醒了，他们当即表态，不管怎么样，陛下都要给我们指明一条可生之途。因为在五代的时候，君主如果怀疑哪个禁军统帅，不需要任何理由就可以把这个人处置掉。看到这些人酒醒了之后，宋太祖就对他们说，人生其实是很短的，你们这一辈子不过是想多攒一些钱，让子孙世世代代都过上富贵的日子，那你们现在何必在这儿辛辛苦苦地掌握兵权呢，不如把兵权交出来，然后选择如意的地方去安置家业，将来我和你们约为亲家，这样咱们君臣之间两无猜疑、上下相安，不是很好吗？这些禁军统帅听了太祖这番话，不接受也得接受。因此，宋代的材料里记载，这件事情之后，这些禁军统帅先后就把兵权交出来了。

有一些学者说，所谓“杯酒释兵权”，历史上可能并没有这么一件事，大概是后人编出来的。有关这件事的最早记载，出现在司马光的《涑水记闻》里。不管这件事从细节来说是不是真实，比如当时召来喝酒的是哪几个人，是哪一天来喝酒的，我们都能从宋代的材料里看到当时的几位禁军统帅，比如石守信、高怀德、王审琦、张令铎，这些人是在同一天“称疾请罢”，就是他们在同一天说自己身体抱恙，要把禁军的权力交出来，准备到地方去休养。这样的情况肯定不是偶然的，在看似波澜不惊的表象下，一定曾有紧锣密鼓的操作。

所以，“杯酒释兵权”这件事，其实就是以和平手段迫使禁军将领交出兵权，在当时是有它的真实性的。这样一种非残暴的处理方式，也有益于感召和气。

解决了禁军的权力问题之后，宋太祖还解决了地方上的藩镇（实际上就是一些大军区）问题，包括把这些大军区所掌握的政权都收归中央，把他们掌握的财权也控制住，并且把他们相对来说比较精锐的部队收入中央禁军。这样就完成了对地方上的这些军事力量，也就是原本半独立的藩镇的控制。

对宋代“祖宗之法”的认识

从严格意义上来说，宋代的“祖宗之法”其实是一系列做法和说法的综合体。到了北宋中期以后，人们经常回顾历史，去思考五代的时候那么纷乱、那么动荡，为什么到了本朝就能够安定下来呢？他们认为从持续动乱转变到一个相对稳定的局面，肯定是有一些重大举措起了作用。他们都以非常大的成就感回望过去。在此情况下，他们提炼出很多他们认为值得继承的祖宗的做法，就是所谓的“祖宗法度”。

宋代的祖宗之法，就内容而言，并不是明确制定的，也不是一成不变的，不是说宋太祖、宋太宗那个时候制定了一套法度，后面的人就沿袭不变，而是随着宋代的历史进程不断增加一些内容，也有一些内容逐渐被取消。所以，宋代的祖宗之法并不是一套固定的书面成文法，我们数不出任何条款，但是它对当时的政治，对当时整个社会的文化趋向确实起着一种指导性的、核心的作用。

对祖宗之法的认识，对它的诠释和阐发，在历史上是做过“加法”“减法”的。祖宗之法不是一套明确的成文法，它实际上是依赖于不同人的理解和阐释的。这样一种理解和阐释，既有不断的叠加，也有很多的涂抹。也就是说，有一些内容被放大了，被凸显出来了；有一些内容被模糊了，被遮蔽了。所以，在讨论宋代的问题，特别是在讨论祖宗之法这样一些根本性问题的时候，我们要尤其注意宋代的“本朝史观”，即当代人对当代事的看法。当代人看当代事有它的好处，因为很多材料可能都是一手的、原始的，但是当代人看当代事也有其敏感之处。所以，我们今天在观察宋代的历史事实的时候，要把当时的说法和当时的做法对照起来看，而不能轻易地相信当时所有对祖宗之法的历史阐释。

积极影响

论及祖宗之法和宋代的政治，我们要意识到，祖宗之法部分解决了或者说它试图解决官僚政治遇到的一些难题。在帝国时代，皇帝具有至高无上的权威，如何对皇帝的这种权威形成某种程度的制约，这是官僚政治在历朝历代所遇到的难题。而宋代君臣共同维系的本朝的祖宗之法，不仅是皇帝的创意，更依存于臣僚的阐释。祖宗之法是一种现世的法度，又被纳入礼制、伦理的体系里，所以它就具有双重的权威。它既是一种法度原则，又蒙上了“祖宗之制”这种礼制、伦理的外衣。祖宗之法本来是由士大夫参与提炼的，经他们提炼之后，以“祖宗留下来的规矩”这种形式出现，因而带有某种意义上的神圣性，对后世的帝王就可能形成某种制约。

负面影响

但是，我们也要注意到另一个方面的问题，就是由士大夫参与制定的带有他们积极思考的祖宗之法，反过来又束缚了很多精英人物的头脑，使得宋代的政治呈现出一种因循、求稳的特点。

前面我们说过，宋代的政治相对来说是比较开明的，言路也是比较开放的，但我们不能以绝对的眼光来认识这样一些问题。两宋历史上也有树立君主威权、进行派系整肃的文字狱。较为人所熟知的，包括北宋时期苏轼等人遭遇的“乌台诗案”；徽宗时期所谓的“元祐党籍”事件；南宋秦桧当权时期，对当时主张抗金者如岳飞等人的残酷打击；南宋宋宁宗时期，针对道学派的“庆元党禁”……这类事情，都是在“统一道德”这种堂皇口号之下的党同伐异，是对当时在政治上持不同意见的一些精英人物的残酷打击。

对道德的理想主义的追求，本来是人文精神进步的反映，但是要求道德和学术观念“定于一”，统一到一个层面，这也是当时士大夫共有的认识局限的表现，由此导致了北宋后期士大夫集团内部产生深刻的分裂。如果一个朝廷致力于追求专一，不能有不同的意见，就会不可避免地导致思想上和现实中的专制倾向。

对于祖宗之法，宋代历史上就有很多反思。朱熹曾经说，北宋的灭亡其实与开国以来把藩镇的权力都收归中央有关。兵权也收了，财权也收了，所有权力都收到中央以后，地方就越来越弱了。靖康年间，女真的军队从北边打过来的时候，地方无法在第一时间组织起有效的抗击，使得北宋的大厦轰然倒塌。叶适等人也有很多思考，他们说“有大利必有大害”，祖宗之法是带来了国家的相对稳定，但是它对很多事情都强调“事为之防，曲为之制”，大事小事都要“禁防纤悉”，什么事情都要设防，因此很多有才干的人得不到施展的机会，无论做什么都有规矩限制着。这样一种法度使得人才无法最大限度地发挥他们的能动性，所以带来了宋代历史上的很多问题。

这一节我们讨论的是宋代的祖宗之法。祖宗之法归根结底是防范弊端的一套原则，它给宋朝的稳定带来了一定的积极影响，但同时也造成了宋朝整体政治上的一些严重问题。

第四节　科举制度：新型士人的出现

科举制度并不是宋代才有的，它是从隋炀帝大业元年也就是公元605年开始实行的，到公元1905年，也就是清末，在清政府推行新政的过程中被废除。科举制度在中国历史上维持了整整1300年的时间。

我们现在经常把科举考试和高考相提并论，实际上科举考试和高考完全是性质不同的两类考试。高考决定的是考生进入哪一所大学，也就是说高考是教育过程中的一个环节；而科举考试不是这样，参加科举考试的人，受教育过程已经完成了，是要进入官僚队伍的。从某种意义上来讲，可以说科举考试更接近于现在的公务员考试。

科举：取士不问家世

中国古代有很多选拔官员的方式，在科举之前有察举，而且察举也是有考试的。那么，科举和察举究竟有什么区别呢？

两者的区别不在于科举是通过考试来选拔官员的，主要在于科举允许这些候选人自由报考，按当时的说法叫作“怀牒自列于州县”。“牒”就是一份文书、一个证明，类似于身份证、户口本，你拿着身份证明就可以到州县去报名参加科举考试。当时科举考试的参加者，一类来自学校，就是地方官办学校里的学生，另一类是自己在家读书的人。

参加察举的人，是要有长官推荐的，察举是一种“他荐”制度；而科举是可以“自荐”的，即自我推荐，自己去报名。这是两者的重要区别。另外，科举是“取士不问家世”，基本不看家世背景。唐代的规定里说，出生在工商之家的人，就是家里是从事“工商末业”的，是不能参加科举考试的，也就是说科举对家世背景是有所限制的。但是到了中唐以后，因为官方没有办法掌握每个人的出身背景，所以有些人可能出自工商之家，但如果在填报材料的时候不强调这个背景，也就进入科举大军的行列了。

到了宋代，这种限制就更加放宽了，所以在南宋的时候，科举鲜明的特点之一就是“取士不问家世”。

三级考试

唐代的科举制度已经相当成熟了，到了宋代，又有方方面面的演进。宋代的科举考试基本上是三级考试的制度。第一级是最基础、最基层的，即“乡试”。乡试就是在家乡参加考试，福州人就在福州考，苏州人就在苏州考，所以叫作乡试。乡试是由地方政府主持的，参加乡试的目标是要取一个“解”，实际上就是得到一个文状，即通过考试的证明。考生拿到这个解状以后，就可以到首都去，参加第二级考试，也就是中央部门主持的考试。因为从唐代开始，第二级考试是由尚书省主持的，所以叫作“省试”。通过省试以后，就可以去参加第三级考试，即“殿试”。殿试原则上是由皇帝主持的，当然皇帝不会自始至终都坐在那里，但是会出席，特别是在发榜的时候，皇帝经常会参与这种仪式性的活动。现在流传下来的后人描摹的《宋代殿试图》，反映了士子参加殿试答卷的一些情形。

参加乡试是要取解，在取解考试中得到第一名的人，就叫“解元”；在省试中得到第一名的人，就叫“省元”；在殿试中得到第一名的人，就叫“状元”。每次殿试结束，阅卷完成，名次确定了，就会发榜。宋代发榜的时候，不光那些士子会去看榜，很多人都会去看热闹。有的人是去看自己考没考中，有的人就是去看新进士，觉得新进士一定是风流倜傥的，他们就是去看这样一些风流人物。王安石的一首诗就描绘了这种情形：

《宋代殿试图》

“却忆金明池上路，红裙争看绿衣郎。”王安石去往发榜地点，路过金明池，看到很多穿红裙子的女子在这里看新进士，这些人年轻英俊，还考中了进士，意气风发。那个时候，科举考试吸引的不仅仅是这些士子，还有很多社会上相关的甚至不相关的人士。因此，有研究者将宋代称为洋溢着“科举文化”的“科举社会”。

官员素质的改变

我们大体上对历代的科举取士的名额做了一个统计，从中可以看到，唐代科举基本每年开榜，在唐代289年的时间里，有268次科举考试，总共取士的人数达到了7000余位。如果平均算一下，那么每年取士二三十位。

宋代一般来说是3年开一次榜（前期是每年开榜，后来改为3年，但有时候不能正常开榜），在宋代319年的时间里，有118次科举考试，总共录取的进士有10万多人，平均每年录取的进士有300多位。相比唐代平均每年取士二三十位，元代平均每年取士12位，明代平均每年取士89位，清代平均每年取士100位左右，应该说，宋代科举取士的规模是比较大的。

科举取士的规模比较大，说明什么呢？其实这不仅仅是一个数量的问题。我们知道，通过科举选拔出来的人，能力是比较强的，他们进入官僚队伍后，应该对优化官僚队伍的整体结构、提高官员的素质起到积极的作用。而在我们看到的这样一个科举取士的规模下，比如唐代每年取士二三十位，整个官僚队伍可能有几万人，指望这二三十个人去改变几万人的官僚队伍的素质，几乎不太可能。而在宋代，平均每年取300位以上的进士，而且这些人相对来说晋升的速度比较快，他们在上层官僚里所占的比例比较高，对改变官僚素质的作用就比较明显。

我们可以做一个大体的比较。宋代由科举考试录取的士人，在上层官僚里所占的比例是比较高的。宋代的宰相里，98%以上都是科举出身。而宋代的下层官员，很多还是来自荫补或杂流。比如，父祖做了高官，儿孙就有进入官僚队伍实习的机会，实习年满之后就有可能转为正式的官员，这就叫“荫补”。也就是父亲或祖父像一棵大树一样，大树底下有一片阴凉，儿孙就能够借助这个条件补充到官僚队伍里。另外，下层的官员里，还有一些是所谓的“流外入流”，就是在官府里打杂，做过吏人或者具体的办事员这样的职位，积累到一定的年份，也有可能转成正式的低级官员。总体来看，科举出身的进士在上层官僚里的比例相对较高，而在下层，则是非科举出身的官员的比例较高。

如果我们把唐代宰相的家世背景和宋代宰相的家世背景比较一下，也能看出科举在其中起到的一些作用。据学者统计，唐代有369名宰相，出自98个家族，也就是说他们中的有些人是同一个家族出身的；宋代有134名宰相，出自126个家族，相对来说，不容易靠世代之间的承继来成为当时统治阶层的重要人物。宋代的宰相很多都是通过科举考试，从不同的背景晋升到官僚高层。所以，《宋史》里说，宋代有很多宰相都是“起自孤生”，即本来是孤单无援、流落在社会上的读书人，由于某种机遇参加科举考试，考得不错，进入官僚队伍，最终晋升到宰相的位置。

前面说到，唐代的科举制度已经相当成熟了。相较唐代，宋代的科举制度是处在一个继续完善的过程中，概括来说，可以说科举走向了严密与开放。

走向严密与开放

通常而言，一个制度很严密，往往就不够开放；如果比较开放，就不会很严密。但是，宋代的科举制度表明，一个制度自身的严密化反而保证了它更加开放化。这里以两个例子来说明。

唐后期杜牧的故事

《唐摭言》这部笔记书里记载了一件事情，说是唐代后期，有一次要举行科举考试了，皇帝指定了考试的主考官，是一个叫崔郾的人。之后就有很多人来找崔郾，推荐自己认识的人或者自己的朋友、学生。其中有一位太学的老师吴武陵也来找崔郾，他拿来他的学生杜牧的一篇文章给崔郾看。我们知道，杜牧后来是唐代著名的诗人。崔郾一看，确实是一篇好文章。这位吴老师就说，既然你也认为是好文章，那今年你应该让他做状头，“状头”就是状元。还没考呢，这位老师就来推荐学生做状元了。崔郾听了之后很犹豫，对吴武陵说，状元已经答应给别人了。这位老师很不高兴，说那你至少要给他第五名，他写了这么好的文章，如果连第五名都得不了，对他来说就是羞辱。于是崔郾就答应了。吴武陵走了之后，崔郾周围的人问，他来推荐谁啊？崔郾说推荐的是杜牧。有人就说，杜牧不行，杜牧虽然文章写得很好，但是他这个人“不拘细行”，就是说道德品质方面有点问题。崔郾说，已经答应吴老师了，杜牧就算是杀猪的、卖酒的，今年也不能改了。最终，杜牧确实是以第五名的身份被录取的。

当然，这种录取方式是不是合适，有待分析。现在我们也会说高考不要走独木桥，中学校长可以实名推荐。我们也可以说，这位吴老师是来实名推荐了自己的一位有文采的学生。但是，如果这种推荐方式没有严格的制度保证，就会削弱科举的公正性和它在一般人心目中的权威性。

唐代后期有一位诗人叫杜荀鹤，他在诗作里就抱怨，自己“空有篇章传海内，更无亲族在朝中”。意思就是说，我的文章写得很好，作品也传播得很广，但是朝廷里没有人认识我，没有人去替我推荐。因此，这种推荐方式如果没有非常严格的规定，没有非常严格的制度保障，就会受到强烈的质疑。

宋代的情况和唐代非常不同。宋代也有与科举相关的诗作，有的诗作说：“惟有糊名公道在，孤寒宜向此中求。”如果朝廷中没有人支持你，而且你也不是腰缠万贯，又希望出人头地，那么你只有一条路能走，就是去参加科举考试。唐代的科举考试，卷子上会写有考生的姓名、籍贯，宋代也一样。但是在唐代，主考官员能够看到考生的姓名、籍贯，所以杜牧的卷子较容易被挑出来。从宋真宗的时候开始，科举考试的卷子是要“糊名”的，也就是卷子交上去之后，监考的官员会把写有名字的部分糊上，然后打上一个千字文的字号，相当于考号，阅卷的考官看不到这是谁的卷子。当然，宋代后来还有“誊录”这类方式，会把卷子重新抄录一遍，免得有人会认识卷子上的笔迹。这样的制度，相对来说走向了严密化。

宋代李廌的故事

诗中虽然是这样说，但是在宋代能否实现呢？我们也有一个例子可以讲。苏轼大家都非常熟悉，他有很多追随者，其中有一个叫李廌的，从早年起就跟随苏轼，两人一起读书、讨论文章，相互唱和，所以对彼此的文字风格都非常熟悉。元祐三年（公元1088年），李廌报名参加科举考试，正好这一年苏轼被皇帝指定为主考官。

宋代跟唐代的做法不一样。在唐代，指定了主考官后，比如崔郾还会接待各方的老师朋友；而在宋代，一旦指定了主考官，当天就要进贡院。进了贡院，贡院就锁门了，那时候不像现在有各种各样的沟通手段，那时候“锁院”了，内外就基本上隔绝了。但是当时苏轼觉得没关系，李廌也信心满满，因为苏轼对对方的文章风格是非常熟悉的。然后就出题考试，考生考完之后，考官开始阅卷。在阅卷过程中，苏轼看到一张卷子，感到非常高兴，觉得这一定是李廌的卷子，就把这张卷子放到了第一位。

从这个例子中我们可以看到，宋人也不是没有照顾自己学生的想法。整个阅卷过程完成之后，所有人的前后顺序都排定了。然后就“拆号”，就是把原来糊住的姓名部分打开。拆号一看，主持阅卷的苏轼以及黄庭坚、李公麟等人都“怅然出院”。为什么呢？因为第一名不是李廌，而是章援。章援是谁呢？是章惇的儿子。章惇是王安石变法的左膀右臂，而苏轼基本上是反对王安石变法的，所以等于选择了一个政治上的对立者的儿子，但是这样的排序、这样的录取结果已经不可改变了。这次考试总共录取了520多人，里面并没有李廌，他不仅不是第一名，最后一名也没有他。李廌自然是心灰意冷，当时苏轼送给他一首诗，其中有两句是“青袍白纻五千人，知子无怨亦无德”，意思就是这次有5000多人来参加考试，你当然不会因此感谢我，但是我知道你也不会因此抱怨我。因为这样的制度规定，使得老师很难有照顾学生、朋友的余地。所以，制度的严密化使得科举这个制度向更多的人公平开放。正因为如此，宋代才有一些所谓的“寒俊”崛起，“寒”是指家庭背景比较清寒的人，“俊”就是指当时社会上的才俊之士。

新型士人

所谓“新型士人”，新在何处？主要体现在“寒”和“俊”的结合上。我们来看以下几个小故事。

宰相吕蒙正的故事

宋代有一位宰相叫吕蒙正，他早年也就是参加科举考试以前，家境比较清寒，无法进学校读书。他和他的朋友温仲舒在洛阳龙门的一个寺院里温习功课，准备参加科举考试。洛阳夏天很热，两个人在傍晚的时候沿着伊水河散步，看到一个卖瓜的人走过来。当年洛阳、开封一带是产瓜的地方（主要是甜瓜、香瓜，不是西瓜），两个人很想买个瓜，但是兜里掏不出几文钱，只能怅然地看着卖瓜人越走越远。不料卖瓜人的担子上掉下来一个瓜，那人并没有发现，还继续往前走。他们两个人就一直盯着那个瓜，看周围没有别人注意，就过去把那个瓜捡起来，擦一擦分着吃了。后来参加科举考试，吕蒙正考了第一名，温仲舒考了第三名。若干年之后，吕蒙正做了宰相，就回到洛阳当初他们捡瓜的地方，买下一小片地，在这里建了一座亭子，亭子的匾额就题为“饐瓜”。建这座亭子的目的，就是不能忘记当年的贫贱，也是激励现在的士子，无论目前情况多么艰难，只要坚持下去，总会有出人头地的那一天。我们从中能看到，宋人的观念跟以前相比，有了明显的不同。以前人们不喜欢提及自己以往贫贱的背景，但是在宋代，人们会刻意地表现出这样一种经历，以示他们是通过自身的努力才晋升到今天的地位的。

范仲淹的故事

范仲淹“断齑画粥”是励志故事的典型案例。宋人曾经有这样的记述，说范仲淹碰到他的朋友，回忆起他早年的情况，以前他也曾在一个寺院里读书。范仲淹的父亲在他很小的时候就去世了，他母亲带着他改嫁到山东一户姓朱的人家，所以范仲淹原来以为他是朱家的孩子，甚至参加科举考试的时候，填的名字都是“朱说”。等到他科考成功之后去做官，他母亲才跟他说，他是苏州范家的后人。范仲淹说他当年在寺院里读书的时候，如果顿顿吃干饭，带去的米就不够吃到最后，所以他就熬粥，熬出来的粥冻成一坨，用刀划成几块，每次吃多少都要计算着；家里带来的咸菜也要事先切好，计划着吃。据说他“如此者三年”，在这种比较艰难的境况下坚持了三年。这样一批家境比较清寒的人，通过自身努力，在科举考试中有可能崭露头角。

士以天下为己任

宋代留下了两部《登科录》，就是把同一年科考成功的人的名字、家世背景等集中在一起，然后刻印出来。两部《登科录》，一部是绍兴十八年（公元1148年）的，也就是朱熹考中进士的那一年；另一部是宝祐四年（公元1256年）的，这一年文天祥是一甲第一名，也就是说他是这一年的状元。据宝祐四年的《登科录》记载，这一年录取的进士一共是601人。有学者进行过统计，这601人里有官僚背景（也就是家里前三代中有人做官，父亲、祖父、曾祖父，只要这三代中有一代有人做官，就算有官僚背景）的有184人，平民出身的有417人。按这种统计来看，三分之一的进士是有官僚背景的，另外三分之二是没有官僚背景的。当然，这种统计不一定全面，中国古代的家族关系是比较密切的，而这种材料只能统计直系的父系三代。比如叔叔是做官的，这里面就不反映；岳父是做官的，里面也不反映。所以，这不是一种非常完全的统计方式，但至少呈现出一种大致的趋向。也就是说，当时能够通过竞争脱颖而出的这些人，其中有不少是来自平民阶层，不是出自官僚仕宦家族。这些人进入官员的行列里，在一定程度上会改善文官队伍的整体素质和整体结构。而官僚家族的一些子弟，如果不努力，就没有世代做官的保障。所以，南宋的时候，陈傅良就说，本朝为什么能够“得人”，为什么有能力、素质比较突出的人物不断地涌现？这跟科举制度是有关系的，因为当时不太重视家世背景，而比较重视个人的才干、个人的能力。

正是在这样的情况下，被选拔出来的青年士子，特别是来自平民阶层的这些人，对“天下”、对“国家”就有一份认同感，有一份责任感。所以，范仲淹讲“先天下之忧而忧，后天下之乐而乐”。“士以天下为己任”，应该说是当时优秀士人共同的精神追求，而不是个别人的理念。那个时候，像张载这样一些人，要“为天地立心，为生民立命，为往圣继绝学，为万世开太平”，这样的“横渠先生四句教”，也体现出士子对天下的一份责任感。我们还看到，在南宋的时候，有比较低层的官员在面对皇帝时，说天下是“中国之天下，祖宗之天下，群臣、万姓、三军之天下，非陛下之天下”。一个低层的监察官员，面对皇帝可以磊落地说天下是群臣、万姓、三军的天下，天下的事情不是陛下一个人就能说了算的。这些都表明，当时通过科举选拔出来的士人，认为自己不仅是文化上、道德上的主体力量，同时也应该是政治上的一种主导力量。

小结

科举制度不是一个单纯的考试制度，它发挥着一种无形的统合功能，将文化、社会、经济诸领域和政治权力紧密地联系起来。

科举制度的权威是靠它的公正性来保证的，科举制度确立以后，一直贯穿着“公平”和“择优”这两种矛盾。也正是这样的矛盾，促使科举制度不断地调整改变。科举制度逐渐走向开放，走向严密化，打破了门第背景的限制，重视士人的知识才能，鼓励竞争。这样一种方式相对来说是比较符合公平原则的。

当然，我们也会看到，科举取士的标准比较单一，完全靠考试成绩来选拔人才，不利于全面考察人才的素质、能力。对于科举制度，我们要把它放到历史的脉络里去观察，观察它在中国历史上的演进过程和它在中国历史上产生的积极作用，以及它在后期对青年士子思想产生的束缚作用。

第五节　文官制度：权力机制与制衡

宋代政治制度史的分期问题

论及宋代政治制度史，经常会涉及分期的问题。宋史学界也有很多学者先后讨论过宋代政治史的分期，提出了不同的分期方式。历史分期的问题主要取决于研究者选择的认识脉络，即不同的观察视角。

有些学者从政治事态发展这个角度来观察，以宋代所面临的挑战、变革为主线。以北宋为例，有些学者会把北宋的历史分成前期、中期、后期三个阶段。前期基本上是太祖、太宗、真宗这三朝，中期是仁宗、英宗这两朝，后期是神宗、哲宗、徽宗、钦宗这四朝。这样的分期方式，其实与北宋时期《国史》的划分方式（前三朝有《三朝国史》，中间两朝有《两朝国史》，后面几朝有《四朝国史》）是吻合的。

也有一些学者在讨论北宋政治的时候，以士大夫政治的发展脉络为主要的观察视角，也就是以士大夫政治面临的形势和任务为主线，那么前期就是从太祖到真宗的这三朝，中期是仁宗、英宗、神宗、哲宗这四朝，后期是徽宗和钦宗两朝。

如果从官僚制度史的主线来看，也就是从宋代官僚制度的演变来看，大体上就分为两个阶段，前期是元丰官制改革之前的那段时期，后期就是元丰官制改革之后的那段时期。南宋时期的官僚制度，基本上延续了北宋中期元丰改制之后形成的局面。

中央的官僚制度

元丰官制改革之前

我们首先来介绍一下北宋前期的中枢机构。说到北宋前期的中枢机构，我们经常说它是“二府制”。“二府”也称为“两府”，就是指当时在皇帝之下的两个核心权力机构。

皇帝在当时是高高在上的，皇帝之下会有一些官僚机构围绕皇权运转。宋代皇帝会参与“御前会议”，这是当时最高级别的议政决策会议。“御前”就是在皇帝面前，也就是在皇帝面前讨论重要的事情。参加御前会议的有二府，其中一府是宰相的办事机构，在当时叫作“中书门下”，也可以称为政事堂。宰相的办事机构主要是处理民政、行政事务的，当时的宰相全称叫作“同中书门下平章事”，是中书门下的首长，副首长叫作“参知政事”。跟中书门下几乎并列的另外一府，在当时叫作“枢密院”。枢密院是负责军政事务的，枢密院的首长是枢密使，副首长是枢密副使。这二府就是当时的核心权力机构。

在二府的周边，还有一些其他的机构，比如主管财政的三司、负责监察的御史台。这些部门，包括二府、三司、御史台，其长官都由皇帝直接任命，他们也都直接向皇帝负责，所以当时的“二府制”可以说是一种分权基础上的集权。宋代官僚制度的结构，相对来说是比较扁平的，不是金字塔状层级非常多的那种结构。唐代后期以来，官僚制度发生变化，在宋代前期得到了整合，整合为这样一种二府制度。这是元丰改制之前的情况。

所谓“元丰改制”，就是宋神宗时期（元丰三年到元丰五年，也就是公元1080年到公元1082年）一次重要的官僚制度的结构性改革。“元丰”是宋神宗的一个年号，宋神宗有两个年号，前面一个叫熙宁，后面一个叫元丰。

元丰官制改革之后

改革之后，官僚制度从原来的二府体制变成了“三省+枢密院”的体制。“三省+枢密院”体制，是二府体制的一种变体。也就是说，原来的宰相机构中书门下分成了三个部门，就是中书省、门下省和尚书省。这三个部门基本上是效仿《唐六典》里所描述的唐玄宗时期官僚制度的基本模式。也就是说，这个三省制是效仿唐代前期的官僚制度结构而设置的，但是和唐代的制度有一个重大的不同，就是仍然保留了枢密院。原来的二府里，中书门下分成了三省，而枢密院仍然是存在的。这样的结构，到了元丰改制以后，仍然有人称其为二府制，就是因为中书、门下、尚书这三省是由原来的中书门下一府分成的。

这种设置方式的调整，带来了政务运作方式的改变，由原来的中书门下一府分成了三省，在制衡方式上，应该说比以前更加严密了。因为各省都有自己负责的重点事务，而且有自己审核政务的立场，在这样的制度设计下，各个部门会相互制约。正是因为制约层次繁复，一些政务的运转反而不如前期那么高效。因此在元祐年间，也就是宋哲宗的时候，司马光等人就反复建议要有所调整。在南宋初期，因为军政事务非常繁忙，要求政府高效地运作，所以事实上三省后来逐渐合一，也就是回归北宋前期的二府体制。

宋代政务文书的运行

在中国古代，很多制度的运行都依赖于政务文书的运行。现在我们要了解中央的政策，会有很多途径，但是在中国古代，几乎只有一个途径，就是通过政令文书。文书的下达，包括书面的下达和地方口头的传达，这都是帝国行政系统的体现。那个时候，地方向中央汇报也是要通过文书的，因此政务文书的上行下达就构成了帝国基本的行政信息网络。这样一个行政信息网络，在当时有很多重要的信息流通渠道。

这些重要渠道从全国的四面八方，从都城里的各个官司通向朝廷，各类信息会汇总到中央，汇总到二府。在二府，一些一般的行政事务得到处理，一些重大的事情就会上报皇帝，在御前会议上得到处理。以往我们会认为皇帝出口就是圣旨，但是实际上，我们在很多材料里看到，宋人说“事无巨细，非经二府者不得施行”。也就是说，不管来自皇帝的命令是什么样的，都要经过二府讨论，然后才能施行。他们还说“凡事必与大臣佥议”，就是要和大臣一起商议，“方为诏敕”。没有经过大臣商议，只是从皇帝那儿发布出来的命令，外廷可以不承认是圣旨，可以不承认是正式的命令。

日本学者平田茂树曾经绘制了一张“宋代行政文书流程图”。在这张流程图里，值得注意的是，他把“言路之官”单独列出来了，当政务文书向上面传递的时候，当这些文书进入二府的时候，一些监察官员就有机会看到这些文书，对于文书里提出的要求、建议，他们第一时间就能够有所了解。对于从皇帝那儿批示下来或者二府批复下来的文书，这些监察官员也有机会提出他们的意见。这就使得监察是一个全过程的监察，而不是说一件事情已经出错之后，才有人来进行监察，进行弹劾。因此，当时的这种制衡，实际上是一种全方位的制衡。

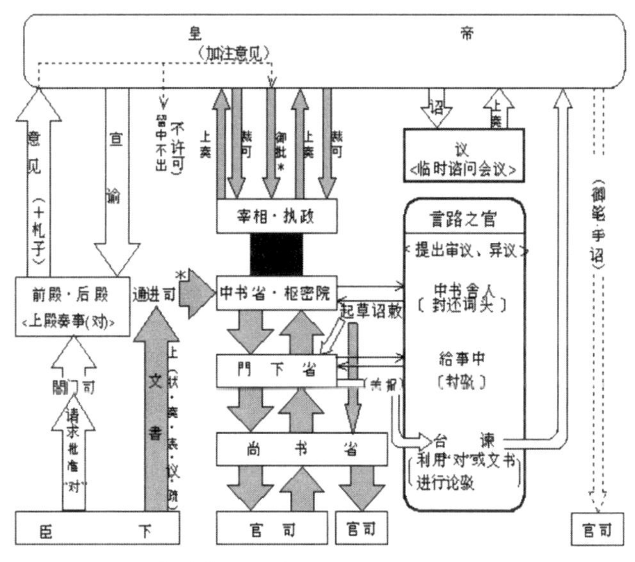

日本学者平田茂树绘制的“宋代行政文书流程图”

宋代有行政部门，也有监察部门。监察部门一个叫御史台，一个叫谏院。宋代有一种说法，就是把御史台和谏院都称为“言路”，即向皇帝进言的通路。谏院基本上是给皇帝提各种各样的建议，包括对皇帝进行各种各样的劝诫。当年欧阳修曾经在谏院任职，他说，谏官的地位虽然很低，但作用几乎可以和宰相等同。欧阳修举例说，天子可能会说某件事“不可”，谏官可能会说“可”；天子可能会说某件事要做，谏官可能会说不行。在庙堂之上，谏官是可以和天子争论是非的。所以在那个时候，皇帝虽然是高高在上的，但是下面的行政体制、监察体制，可以说和皇帝构成了一个三角形。行政系统与监察系统彼此制约，而这两个系统的宰相、监察官员对皇帝那一端也可能是有所制约的。

一方面，当时的机构比如二府、监察机构、三司财政机构，都是直接向皇帝负责的，这些机构之间都是相互制衡的；另一方面，外朝的官员对皇帝的权力也是有所制衡的。

宋仁宗是北宋的第四任皇帝，他当时经常在正常的文书之外批出一些条子。我们知道，历朝历代都有这样的事情，就是皇帝想要绕过宰相的办事机构，因为有些事情不容易通过，皇帝就写一些条子，派人直接送到某个相关的部门，要求那个部门去执行。当时有很多臣僚给宋仁宗提意见，反对他这样做。仁宗当时也表态，说我以后批出来的条子，如果各个部门认为不合适，可以“执奏”，就是退回来，向我报告条子里批的事情不能执行。皇帝这样表态了，那么官员敢不敢把皇帝的条子退回去呢?

仁宗庆历年间，有一个官员叫杜衍。杜衍当时是枢密使，皇帝批的好多条子都送到他这儿来。据史籍里说，杜衍“率寝格不行”，他把这些条子搽在这儿，来一张条子搽在这儿，再来一张又搽在这儿。攒了十几张以后，他把这些条子封在一个口袋里，给皇帝送回去，说这些都不行。这对皇帝来说，当然也不是特别有面子的事情。当时有一次，谏官欧阳修“入对”，跟皇帝私下见面的时候，皇帝就问他：“外朝的人知不知道杜衍把这些条子都封在一个口袋里，给我送回来？”皇帝就跟欧阳修解释，其实好多人都到他这儿来求批条子，有的人想让他给自己提个官，有的人想让他给个赏赐，都希望他批张条子，绕过外朝的正常系统。皇帝说：“他们来找我的时候，每次我都跟他们说，我给你们写了也没用，到杜衍那儿过不去。所以在我这儿已经阻止住很多了。”皇帝说这话，当然是一种自我解释，但是这也表明，外朝官员的抵制对皇帝的权力确实构成了一种制衡的作用。

以上我们讲的是“中枢”，就是中央核心机构的基本情形，下面我们简单说说地方上的制度。

宋代地方机构的设置

北宋的内部疆域分成了很多“路”，路可以说是州的上属单位。宋代的路其实是中央派出去的监察机构。宋太祖的时候，把控制的疆域分成了13个道，宋太宗在这个基础上将疆域分成了15个路，到宋徽宗时期最多有24个路，路的划分逐渐细化。宋代大体上有200多个州、1000多个县。

在这样的结构下，地方上有不同层级的机构设置。朝廷派出一些官员分布到各个路，每个路基本上都设有四个部门。四个部门并没有从属关系，而是并列的。这四个部门，第一个是安抚使司，主要负责军政，负责路内部出现盗贼时调集地方军队去处理这类事情，也就是负责地方的稳定。第二个是转运使司，主要负责财政，负责钱谷。第三个是提点刑狱司，负责司法狱讼。第四个是提举常平司，负责常平仓，包括灾荒时期的赈济等事务。这四个司是并列的，当时有一种说法，叫作"帅漕宪仓"，"帅"指的就是负责军政的安抚使，"漕"就是负责粮草转运的转运使，"宪"就是负责司法事务、刑狱事务的提点刑狱，"仓"就是负责赈恤事务、负责常平仓的提举常平。这四个司里，转运使司、提点刑狱司、提举常平司，除了本司的事务之外，还要负责对整个路地方官员的监察事务，所以这三个司又被称为"监司"，就是负责监察的部门。路下面一级的地方政区，叫作"府州军监"，实际上就是州级，州相当于现在的地级市，一个州下面会有若干个县。府是比较重要的州；军相当于地位比较低的州；监有一些官方经营的矿冶、养牧等专门机构，相当于一个小的州，有的相当于一个县。府州军监这一级下面就是县，县这个层级是比较稳定的。州这一级的长官叫知州，副长官叫通判；县这一级的长官叫知县，或者县令。这大体上就是宋代地方机构的设置。

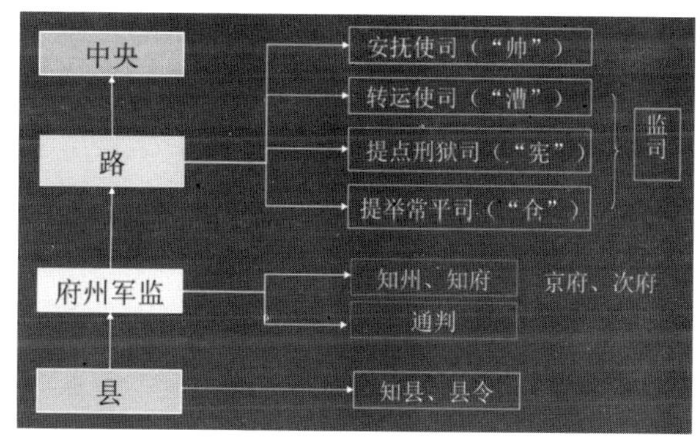

宋代地方机构设置

这一节我们讲了宋代的权力机制和制衡，首先介绍了中央的官僚制度，包括元丰改制之前和元丰改制之后两个阶段，然后介绍了地方的行政层级和机构设置。应该说，宋代的地方机构也实行了分权基础之上的集权。

第六节　信息渠道：多种途径的沟通方式

从古代一直到现在，很多重大事务的决策都要依赖于信息，信息能否正确及时地传递，成为现实中经常会遇到的问题。

多层多样的进言渠道

我们在前面讲过宋代的行政文书是如何上下流通的。行政文书当然是非常主要的信息传达途径。除了行政文书以外，当时各类官员、各种官司还有很多向中央进言的方式。南宋有一个名臣叫魏了翁，他在给皇帝的报告中说，自太祖、太宗朝以来，有很多进言的途径，包括宰相和副宰相这些人经常受到皇帝的宣召，重要的事务都要跟皇帝当面讨论；皇帝周围的侍从官僚，也要向皇帝报告他们的所思所想，比如他们对整个国家的战略布局的思考等；经筵的老师在讲完课之后，经常会被皇帝留下来，皇帝会向他们征询关于外朝事务的意见。另外，那时有很多皇帝的秘书、学士院的学士，在晚上值班的时候也会受到皇帝的特别召见。除了这些，到地方上任职的官员，离开朝廷之前和回来之后，都有面见皇帝的机会。

百官转对和轮对

宋代还实行非常富有特色的百官转对和轮对。转对和轮对，就是在政府部门担任一定层级职位的官员，通常是八品以上的官员，有机会轮流面见皇帝，向皇帝提出他们的思考和建议。魏了翁曾经说，“盖无一日而不可对，无一人而不可言”，没有一天不能跟皇帝对话，也没有一个人是不允许向皇帝进言的。这种说法有夸大的一面，魏了翁是南宋后期的人，面对当时的国家形势，他非常焦虑，所以他把过去的做法和盘托出。实际上，在宋代的历史上，进言途径也并不像魏了翁所说的如此畅通，但至少统治者对进言从来没有掉以轻心。唐代历史上最能够兼听广纳的皇帝是唐太宗，当年魏徵曾经对唐太宗说，人君为何要兼听广纳，要听取不同的意见？因为只有听取不同的意见，君主周围的重要臣僚才不可能把君主壅蔽起来。如果君主不听取多方的意见，下情就很难上通，君主很可能就被周围的人封闭了。由此可见，重视进言是实现开明政治的途径，也是当时统治者的一种统治术。

轮对就是百官轮流面见皇帝，轮流谈话。转对跟轮对的意思相同，有时是指中高层官员轮对。当然，从皇帝的角度来说，轮对和转对是信息沟通、了解下情的机会，也是考察官员的机会。那个时候，官员非常重视轮对、转对，因为他们能够直接面见皇帝，向皇帝提出自己的建议。北宋中期的时候，苏轼和苏辙两人有一次被安排在同一天转对，两人都觉得这是一个非常隆重的机遇，是他们一生中值得纪念的日子。到了南宋，我们能看到官员在轮对、转对的时候留下的一些记录。他们跟皇帝面谈的时间不可能很长，不可能把想法和盘托出，所以他们往往要准备书面的奏章。在和皇帝谈话之后，他们会把文字奏章留给皇帝，同时也会把这些文字收在他们个人的文集里，所以我们现在能看到很多当年轮对、转对的劄子，劄子就是官员写的报告、奏议。

宋孝宗是南宋的第二任皇帝。淳熙十一年（公元1184年），有一位理学代表人物陆九渊去面见皇帝，就写了一篇转对的劄子。我们从这篇劄子里看到，陆九渊对宋孝宗进行了非常尖锐的批评，他说陛下做皇帝都20多年了，所取得的功绩还不如唐太宗做皇帝几年的成效，北方的版图都没能恢复，过去的那些仇耻也没能洗雪，在积蓄力量方面也毫无作为，想起这些事来，都令人心寒。说法非常尖锐，非常直截了当。

很多有才气、有抱负的官员，都会计算什么时候轮到自己去转对，而且事先会从朋友、同事那里搜集内容，汇集起来上奏皇帝。这样一些谈话，在当时被称为“奏对”，奏对是在行政体制里进行的。

南宋有一位史学家李心传，他在一条记载里提到，如果在京城做官一年多了，还没有得到面见皇帝的机会，就是很不正常的。这证明那个时候，相当多的官员都能够见到皇帝，向皇帝提出自己的建议。

行政体制外奏对的方式

除了在行政体制之内，安排各个官司的官员跟皇帝谈话，在行政体制之外，也有一些奏对的方式。比如所谓的“迩英留对”，就是这样一种情形。“迩英”就是当时的迩英殿，或称迩英阁，这里是皇帝读书的地方。在这里，会有一些老师教皇帝读经、读史。

经筵留身

北宋中期的时候，司马光曾经跟宋神宗一起读《资治通鉴》前面部分的内容。《资治通鉴》是司马光耗费毕生精力所著。熙宁元年（公元1068年）到熙宁三年（公元1070年），宋神宗刚做皇帝不久，很希望能够大有作为，扭转当时北宋在与契丹、西夏交涉过程中相对被动的局面。他找了很多人来探讨要有所作为，应该从什么地方入手，如何做起。在经过前前后后的考察之后，他决定按照王安石提出的思路来变法。司马光其实也是一个希望朝政有所改善的政治家，但他的改革思路和王安石截然不同。当时宋神宗是希望把两个人都留在政府班子里，但是他们都不愿意在政见不同的情况下勉强合作，于是王安石就在中书门下任职，而司马光一度被宋神宗留在经筵中，为他讲读《资治通鉴》。讲读结束后，宋神宗常常会把司马光留下来，征询他对变法的意见，包括他对当时的一些高级官员的看法。现存于世的司马光的《手录》，就是他对谈话情况的记录，我们从中看到君臣之间的谈话是非常坦率、诚恳的，有的学者说这甚至不像君臣之间的对话，他们给人的感觉就像朋友一样。

后廷夜对

增廣司馬溫公全集卷一
手錄
迩英留對錄
迩英讀資治通鑑錄
迩英論刺口錄
呂惠卿講咸有一德錄
迩英留對錄

司马光《手录》

南宋的第二任皇帝宋孝宗，是一个励精图治的皇帝。除了陆九渊这类人利用正式的轮对、转对的机会向宋孝宗提出建议或意见之外，晚上的时候，宋孝宗经常会召很多臣僚到后宫来深谈。当时尚书省、中书省的官员都曾经被他召来，包括殿阁的学士、直学士以及经筵的侍讲，还有值班的监察官员，都会被召来，跟他谈论一些白天在殿堂上不方便谈论或来不及谈论的问题。

在晚上召见有什么特别之处？跟皇帝“夜对”的时候，君臣膝盖对着膝盖坐在一起，这令那些官员都非常感动。皇帝有时问的是经书或史籍里的问题，有时是谈时事，有时是访问人才，有时是让官员们针对外朝的一些敏感、热点问题，谈谈他们的看法、意见。不管皇帝问到什么，他们都掏心掏肺、毫无保留地把自己的想法说出来。

在秦桧当政的时候，有一个叫胡铨的人受到沉重打击，被发配远方。宋孝宗时，胡铨被召回朝廷。胡铨自己记录说，一天晚上，宋孝宗把他召到后宫，跟他谈论很多与金人交涉的事情，谈了整整一夜，一直到第二天清晨上朝，百官已经在宫廷门外排队了，宋孝宗才跟他告别。

我们从中可以看到，那个时候的奏对方式是很多的。

给舍台谏，“言路”之任

前面我们讲过，台谏的官员，即御史台、谏院的官员，在宋代被称为“言路”。除了台谏的官员以外，当时中书省的中书舍人、门下省的给事中也都担当言路职责。中书舍人是替皇帝、宰相起草诏令的，他们起草的诏令要经过给事中审核，审核诏令是否符合当今朝廷政策的精神。因此，中书舍人和给事中就有机会在政令发布之前了解朝廷的政策倾向，提出意见。比如，中书舍人可以把宰相交来的草诏词头退回去，说他认为这件事情是不合适的；中书舍人起草的诏令送到给事中那里，给事中也可以说这个诏令是有问题的，将其驳回。这在宋代叫作“先其未行而救正其失”，还没有施行就要救正其中的疏忽错误。

中书舍人、给事中和谏院、御史台的官员，共同构成了对这种制度的各个环节进行把关的力量。

宋神宗时，苏轼曾经给皇帝写了一份奏章。他说，本朝从建隆以来，就是从宋太祖以来，从来没有对言者（就是进言的人）治罪的。这个说法其实有点夸张，宋代曾经有一些言者被处分。不过，苏轼紧接着说，“纵有薄责，旋即超升”，即便是对这些言者有处分，皇帝冷静下来之后，或者过了一段时期，也往往会对这些人予以重用。这些都是当时为保证信息沟通而采取的积极方式。

地方按察与巡视

除了来自言者的信息报告之外，当时的朝廷还会有对地方的按察或巡视之类的措施。按察和巡视分两种情况：一种是常规的，一种是特派的。按察就是莅临考察，到现场考察，就叫按察。按察一方面是日常的考核，比如看看地方官员的政绩如何，另一方面也会有一些重点的监察。

范仲淹在庆历新政期间派出了大量的按察使，王安石在熙宁变法期间也派出了中书检正官，去检查地方上对新法的推行情况。当时有重大举措或是朝廷在进行一些制度调整的关键时刻，都会非常重视按察、巡视。按察官既有州郡里负责监察的官员，也有从中央特别派遣到地方去巡视的专职官员。

宋代政府公报：邸报

在宋代，地方官员如何能知道中央的指示，如何能得到来自朝廷的信息？

除了我们前面说到的中央的政令文书以外，宋代还定期发布政府公报。政府公报在那个时候被称为“邸报”。邸报包括很多方面的内容，比如皇帝的诏书、命令，皇帝日常的起居、言行，中央政府的法令、公告，官吏的任命赏罚情况，周边的外交事务，还有地方部门和臣僚的奏章和文报。在当时的技术条件下，应该说信息沟通的途径还是比较开阔的。

范仲淹在陕西前线的时候，对于中央事务的了解，很大程度上是通过邸报。南宋庆元党禁期间，朱熹遭受极大的政治压力，而他得知党禁的消息，也是通过邸报。邸报是各地、各个部门的官员了解中央的信息，甚至了解他们过去的同僚、朋友任免信息的一个非常重要的途径。

信息渠道的“关卡”

是不是有了如此多的途径，当时的信息渠道就非常畅通了呢？并非如此。因为当时的官僚体制养育出一种一味“奉上”的根深蒂固的官僚文化。事实上，不良的官场生态对信息流通会起到阻碍的作用。有很多官员会着意去观察皇帝的脸色。当时有“玉色”“玉音”的说法，“玉色”是指皇帝的脸色，“玉音”是指皇帝的声音。对朝政倾向的揣摩，对玉色和玉音的窥测，在很大程度上决定了官场上这些官员的选择，什么消息要报，什么消息不要报。

南宋时发生了一件事情。有一年，江西发了大水，很多州县都被淹了，可以说是颗粒无收。但是，当年的消息没有报上来，皇帝并不知道。到了第二年，才有人说到这件事情，宋孝宗当时非常惊讶，因为他完全不知情。事后他把宰相找来，问宰相怎么回事，这么大的事情怎么不报告呢？当时有一个副宰相叫蒋芾，他解释道，去年州县并没有把这个情况报上来。宰相的意思是，不是他们瞒报，是州县当时就没报。州县为什么不报？州县不报告，是怕朝廷可能不愿意听。所以，哪些消息要报，哪些不要报，他们要看上面的风向，看上面愿意听哪种消息，不愿意听哪种消息。

因此，即便有这么多渠道，有这么多沟通方式，也并不意味着信息渠道就是畅通的。仅仅有制度规定上的严密程序，这个制度仍然可能是虚置的。这里面可能有人事的关系，而所有的制度，后面都有设计者、操盘者，有推行者，有阻碍者，在这些方面共同的“努力”下，制度才得以实行。

在讨论这些问题的时候，我们要认识到，信息流通背后体现的不仅仅是一种制度的可能性，也不仅仅是一种技术的方式，更体现了不同的核心关切和不同的利益诉求。只有理解了这些，才能更切实地理解制度在现实环境中的运转逻辑。

以上我们探讨的是宋代的信息渠道及其运行和受阻滞的一些原因。

第七节　开创的活力：儒学与文学

开放氛围下的学术开创

宋代这一历史时期，从国家政权的角度来说是因循求稳的。我们在前面讲过“事为之防，曲为之制”，追求稳定，这是宋代政治的核心目标。就国内政治局面相对稳定而言，宋廷这些防微杜渐的措施确实有成功之处。宋王朝建立之后，对民间文化的发展、对经济事业、对社会生活等方面，都没有过多的干预，从而形成了一种比较宽松的社会环境。这样的环境，为士大夫群体力量的形成，为士大夫参政议政和学术创造力的发挥，提供了适宜的外在条件。所以，总体而言，宋代的文化环境是相对开放的。士人群体也比较活跃，用欧阳修当年的话来说，他们“开口揽时事，论议争煌煌”，就是都关心国家的事务，也都关心自己在学术上的成长。那个时期，大师、精英不断涌现，整个社会充满了活力。

只有开放的氛围，才能孕育出真正的开创性学术。辩驳问难成为当时的一种时代精神。说到宋代的学术成就的时候，我们经常会说到“新儒学”。其实新儒学并没有什么新的儒家经典，所谓“新”，是指它对既有儒家经典的新阐释。这样的新阐释，是建立在中唐以来学术发展的基础上的。在唐代，很多儒学家反对佛学的教义，但是整体来说，那个时候儒家的力量并不足以和佛学抗衡。而发展到宋代，以禅宗为代表的佛学思想，以及道家的一些观念，被儒家学者吸纳，融会贯通。一方面，儒、释、道之间有排斥、有辩驳；另一方面，也有吸纳。在这样的前提下形成的新儒学，其代表人物是格局更加宏大、知识更加渊博的一批精英人物。

新儒学：辩驳问难及创造性思想

北宋中期曾经有这样一件事情，张载当年在京师讲《周易》，气派非常大，是坐在虎皮上授学，听众非常多。有一天晚上，“二程”来了。“二程”即程颢、程颐兄弟，当时都只有20岁出头，他们跟张载讨论《周易》里的问题，讨论了一夜。第二天，张载就去自己的课堂上把虎皮卷起来，然后对学生说，我平常跟你们讲的这些都是“乱道”，都是胡说，现在“二程”来了，他们真正明白《周易》里的道理，我比不上他们，你们可以跟他们学。然后，他就回陕西关中去了。

由此可见，当年宋儒之间有很多的切磋琢磨和辩驳问难，这些都有力地促进了学术思想的发展。现在谈及儒家的学说或者谈及理学，有一种说法，认为它束缚了人的思想。实际上，如果我们回到历史现场去看，我们会发现，新儒学的出现其实是思想解放的结果。新儒学的代表人物对此有很清晰的阐发，从这些阐发里，我们可以意识到新儒学的创造性体现在哪里。比如，程颢、程颐兄弟说，我们的学术虽然是跟老师学的，是有所授受的，但“天理”这两个字是“自家体贴出来”的。什么叫“自家体贴出来”？就是自己琢磨出来的，也就是说“天理”这两个字的发明权是不能让给别人的。这个“天理”就是对传统儒学的一种创新，它赋予“理”一种超越性的地位。以“天”作为主宰的观念，深深根植于古代经典中；而宋代的儒学家用“理”来解释“天”，把“理”抬到与“天”并行的重要位置，把“理”视为一种最高的哲学范畴。

朱熹是理学集大成者。朱熹曾经说，天下的万事万物，各有“所以然之故”，有“所当然之则”，这个“所以然之故”和“所当然之则”就是“理”。“所以然之故”，就是万事万物之所以会呈现这样一种状态，背后一定有它的原因，有它的道理。“所当然之则”，是说万事万物的运行有一种规则，有它的规律。这种背后的深层道理，这种运行的规则和规律，就被认为是“理”。

宋代新儒学的代表性人物，把“天理”提到一种非常崇高的位置。“天理”对当时以皇权为核心的秩序，实际上构成了一种制衡，也是一种笼罩性的哲学形态。宋代的儒学家不是把自己的学说束之高阁的，余英时先生在其所著的《朱熹的历史世界》里提到，政治文化在当时是一个“富于弹性的概念”。这个概念既包括了政治，也涵盖了学术，他更点出了两者之间不可分割的联系。不管是程颢、程颐兄弟还是朱熹，这些理学代表人物都是“政”与“学”兼收并蓄的。

在“二程”兄弟提到天理、天道的时候，他们的学生就曾经问，天道到底是什么，究竟怎么理解天道？“二程”的回答是，天道就是理，理就是天道。再具体来说，到哪里去找这个道？如何是道？“二程”的回答是，要到君臣、父子、兄弟、朋友、夫妇这些关系中去寻求，也就是说，人世间的一切关系里都蕴含着这个道。他们也说“物物皆有理”，所有的事情都有内在的道理，“火之所以热，水之所以寒，至于君臣父子间皆是理”。在他们的理解里，“理”是渗透性的，渗透于自然界的一切事物中，也渗透于社会的政治秩序、伦常关系里，是一种无处不在的、弥漫的、充盈的状态。

宋学、新儒学、理学、道学

在讲到新儒学和理学的时候，大家或许会注意到几种不同的说法，比如有的说“宋学”，有的说“新儒学”，有的说“理学”，有的说“道学”。这几者之间究竟是什么关系？

这样的问题，很多学者都曾经提出过，而且有很多学者试图从自己的角度予以回答。美国亚利桑那州立大学有一位田浩教授，他在一篇文章里提出，对“新儒学”（New Confucianism）这样一个概念要重新认识。田浩先生不太赞成“新儒学”这种提法，他认为这个概念掩盖了一个含混而多歧（“多歧”就是意见非常分歧、非常不同）的思想家的谱系。也就是说，他认为“新儒学”的这些思想家，彼此的认识可能是非常不同的，而一个笼统的概念把他们拢聚到了一起。所以，田浩先生认为“新儒学”这个概念不是一个严格的历史术语，没有恰当地回到当年那种历史和学术的情景中去。

“新儒学”这个概念，现在其实是用得非常广泛的。在我看来，宋学、新儒学、理学、道学这四个概念涉及的范围是逐渐收窄的。也就是说，在这四个概念里，宋学是一个最宽泛的概念，宋代的一切学术文化成就都可以被称为宋学。而宋学里的主流，或者说它的学术主脉，可以说是新儒学，也就是对儒家经典、儒家理念的重新阐释，不管这个阐释是什么角度的阐释，通常都被认为是新儒学，是宋学里的主脉。而在新儒学里，也有不同的学派，比如人们经常说到的理学、以苏轼为代表的蜀学、以王安石为代表的荆公新学……在这些学派里，新儒学的主流学派是理学。理学在北宋，一直到南宋的前中期，并没有占据统治地位，没有成为官方的哲学。理学成为学术思想里的主导思想，是在南宋的后期。

理学作为新儒学的主流，实际上也有不同的派别。理学和道学，究竟是不是同一个概念？在陈来老师的《宋明理学》这本书的引言里，有一句话说：“北宋的理学当时即称为道学。”如果只读到这里，我们就会认为理学就是道学，这两个概念完全可以互换。但是再往下读，我们会看到，陈来老师继续说：“总体上说，道学是理学起源时期的名称，在整个宋代它是理学主流派的特称，不足以囊括理学的全部。”如果笼统而言，可以说理学和道学是一个概念，但如果仔细追究下去，我们会看到，道学其实是理学里的主流派别。《宋史》里有《道学传》《儒林传》。《道学传》只收录了程朱这一系的代表人物和他们的传人，其他一些同样重要的儒家代表人物，比如吕祖谦、陆九渊这类人物，则被收录在《儒林传》里。陆九渊代表的儒家派别，即陆王心学，广义来说也是理学的组成部分，但这些理学家在当时不被认为是道学家。

所以，当我们讲到宋学、新儒学、理学、道学这几个概念时，要注意它们之间的区别。

文学：重心下移与全面繁荣

下面我们来讲讲文学。文学在这个时期最突出的表现就是重心下移，重心下移带来了文学的全面繁荣。所谓重心下移，体现在以下几个方面：

首先，文学体裁扩大。从原来的诗和文，扩大到了词、曲、小说。宋代的词、曲、小说，包括后起的南戏等，都是和市井有密切关系的。这些文学体裁的兴起，本身就证明了当时文学的呈现方式与以前有差异。

其次，文学创作主体扩大。从过去的士族文人，扩大到了庶族文人，就是平民身份的文人，进而也扩大到了市井文人。比如出现于明代的长篇小说《三国演义》，实际上是由《三国志》演化而来的。在宋代，有很多人在市井说书，“说三分”，《三国志》里的故事被他们不断地演化，内容越来越丰富，情节越来越可读，后来就形成了《三国演义》这样的小说。再比如《水浒传》，宋元之际，有讲史话本《大宋宣和遗事》，其实它就是《水浒传》的一个早期故事底本。《大宋宣和遗事》后来被说书艺人不断阐发，就形成了小说。这些市井文人，包括说书艺人，实际上也就成为当时的文学创作主体。

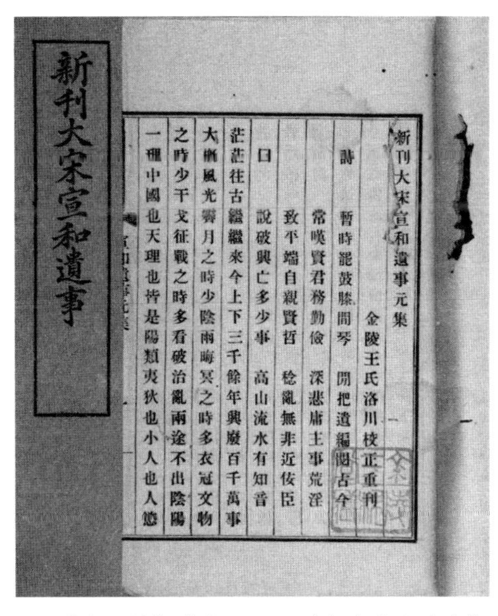

新刊大宋宣和遺事

新刊大宋宣和遺事元集
金陵王氏洛川校正重刊
詩 暫時罷鼓膝間琴 閒把遺編閱古今
常嘆賢君務勤儉 深悲庸主事荒淫
致平端自親賢哲 稔亂無非近佞臣
曰 說破興亡多少事 高山流水有知音
茫茫往古繼繼來今上下三千餘年興廢百千萬事
大槪風光霽月之時少陰雨晦冥之時多衣冠文物
之時少干戈征戰之時多看破治亂兩途不出陰陽
一理中國也天理也皆是陽類夷狄也小人也人慾

《水浒传》底本之一：《大宋宣和遗事》

最后，文学接受者也扩大到了市民。文学不仅服务于上层，服务于士人，也服务于当时的市民和更广泛的社会大众。

文学的时代特色

文学重心下移，使得当时文学的时代特色有了不同面貌。我们都非常熟悉李白和苏轼，他们都有歌咏庐山的诗作，李白写有《望庐山瀑布》，苏轼写有《题西林壁》，这两首诗作都是歌咏庐山的，但其中呈现出的意向和精神追求是不太一样的。我们在什么时候会想到李白这首诗？一定是在面对雄山大川的时候，可能有从上飞泻而下的瀑布，这首诗就脱口而出了。而苏轼诗曰“不识庐山真面目，只缘身在此山中”，我们什么时候会想到这首诗？不一定要面对山川，我们在日常生活中碰到挑战、遇到问题时，可能都会想到这首诗。这就是钱锺书先生所说的，唐诗擅长“丰神情韵”，而宋代的诗作重在“筋骨思理”。宋人作诗遣词造句看上去平平淡淡，没有华丽的辞藻，但其诗作有让人不断琢磨的“理趣”。同样是作诗，同样是一流的文人，李白和苏轼体现出的时代特色、意向和追求是不一样的。

词不是宋代才有的，唐代后期已经有优秀的词作出现，但是词蔚为大观，还是在宋代。像柳永这样的词作家，在扩大词的意境、发展慢词、丰富词作的表现手法上，都有非常杰出的贡献。北宋时期，既有柳永这样情感非常细腻的词人，也有苏轼这样豪迈旷达的词人；既有一些婉约的词作，也有一些相对来说比较豪放的词作。当时的社会人群对这两种词作的特色已经有非常清晰的理解和感悟。

柳永的词作传播得很远，据说在西夏，凡是有井水的地方，就有人能够歌咏柳永的词。苏轼心里可能就有点不服气。当年苏轼在翰林学士院，他手下有一个幕士会唱词曲（所有的词都能被唱出来，说到“作词”，我们总是说“填词”，因为先有曲子，才有词）。苏轼就问他：“我的词和柳永的词比较起来，到底怎么样？”这个人很会说话，就说：“柳永的词，是要让十七八岁的女孩子，拿着缀着红穗的象牙拍板，一边敲一边柔和地唱‘杨柳岸，晓风残月’；而学士你的词，是要找关西大汉，拿着铁板，一边敲一边唱‘大江东去’。”苏轼很高兴，觉得这个解释非常得当。

这个时期的创作群体已经充分开放了，包括士族文人、庶族文人、市井文人，还有一些不是文人的人，也进入创作群体，比如军旅中的一些战将。赵匡胤当年就作过诗，现在还流传下来一首，叫作《咏日》。这首诗从创作上讲，不能说有多高的水平或者多深的意境，但是从气派上讲，我们还是可以体悟到赵匡胤内心的情怀，像太阳一样喷薄而出。诗曰：“欲出未出光辣达，千山万山如火发。须臾走向天上来，赶却残星赶却月。”另外，岳飞的《满江红》也是我们熟悉的。过去有学者质疑，岳飞这样一个出身农家子弟的军旅战将，不可能写出这样的词作。实际上，岳飞的作品不光有《满江红》，还有《小重山》。韩世忠也是当年的战将，也有不止一首词作留下来，比如《临江仙》。他们这些人在军旅中，身边也有一些文人，会帮他们润色。但无论如何，这些词作的主要创作思想还是来自这些战将。

综上所述，宋代确实是一个文化发展比较昌盛的时期，这在学术、儒学、文学方面都有非常突出的体现，而且文学的重心下移直接导致了当时整个文学创作局面的繁荣。

第八节　雅俗兼资：士人的文化活动

在宋代，社会上的士人一方面有“雅”的口味，另一方面也有对“俗”的吸纳和理解。

宋代历史的矛盾现象

有一位专门做宋、辽、金、元历史研究的老先生——陶晋生先生，他是中国台湾“中央研究院”的院士，也是东吴大学的特聘教授。他著有一本书，叫作《宋辽金元史新论》，书中提出：“这一时代里，中国人并重理想与现实，兼备雅与俗的口味。”陶先生说，宋代历史上出现了很多似乎矛盾的现象。

反观中国古代历史，我们确实会有这样一种印象，宋代所呈现出的看似矛盾的情况似乎比其他任何一个历史时代都丰富，与此相应，宋代的研究空间可能也更加广阔。人们在研究这个历史时期的时候，彼此看法的不同也是非常突出的。在中国历史上，除了宋代，大概没有哪个时期能呈现出这样明显的矛盾现象，就其深度和广度来说，这本身就是一个值得注意的问题。

陶先生在那句话后面接着说，如果就政治和军事方面而言，“尊王攘夷”是理想。“尊王攘夷”是从先秦时代传下来的一种儒家理念，尊重大一统。宋代的时候，追求大一统的《春秋》学也是很兴盛的，这是一种理想。但是，士人政治和对辽金妥协则是现实。在现实中，宋朝在和辽金交涉方面是有很多妥协的，不能真正奉行“尊王攘夷”的理念。就思想而言，理学家对儒家哲理的阐释是理想，而改革家企图将这种理想付诸实现的时候，理学家又来反对。也就是说，在当时，当新儒学里的不同派别的思想家、实践家想把自己的理念付诸实践的时候，他们选择的道路是非常不同的。就文学艺术而言，词的典雅和文人画的意境是理想，而通俗的曲和小说的发达则是适应现实的需要。

大俗大雅：士人崇尚的格局

宋代有很多文人在讲“雅”和“俗”之间的关联问题。苏轼说，作诗的时候，“用事当以故为新，以俗为雅”。我们知道，古人作诗，经常要用典故。苏轼说，什么样的人属于会用典故的呢？就是那些能够“以故为新”的人，让过去的典故在自己的诗作里呈现出新的意境来，这就是高手。另外，应该能够“以俗为雅”，有一些表述方式可能是俚俗的，但是经过一些文人点化之后，俚俗中可能会凸显出雅致的一面。从这样的角度来看，宋代的文人学士崇尚的格局是一种“大俗大雅”的格局，而不是把雅和俗绝对隔离开来。

当时的这种文化风尚，是在文人活动的圈子里形成的。也就是说，这些文人的生活方式、文化格调，都是在人际网络中形成的。

士人的人际网络

人际网络在很大程度上造就了当时的一批士人，或者说造就了文人的精神面貌。如果我们讨论人与人之间的关系，我们会把这些关系分成两类。一类是“先赋”关系，即先天而来的关系，比如同胞兄弟、同胞姐妹，或者同族、同乡……这些都是与生俱来、无可选择的关系。还有另外一类关系，是靠自己的努力或者说靠自己的经营建立起来的关系。这个关系圈包括同学、同行、同僚，或者志趣相投的同道、同好、同志等。

对于群体交往关系的讨论，不仅仅限于宋代。比如陈寅恪先生在《元白诗笺证稿》中讲到元稹、白居易的诗作，他说唐代延续着南北朝以来的旧风俗，用两条标准来衡量人品、地位的高下。这两条标准是什么？“一曰婚，二曰宦”。“婚”就是婚姻关系，“宦”就是仕宦。表面上，不管是婚还是宦，都是后天形成的关系，但是自魏晋南北朝以来，世家联姻的标准是要门当户对。在社会上仕宦，也会考虑到门第的背景，出身高门的人相对而言在仕宦道路上起点就会比较高。所以，当时的婚和宦，表面上看是一种靠后天的活动形成的关系，实际上会受到与生俱来的关系的限制和影响。而在宋代，这种与生俱来的关系对人的发展的影响还是比较显著的，但应该说处在逐渐淡化的过程中。

宋代的士人特别重视彼此之间交游和沟通的关系。比如北宋前期在宋太祖朝做过宰相的范质说，当时举世（就是整个天下）的人都非常重交游，重视彼此之间的交流往来关系。南宋的时候，朱熹也说，人伦有各种类型的关系，在这些关系中，朋友关系“所关至重”，就是说这种关系是特别重要的，在各种人伦关系里尤其不能忽视。

我们从宋代的文集、地方志里看到，当时有真率会、同乡会、同年会、同甲会、耆英会、五老会、九老会、十老会等不同名目的集会。这些都是当时的一些读书人，包括官僚队伍中的一些成员，相互结成关系圈的方式。通过读书、科举、仕宦、创作、教学、游赏等活动，宋代的文人士大夫结成多种类型、不同层次的交游圈。

如今我们在很多名山大川能够看到许多摩崖石刻，有一些是宋人留下来的。石刻铭文中往往记述着友朋共同游览的事迹，以及在游览过程中发展出来的深厚交谊。

宋代不光留下了文字作品，还留下了很多绘画作品。有些画作也反映了当时士人的人际网络和交友圈子。有一幅名画《西园雅集图》，号称原本为李公麟所作。“西园雅集”，“西园”是什么地方？宋代中后期，有一个驸马叫王诜，王诜有一座园子，园子里树木茂盛，被称为西园。当时的文人墨客，包括官僚队伍里一些较有成就的人士，都跟王诜有很密切的交往，如苏轼、苏辙兄弟以及黄庭坚、李公麟等人。他们经常在一起挥毫泼墨、唱和诗词，也曾经在王诜的西园里活动。《西园雅集图》就是描绘这些人活动的场景。米芾为《西园雅集图》写了一篇图记，在图记中，他说当时参与活动的人，“自有林下风味，无一点尘埃之气”，都带着一种很潇洒的山林之趣，而没有尘埃之气，不像繁华市井中的人士。

宋代的文化氛围是比较开放的，这些士人既关心学术文化，又关心政治事务。在学问方面，他们相互讨论辨析、切磋琢磨，各抒己见。另外，通过文字、书画方面的交流，他们也发展出丰富的联系。

士人僚友，诗文唱和

宋人的文集，很多是不同作家的作品汇成的集子，其中有一些是唱和集，就是有人先写了诗作，其他人又相应和，相互之间有文字创作上的呼应。现在我们看到的唱和集，有杨亿编的《西昆酬唱集》、昭庆寺编的《西湖结莲社集》、欧阳修的《礼部唱和诗》、苏轼等人的《汝阴唱和集》、王十朋编的《楚东酬唱集》等。在北宋前期，杨亿曾经给宋白编的唱和集作过一篇序。在这篇序中，他说他们这些人经常替皇帝、宰相起草文字，在起草这些官方文字之余，会进行一些个人的写作。这些文字在朋友之间传诵，就有一种“同声相应”的感觉，就是彼此之间有一种文字上的呼应，也有一种心灵上的呼应。所以，这种诗文唱和成为他们交友、了解彼此的非常重要的途径。

南宋的时候，有一些文人士大夫收藏《兰亭序》等作品。《兰亭序》的临摹仿作，有些是比较成功的，士人会一起来鉴赏，一起来品评。在这种鉴赏、品评的过程中，他们的文化眼光也得到了提升。宋人彼此之间有许多往来的书信，被称为“尺牍”。这些尺牍，很多都编在他们的文集里，其中有很多他们相互之间的讨论和交流。

雅俗相依、一体多面的宋人生活

以上内容，都让我们感觉到宋人生活的“一体多面”。所谓“一体多面”，是说当时的士人面对着不同的环境，面对着不同的情形，甚至面对着不同的友朋对象，他们所表现出来的精神状态可能并不完全一样。这种“一体多面”体现出“雅”和“俗”两者相依不悖，这是和当时社会环境的多元、多面紧密联系在一起的。

宋代有长期战乱的时期，北方民族对它有沉重的压迫，也有相对来说比较安定的承平时期。在不同的社会环境里，人们表露出来的情感也会是不一样的。当时既有艰困和忧患，也有繁荣和辉煌；各类士人作品，既有慷慨激昂的一面，也有注重人世间儿女情长的一面。社会环境的多元，造成了当时创作群体的多元、艺术品位的多元。这个时期的市井作品也会有书卷气；文人、士人包括精英文豪的作品，也会引入雅俗兼资的品位。这种双重的文化性格，在当时表现得非常突出。

我们以一位人物为例。辛弃疾早年从金朝统治下的北方带了一支军队跑到南方来，到了南方以后，长期郁郁不得志，没有回去收复北方的机会。作为一位非常优秀的词人，他既有“醉里挑灯看剑，梦回吹角连营”这样悲壮慷慨的词作，也有“茅檐低小，溪上青青草”这种情感清新、细腻的词作。

整体而言，这个时代是一个大俗大雅的时代。从个人的创作、个人流露出来的情怀来讲，也可以说当时流行着雅俗相依的格调。

雅俗兼资，新旧参列

“雅俗兼资”这种说法，不仅仅出现在文学界、艺术界，在当时的政治界也有这种说法。北宋前期有一位名臣叫孙何，他在给皇帝的倡议里说，制度设计应该“雅俗兼资，新旧参列”，也就是说不要把雅和俗绝对分开，不要把新和旧一刀切开，而要吸取合理的因素，来构建新的制度。

《朱子语类》记录着朱熹和他的学生的讨论。朱熹对他的学生说，精华的东西都是从粗俗的东西中来的。也就是说，精华是产生于粗俗之上的，哪怕是最粗俗的东西，也蕴含着道理。由此可见，当时的理学家对于雅和俗、精与粗，也有融会贯通的认识。宋人正是从这样一些认识出发，从日常生活的一些细节里提炼出高雅的情趣，对他们来说，俗和雅不是割裂的。正是这样的提炼、这样的融会贯通，为后世奠定了风雅的基调。

简详博约，雅俗并陈

我们对宋代的画作都比较熟悉，比如南宋的梁楷创作过一些简笔画。而我们更熟悉的可能是宋瓷，大多数宋瓷都是单色釉，纯净的釉色给人淡泊、自然、天真的感觉，让人觉得别有韵致。宋瓷跟明清时期的瓷器摆在一起，审美趋向的不同是非常明显的。宋瓷的美学境界可以说是清绝雅素的，它不是以繁复的方式，而是以非常简单的方式呈现出深厚的韵致。这种审美观背后是宋人心目中“简”和“详”的对比。“至简而详，至约而博”，“约”就是我们平常所说的简约，“博”就是广博，这些特性都不是完全对立的。

在当时的国家治理之策里，也有这样的说法：“王者之治，至简而详，至约而博。”治理国家，就是要把“简”和“详”联系在一起，把“约”和“博”联系在一起，才能真正治理得当。

我们也看到宋代的瓷器形形色色，有的上面写着“忍”字，有的有“招财进宝”这类的字样。所以，宋瓷呈现的喜好趋向也是雅俗并陈的。

“游于艺”：宋代士人的文化涵养与人生境界

在宋人看来，他们对于艺术境界的追求，对于文化意向的实践，经常被理解为“游于艺”。“游”，可以解释成“涵泳”的意思；“艺”，包括我们现在所说的艺术，也包括方方面面的技艺，指很具体的多方面的能力。“游于艺”，应该说是一种文化涵养，是一种人生境界。在《论语》里，孔夫子说，人的一生应该“志于道，据于德，依于仁，游于艺”。所谓“志于道”，是说人的志向应该基于道理，与道理一致；“据于德”，是说应该谨守道德，所有选择的依据都应该来自道德；“依于仁”，是说对“仁”的理念应该紧依不舍，永远依托于这样的理念。在志于道、据于德、依于仁的前提下，才能够做到游于艺，人们的文化涵养和人生境界才能够有效地提升。

志于道、据于德、依于仁、游于艺，这四者是儒家传统理念的组成部分，是士人群体的生活方式、交游方式和修身方式。

我们这一节讲到的雅和俗、精和粗，或者说复古和创新，都体现着宋代士人的文化实践。这样的文化实践和这样的美学趣味，在他们整体的精神追求中得到了升华。

第九节　化民成俗：社会风貌的演化

唐至宋社会风貌的演化

日本学者在20世纪初期就提出了“唐宋变革论”，对此，各国的学者有不同的理解和讨论，也有一些质疑。无论学者如何认识，从唐代到宋代，社会风貌确实发生了明显的变化。

我们可以用唐代的长安和宋代的开封这两个都市来比较一下。从都市的景观上，我们可以明显地看到布局和管理方式的不同。唐代的长安是比较严整的“坊市制”的结构。有些参与过长安城考古发掘的老师会说，长安城给人的感觉好像是一种半军事化管理的状态。而北宋的首都开封是一种相对开放的“街市制”的结构，在这样的都市景观里，我们看到的不是那种秩序井然、尊卑明显的格局，而是比较开放的长街式的面貌。另外，值得注意的是，在当时的一些都市里，市民文化随着市民阶层的发展而兴盛起来。

现在人们希望把城市户口和农村户口的界限打破，那么历史上，城市户口是什么时候正式出现的呢？其实就是在宋代。当时城镇居民和工商家庭被称为“坊郭户”。“坊”，给人感觉就像一个四四方方的小区，周围用土墙围起来（实际上不一定都是这样，宋代很多称为“坊”的街区建筑都没有土墙围起来），我们可以把它理解成居住小区。“郭”，就是城郭。“坊郭户”就是指城市中居住在小区里的民户。历史发展到宋代，坊郭户首次作为法定的户籍分类出现，这反映出当时市民阶层的发展，这个阶层发展到了一定程度，才有这样的必要性。

传统社会把一般的民众分为士、农、工、商四个类别。这四个类别，实际上反映的是他们从事的日常劳作和生产分工的不同。以前都认为只有士、农才是主业，而工、商都是末业，但是到了宋代，过去务农的人可能变成了工商业者，过去的工商业者反而去干其他行当了；过去贫穷的人可能富贵了，富贵的人也可能贫贱了。当时社会身份和贫富状态的变动相当常见，相当频繁。这种变动，也带来了整个社会发展的活力。在这一时期，以重商为核心的市民思潮和具有大众化、世俗化特征的市民文化逐渐兴起了。

通俗文化兴盛

如果大家看过《清明上河图》，就会有很深的印象。一方面，《清明上河图》绘有各种各样的道路、通衢，虹桥周边有熙熙攘攘的街市景况；另一方面，我们从中也能够看到当时通俗文化兴盛的状态。比如在十字街头、在路边的角落里，都会有人聚在一起，听人说书、讲史、讲故事。路旁也会有人表演杂耍……这种面向大众的通俗文化已经相当兴盛了。宋代都市文化与前代非常不同的特点，就是发展出这种面向民众的、通俗的娱乐文化形式，也有了勾栏瓦舍这样的市民娱乐场所。随着城市经济的发展和市民阶层的兴起，与之相适应的民俗文化也开始大放异彩。

经营方式的进步

不光开封这样的都市有了各种各样的工商业广告，其他城市也开始出现广告。

济南刘家功夫针铺铜版

我们看到，在现今留存下来的材料里，有宋金时期的铜版，是印制广告招贴的。这个广告是为济南刘家针铺所做。针铺不光卖缝衣服的针，其他大大小小的针都会卖。刘家针铺有自己的标记，类似于“注册商标”。商标上有白兔捣药图，白兔拄着杵，像根拐杖，代表着一根针。广告上还清楚、详细地告诉顾客怎么去找这家店铺，以及为什么要光顾这家店铺，因为它收买了上等的钢条，造“功夫细针”。这样一个小广告，技术含量还是很高的，而且非常用心。在《清明上河图》里，我们看到的广告就更多了。

刻书业的发达

谈到宋代的刻书业，台北的“国家图书馆”里收藏了许多善本书。其中有一部《东都事略》，是南宋史学家王称写的北宋历史。南宋时，眉山（眉山是现在四川的一个地级市，也是苏东坡的老家）程氏刻了《东都事略》这部书。书的目录后面有一个“牌记”，牌记相当于简单的版权说明，是让四方读书人周知的告示。这个牌记非常有趣，上面写着两行字，每行是八个字，第一行写的是“眉山程舍人宅刊行”，这个人家里可能有私塾，刻了这部书。第二行写着“已申上司不许覆板”，意思是我已经向上级报告过，而且登记过了，谁都不能照我这书的样子刻印。这是非常明确的版权

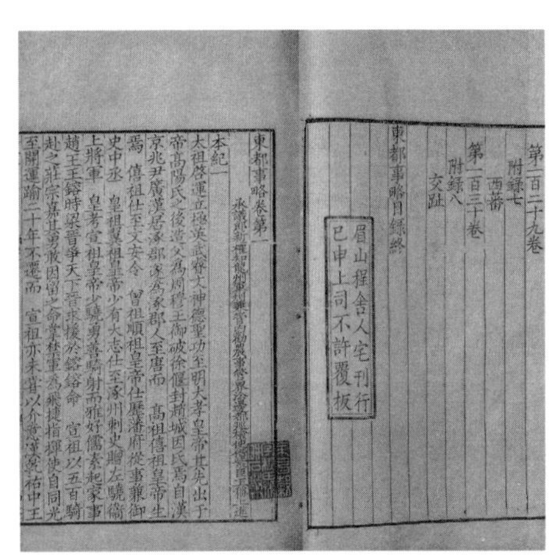
第一百二十九卷 附錄七 西蕃
第一百三十卷 附錄八 交趾
東都事略目錄終
眉山程舍人宅刊行
已申上司不許覆板

《东都事略》牌记书影

意识。大家知道，只有当刻书业发展到一定程度时，才会出现这种版权意识。雕版印刷出现在唐代，当时技术已经达到了成熟的程度，但是唐代从来不刻书，而是刻佛经佛像、刻皇历。五代也是刻经，到了宋代才开始刻各类图书，也是因为社会上对书籍有了固定的需求。与民众的这种需求相关的，是教育事业。

宋代的教育事业

官方的学校

说到教育事业，我们可以看到，自汉代以来，人们对中央官学、太学等都是很重视的。唐代中央官学包括国子学、太学、四门学。这些学校名称不同，反映的是学生入学资格的不同，就是哪些人的子弟能进入哪一类学校，这个资格是很不一样的。到了宋代，仍然有这些官办的学校，但是学生的身份背景已经淡化了。宋代在国子监之下有太学的系统，王安石熙宁年间的变革之后，有了“三舍”制，就是推荐“升贡”的制度。另外，从庆历新政以来，州学和县学也逐渐普及，使得更多的学子有了进入学校的可能。

当时的教育和我们今天所说的教育，概念是不一样的。当时实行教育是为了教化，所谓“教化”，就是化民成俗。也就是说，那个时候的教育，包括科举考试，其实都是统治者控制舆论、控制青年士子的重要方式。中国古代的教育都致力于传布儒家经典，侧重于传统伦理观念的灌输。一方面，教育普及了文化知识，开阔了学生的眼界；另一方面，对教化的注重和对舆论的控制，也使得当时的教育成为一种束缚性的教育。

书院

除了官方的学校之外，宋代还有很多书院。书院在晚唐五代的时候就陆陆续续地发展起来了，宋代的书院可以说是官方学校的一种补充形式。到了南宋，很多书院都是理学家主持的。这些理学家主持的书院，对官学科举持批判的态度，他们提倡一种新的教育理念、学术思想和人生价值。比如，白鹿洞书院有一个“揭示”，就是一个学规、公约。这个公约包括儒家理想的社会秩序、道德修养规范，乃至治学方法等，公约上的内容并不是重新拟定的，而是从儒家经典里汇集起来的。这些内容成为书院重要的指导思想，书院也成为理学群体延续学术传统、加强团体凝聚力的活动中心。宋代不光有白鹿洞书院，还有嵩阳书院、岳麓书院、应天书院等。在南宋时期，南方出现了很多书院。

乡间文化的普及

我们前面所讲的官学、书院，都不是以普及文化为目的的。大家知道，孩童的启蒙教育都不是在官学或书院里进行的。教育的相对普及，依赖于民间的教育。在庆历年间，就是北宋中期的时候，朝廷中就有人说，社会上那些挑担子的人，地位很卑微，可能家里连几亩田都没有，只能靠在外面给人打短工谋生，一天挣到的钱只够买三五斤粮食来养活妻儿。但即便是在这种情况下，他们每天还要省出一二文钱来，给他们的儿子攒着，让儿子长大以后去上学。由此可见，即便是社会最底层的民众，也有接受基本教育的需求。

那么，这个基本教育是由谁提供的呢？很多都是由科举考试中的那些落第者提供的。宋代的科举考试录取率远远不到1%，99%以上为科举而努力的人都被这个制度淘汰了。这些人中，有的可能回家种地了，还是耕读之家；有的可能去经商了，或者从医了；也有很多人成为民间的“乡先生”，就是私塾里的教书先生。这些人往往成为乡里文化的普及者、社会基层活动的组织者。而他们这种分布的广度和教学的灵活度，远非当时的官办学校能比。

浙东学派里有一个叫陈亮的人物，他在南宋孝宗、光宗朝的时候去参加科举考试，结果没考中。他就给朱熹写了一封信，说到当时的打算。他说他准备招二三十个“小秀才”，“小秀才”不是指那些有功名的人，而是指要读书的小孩。他要以教小孩读书为一种谋生的手段，再继续准备科举考试。这样的情况在宋代是非常普遍的。

社会识字率的提高

陆游有一首诗叫《秋日郊居》，诗中说“儿童冬学闹比邻”。他在乡下有一处房子，房子边上是一所“冬学”。什么是“冬学”？农家都是到了农历十月地里没活的时候，才让孩子去上学。学校到了冬天才开学，这就叫冬学。冬学里教的是《杂字》《百家姓》这些启蒙读物。有些学校还会教打官司的用语，因为老百姓有时候去打官司，怕受骗、受欺负，所以会学打官司的诉讼用语。

《村童闹学图》

陆游在他的另一首诗里说，这些上冬学的孩子“三冬暂就儒生学，千耦还从父老耕。识字粗堪供赋役，不须辛苦慕公卿”。孩子虽然去上冬学，但他们这一生还是会去耕田。他们去上学，是为了能够看明白官府文告，了解他们家该交多少租税，该交多少粮食，有哪些赋役负担。他们要看明白这些，才能不被欺负，不被骗。这些孩子去上学，并不是为了参加科举考试。即便如此，我们还是能够看到那个时候文化普及，社会识字率提高。苏轼和苏辙都曾经提到这样的情况。

南宋作家耐得翁写了一本《都城纪胜》，他也提到，杭州城里有文、武两所学校，还有宗学；除了京城的学校外，地方有乡校，有家塾，有舍馆，有书会，各个里巷都有一两所，往往能够听到读书的声音。

文化普及、社会识字率的提高，也带来了整个社会文化素质的提高。当时的社学、乡学，主要的办学目的都不在于让学生参加科举考试，它们和官办的学校是非常不同的。官办学校在某种意义上可以说是科举考试的预备班，而这些冬学、村学，其目标就是对孩子进行文化普及和伦理教化。

蒙学读物

蒙学读物就是孩子的启蒙读物，我们常说“三百千”，就是《三字经》《百家姓》《千字文》。实际上，如果从这三部读物在历史上出现的顺序来说，应该倒过来。《千字文》出现得最早，是在南朝的时候。《百家姓》以“赵钱孙李”为序，我们就知道它应该是出现在宋代的，因为宋代皇帝的家族姓氏被放在了第一位。而“钱”这个姓源于五代十国时期，在吴越地区，也就是现在的浙江、江苏地区，吴越国的国主姓钱。所以《百家姓》应该是出现在北宋前期，那个时候的人对前代的吴越国还有一些怀念。而且《百家姓》应该是出现在江浙地区，只有这个地区的人会把“钱”这个姓氏放在“赵”的后面。《三字经》最早出现时就是一种朗朗上口的儿童启蒙读物，据说是南宋的王应麟作的，跟现在流传的《三字经》的文字不完全一样，我们现在看到的《三字经》是经过不同历史时期修改的。我们从中可以看出当时的一些理学家，包括他们的追随者对蒙学读物的重视。这关系到儒家经典的价值理念如何能够转变为现实的社会规范，关系到中国传统的伦理价值如何能够普及。

宋明以来的民间教育，渗透到平民阶层，通过这种渗透，奠定了中国文化近千年来广大而深厚的社会基础。

小结

最后，我们对以上九节的内容做一个简单的小结。

我们究竟要如何去认识宋代的历史？这一章讲的主要是宋代的政治和文化，很多方面我们并没有涉及。但是，我们从这些有限的内容中也能看到，宋王朝处于中国历史上一个重要的转型期，面临着来自内部和周边的很多新的挑战，其统治者在战略应对上出现了严重问题。虽然宋代并不是中国古代史上国势强劲的时期，但宋代在物质文明和精神文明方面都有突出成就。

这样一个历史朝代，在制度方面有独到的创建，而且整个社会风貌在发生变化，开始呈现出平民化、世俗化、人文化的趋势，对于“人”本身的发展，开始有了超越以前的关注。总体而言，宋代对人类文明发展的贡献和推动，使它无愧为中国历史上一个文明昌盛的阶段。

重视传统文化现在变成了一种社会潮流。习近平主席说过，古往今来，中华民族之所以在世界上有地位、有影响，不是靠穷兵黩武，不是靠对外扩张，而是靠中华文化的强大感召力和吸引力。我想，宋代也是对中华文化的感召力有所贡献的一个重要时代。

第二章

大元王朝的统治

张帆

第一节　蒙古的崛起

游牧民族的特点

中国古代北方草原上曾经存在过很多游牧民族，蒙古是最后一个。

通常来说，游牧民族有三个特点：第一，生产方式是畜牧加狩猎，基本没有农业。第二，有较强的流动性。非定居，不盖房子，不建城，畜牧业属于游牧。第三，饲养的牲畜主要有马、羊、牛，其中羊是数量最多的，马是最重要的。

古代游牧民族都具有这些特点，但蒙古体现得最突出。理解这些特点对于把握游牧民族王朝的特征很有帮助。

早期草原局势及成吉思汗的出身

成吉思汗

12世纪后半叶，统治中国北方的是金朝，它从东北崛起以后，一下就扎到了中原，灭掉了北宋，而没有花很多时间和精力来控制、经营北方草原，所以北方草原比较混乱。当时北方草原上大概有十几个部落集团，蒙古只是其中一个二流集团，位于今天蒙古国中心偏东一点的位置。

据史料记载，草原上各部落集团内部的结构非常复杂。拿蒙古来说，它实际上分成两大部分，核心部分叫尼伦蒙古，外围部分叫迭列列斤蒙古。尼伦蒙古又分出好多个部落，部落又分出氏族，氏族又分出家族，结构非常复杂。成吉思汗出自尼伦蒙古的一个核心部落——乞颜部，他的家族叫作乞颜·孛儿只斤氏家族。成吉思汗并不是一个普通牧民，他是一个核心部落重要家族的贵族，这和他后来的创业有很大关系。

成吉思汗，本名叫铁木真，"成吉思汗"是他即位以后草原贵族给他上的一个尊号。"成吉思汗"是什么意思呢？有一些不同的说法，过去认为是海洋或天命之意。成吉思汗的这个家族在蒙古部落集团内部居于核心地位，成吉思汗的曾祖父，还有其祖父的兄弟，都做过蒙古集团的首领。成吉思汗的父亲虽然没有做首领，但也是一个重要的贵族。那时，蒙古集团处于分裂状态，内部不止一个核心部落，大家都要争夺领导权。成吉思汗有五个弟弟和五个儿子，五个弟弟中有三个是同母弟，两个是异母弟；五个儿子中有四个是正妻所生。

坎坷的创业经历

大约公元1170年，成吉思汗虚岁九岁的时候，他的父亲突然去世，是被一个敌对部落的人给毒死的。成吉思汗的父亲一死，蒙古集团内的其他贵族就把他们家的依附百姓、奴隶等全都夺走了，他们家一下就陷入破落状态，因此成吉思汗吃了很多苦。与他父亲有竞争关系的一些贵族还想斩草除根，派人来追杀他。所以，成吉思汗虽然出身不低，但他早年的经历是非常坎坷的。

大约公元1179年，成吉思汗刚刚结婚，他的妻子就被一个敌对集团的人给抢走了。那个时候的草原上，抢婚风俗还是很常见的。他只好找人帮忙，想把自己的妻子抢回来。有两个人帮了成吉思汗的忙，一个是当时草原上最大的部落集团克烈部的首领王汗，这个人和成吉思汗的父亲结拜过兄弟。另一个人是蒙古集团内部一个边缘部落的杰出人物，叫札木合，这个人小时候就和成吉思汗结拜为兄弟。在王汗和札木合的帮助下，成吉思汗把妻子抢了回来。如果妻子没有被抢，成吉思汗可能会满足于过稳定的生活，但是通过这次抢婚事件，成吉思汗召回了部分当年的依附人口。从此，他就开始逐步恢复其家族的势力和在部落集团中的地位。

大约公元1189年，成吉思汗被蒙古集团中的一部分人拥戴为汗，这是他创业的起点。要注意，他还不是被整个蒙古集团的人拥戴为首领，只是被其中的一部分人拥戴为首领。这个时候，不要说草原，就连蒙古集团内部也是分裂的，有好几个首领，互相不服。成吉思汗的把兄弟札木合后来也和成吉思汗分道扬镳，因为他们各自有各自的理想，不愿意屈居人下。朋友后来成了对手。

公元1189年以后，成吉思汗花了十几年时间，逐一兼并其他首领，夺取了蒙古集团的领导权，又和草原上的其他部落集团发生战争，包括当年帮过他的王汗。

成吉思汗这支力量一开始依附于克烈部的王汗，但随着时间的推移，他们也产生了一些纠纷和矛盾，互相失去了信任，形成对抗。到公元1203年的时候，成吉思汗消灭了克烈部。这个时候，他已经取得了蒙古集团内部的核心地位，同时又兼并了周围的几个集团，成为草原中部、东部最强大的势力。后来他又往草原西部发展，打败了另一个一流的部落集团乃蛮部。

到公元1206年，成吉思汗完成了草原统一，建立了国家。这个国家可以看作元朝的前身，是以北方草原为中心的草原帝国——大蒙古国。成吉思汗也被大家献上一个尊号“成吉思汗”，后来他就以这个名字见于历史记载。

制度建设

大蒙古国虽然是一个草原帝国，但也有一些重要的制度建设，我们在这里简单地介绍一下。

第一，建立了千户、百户授封制度。这种制度就是把草原上已经统一起来的牧民，按照十进制的方式加以编组，最小单位是十户，比较基本的单位是百户，百户上面是千户，千户上面是万户。这种制度是兵民合一的，如果打仗调军队，就以这个体系来调，每家出一个人去打仗，小队就是十户，中队就是百户，大队就是千户，最高的是万户。平时进行畜牧业生产，也是按这个体系征收赋税。

第二，创建了怯薛护卫军。“怯薛”是突厥语，本意是轮流值班，指的是大汗身边的卫队要承担保护大汗的职责。怯薛军是轮流值班的，有白班、有夜班，隔几天一个小队值班，几天下来又换另一个小队。这是一支贵族的武装卫队，这支卫队的重要性在于它不光保护大汗，还为大汗承担很多生活方面的服务工作，甚至还包括国家管理工作。这个时候，国家政权还处于比较原始的状态，最高领导人的生活服务和国家管理，很多事情是混在一起的。

《元世祖出猎图》中的怯薛

第三，颁布了早期的法律。把原来草原上的风俗习惯加以规范化，形成一个统一的版本。同时设置了法官，来处理部落之间、千户百户之间、牧民之间的纠纷。

第四，创造了蒙古文字。蒙古和当时的其他草原部落本来没有文字，有时借用其他民族的文字。成吉思汗在创建国家前后，委派草原上的知识分子借用当时的回鹘（回鹘是今天维吾尔族的祖先，在八九世纪的时候统治过北方草原）字母拼写蒙古语，创造了蒙古文字。直到今天，中国的蒙古族还在使用这套文字，当然在写法上有一些变化，但基本和成吉思汗时代的蒙古文是一样的。

第五，分封子弟。对于整个草原，成吉思汗采取了一种分割管理的方法，把一部分草原上的百姓分配给他的弟弟和儿子，分别管理。但是，这种分封不是平均分配，而是把一小部分拿出来分封，自己保留大部分进行直接统治。

总之，在公元1206年，成吉思汗建立了大蒙古国。这个草原帝国的制度是比较简单的，和中原王朝复杂的官僚体制无法相比，但它也有一些重要的管理措施，比如建立千户、百户授封制度，创建怯薛护卫军，颁布法律和设置法官，创制本民族的文字，以及分封子弟。这样，这个国家就初具规模，成为草原上一个新兴的强大政权。

大蒙古国出现的意义

历史上，北方草原出现过很多游牧民族，像走马灯一样变来变去。但是，自成吉思汗建立大蒙古国开始，就逐渐形成了一个稳定的蒙古族，后来草原上就只有蒙古族了，像过去那样一个民族消失，又出现一个新民族的情况没有再发生了。所以，这对中国古代北方草原来说是一个重大变化，这可能主要归因于成吉思汗建立的千户、百户授封制度。因为他在建立这套制度的时候，把一部分原来的草原部落或氏族拆开了，不允许保留原来部落或氏族的完整系统，而是把他们拆分，重新编组。这一做法推动了作为征服势力的蒙古族或者说蒙古部落对其他部落的消化。后来蒙古统治草原几十年，又正式建立元朝，继续保持了对草原长达100多年的统治。

后来元朝衰落甚至灭亡了，但是蒙古族并没有灭亡，它已经成为一个比较稳定的族群，长期在草原上活动，并且保持对草原的控制。

成吉思汗建立的政权推动了蒙古族的凝聚和形成。所以，今天人们一般认为成吉思汗是蒙古族的缔造者，如果没有成吉思汗，就没有今天的蒙古族。这就是蒙古崛起的一个大概情况。

第二节　蒙古版图的扩张

蒙古国的汗位继承

作为元朝前身的大蒙古国建立以后，发动了一系列对外征服战争，包括对中原地区、中国周边地区，甚至今天的中亚、西亚、欧洲等地区的战争，逐渐成为一个版图非常辽阔的世界帝国。

大蒙古国一共有四位正式统治者，成吉思汗是创建者。成吉思汗去世之后，汗位被他的三子窝阔台继承。窝阔台去世之后，汗位被他的长子贵由继承。贵由去世之后，汗位被成吉思汗四子拖雷的长子蒙哥继承。一开始汗位在窝阔台这个系统传递，但是后来汗位就被成吉思汗四子拖雷的后代夺走了，这中间有一些复杂斗争。因为当时蒙古并没有确立明确的嫡长子继承制度，而是在一定范围内由宗王贵族开会讨论确定继承人选，有一点家族内部民主制的色彩。

蒙哥在公元1251年通过贵族大会夺得了蒙古汗位。以后的大蒙古国，包括再以后的元朝，最高领导权就在拖雷的后代中传递了，和窝阔台的后代就没什么关系了。

总之，大蒙古国一共有四位正式统治者，第一位是成吉思汗，第二位是窝阔台，第三位是贵由，第四位是蒙哥。蒙哥以后就是忽必烈，就进入了元朝。我们在这一节主要讲这四位统治者时期蒙古的版图是如何扩张的。

成吉思汗时代的对外战争

在成吉思汗时代，对外战争的主要目标是金朝。当时金朝统治着中原地区，还有东北地区，和蒙古是有仇的，成吉思汗的祖先中有几个人被金人杀害，他们过去打过不少仗。所以，成吉思汗建立国家之后没几年，就对金朝发动进攻，把金朝打得奄奄一息。金朝的首都本来在今天的北京，后来被迫把首都迁到了河南开封，就是因为顶不住蒙古的进攻。

在打金朝以前，成吉思汗还打过西夏。西夏也是一个历史悠久的政权，早在北宋时期就已经建立了，一直发展到金朝和南宋对峙时期，长期控制着今天的宁夏、甘肃、陕北一带，当然它地盘比较小，力量也比较弱。成吉思汗打西夏，其实是为打金朝做一些预演或热身。

但是，在金朝奄奄一息的时候，成吉思汗突然做出了一个重要决策，就是掉转主攻方向，开始西征。当时中亚地区有一个建国时间不长的政权，叫花剌子模，是一个伊斯兰教国家。这个政权和蒙古发生了一些纠纷，蒙古派到西方的一支商队被花剌子模的边境将领杀害。据说这个边将看上了商队的财物，就诬陷这些人为间谍，把他们都杀了，然后把财物据为己有。

成吉思汗知道后，派人前去抗议，结果派去的人又被杀，其随从也受到羞辱，被赶回蒙古。蒙古觉得受到了严重挑战，据说成吉思汗在他草原部落所在地的一座山上认真思考了三天三夜，决定掉转主攻方向，先把金朝放一放，发动西征。蒙古的西征就这样开始了。因此，蒙古的西征带有一点偶然性，本来蒙古不是要往西发展，而是要往南发展，但是这次偶然事件导致蒙古的主攻方向出现了一些变化，而且对以后的历史也产生了很大的影响。

成吉思汗的西征发生在公元1219年到公元1223年，他带领着主力部队向西推进，在中原只留了少数部队，再加上中原一些投降蒙古的汉族地方武装，来与金朝抗衡。花刺子模不是蒙古的对手，因为其内部有不同的宗教和贵族的派别，不太团结，而且在战略上也有问题，采取了分兵把守的策略，没有集中主力和蒙古决战，结果被各个击破，败得很惨。花刺子模的国王到处流窜，最后死在了一个荒岛上。这样，曾经很强大的一个中亚政权就灭亡了。

成吉思汗在灭亡花刺子模之后，撤兵回到草原，随后又发起对西夏的一次战争，灭掉了西夏。在灭西夏的战争即将结束时，成吉思汗去世了。这就是成吉思汗时代蒙古的扩张情况，最初是向南进攻，打西夏、打金朝，逼迫金朝迁到河南，然后又发动西征，灭掉了中亚的花刺子模国。

窝阔台灭金与“长子西征”

到了窝阔台时期，蒙古进一步扩大征伐范围，首先是继承成吉思汗和前代蒙古首领的遗志，继续进攻金朝。公元1234年，蒙古联络南宋军队，把金朝最后一支势力消灭了，这样整个中国北方就落入了蒙古之手。

第一次西征结束之后，蒙古对西边的情况有所了解，知道西边还有很多政权可以征服，还有很多财富可以掠夺。所以，在灭金之后又发动了第二次西征。这次西征在历史上又被称为“长子西征”，因为各支宗室都派出大儿子率军从征。这次西征发生在公元1235年到公元1242年，统帅是成吉思汗长子的儿子，叫拔都。第一次西征打到中亚地区，第二次西征沿着第一次西征的路线继续向西北方向挺进。首先打到今天的乌克兰、俄罗斯所在的东欧地区。当时的乌克兰、俄罗斯还没有形成比较大的政权，都是一些小的城邦国家，因此完全不是蒙古的对手，被逐一攻破。

窝阔台

随后，蒙古军又向西挺进，进入了波兰、德国、匈牙利等地区。蒙古军在德国与当地的诸侯联军发生了激烈战斗，把对方完全击溃。当时欧洲都是一些小国，在战略、战术上都不是蒙古的对手，战略上比较呆板，战术上是传统的列阵打法，比较死板，不像蒙古骑兵那样灵活机动，声东击西，诱敌深入。这些战术欧洲人很不习惯，所以被蒙古打得落花流水。

今天的欧洲中部，就是德国这一带，都被蒙古军队横扫。最后蒙古军队开进到南欧的巴尔干半岛，在这个时候，突然得到消息，第二代大汗窝阔台去世了，他们就宣布撤军。因为大汗去世以后，高级贵族要开会商量下一个领导人是谁，所以蒙古就撤军了。如果不是窝阔台去世，蒙古军队很可能还要继续向西挺进，说不定就会打到法国，可能整个欧洲大陆都很难幸免。这就是窝阔台时代的西征。

控制西藏

窝阔台去世之后，他的儿子贵由做了大汗。贵由在位时间很短，但是在这段时期，蒙古有一个重要的进展，就是建立了和藏族地区的关系，这一地区在当时叫作吐蕃。自唐宋以来，青藏高原逐渐被佛教控制，形成了藏传佛教，其内部有很多势力，教派林立，不太统一。有一个教派就率先倒向蒙古，双方签订了一个合作协议，蒙古支持这个教派，而这个教派拥护蒙古进入西藏。所以，在贵由时代，蒙古的势力开始向西藏延伸。西藏的势力比较分散，无力抵抗蒙古的威胁，纷纷宣布接受蒙古的统治。这样，青藏高原就被纳入蒙古的势力范围。

蒙哥时期的征服战争

贵由去世以后，最高领导权落到了蒙哥手里。蒙哥是一个比较能干的领导者，他在位时期，又发动了新一轮的征服战争。他派弟弟忽必烈向南开拓推进，进攻南宋，又派另一个弟弟旭烈兀继续西征。那么，这次西征是往哪里打呢？第二次西征打的是欧洲，是往西偏北的方向打；第三次西征是往西偏南的方向打，进攻目标是两河流域，主要对手是当时的阿拉伯哈里发帝国。阿拉伯哈里发帝国已经存在了很多年，在历史上曾经非常强大，这个时候虽然比较衰落了，但还维持着在伊斯兰世界的领导权，结果就成为蒙古攻击的目标。

总之，蒙哥在位时期，蒙古又向南、向西分别发起进攻。向南进攻的这支力量由蒙哥的弟弟忽必烈领导，先是与南宋打了一些小规模战役，后来又把主攻方向调整到西南地区，通过四川打到云南，灭掉了云南的一个历史悠久的政权——大理国。大理国已经存在了300年，最后被蒙古灭掉。蒙古为什么要打大理国呢？因为蒙古对南宋有一个宏大的战略计划，就是迂回包抄，先进入四川，又进一步向南推进，打到云南，灭掉大理国。这就是蒙哥时代蒙古对南方用兵的主要战绩。

与此同时，蒙哥的另外一个弟弟旭烈兀领导了第三次西征。第三次西征是从公元1253年开始，到公元1260年结束。这次西征是向西亚地区推进，消灭了今天伊朗境内的一些地方势力，随后打到今天的伊拉克，包围并占领了阿拉伯哈里发帝国的首都巴格达，阿拉伯帝国就此灭亡。然后，蒙古又继续向西推进，打到叙利亚地区。这个时候，又传来消息，大汗蒙哥去世了。蒙哥是在四川去世的，因为他要去打南宋，率领主力部队进攻四川，打到今天重庆附近的一个重要据点钓鱼城时，就去世了。有资料说他是病死的，也有资料说他是被南宋军队的炮打中的。

蒙哥去世的消息传到西亚，西征部队决定撤回主力，留一些小部队继续向前推进。主力撤回以后，第三次西征也就基本结束了。留下的部队后来和埃及打了一仗，被埃及打败，也就不可能再向西推进了，第三次西征也就到此结束。

总之，在成吉思汗建立大蒙古国以后，差不多半个世纪的时间里，一共换了四代领导人，他们都分别向不同方向——主要是南方和西方——发动过大规模的军事进攻，而且可以说是战无不胜，把周围的这些国家打得狼狈不堪。蒙古灭掉了很多政权，成为一个大范围的世界帝国，这在世界历史上是很罕见的。

扩张迅猛，管理混乱

最后我们来总结一下蒙古这个阶段的统治情况。当年成吉思汗统治开始的时期，蒙古只是一个以草原为统治范围的国家，经过后面几个大汗一代代地往外扩张，蒙古已经变成了一个横跨欧亚大陆的世界帝国。这个国家虽然版图非常辽阔，但是内部有很多问题。蒙古的统治者善于打仗，不善于管理，对于如何有效管理这些被征服的地区，建立起有秩序的统治，他们没有经验，也做得不好。各个地区的文化、风俗、语言都不相同，应该因地制宜，进行一些适合当地情况的改革。但蒙古在很多方面是一刀切，用管理草原的一套方法去管理被征服的地区，而且是以剥削为重点，对于治理和秩序的恢复都不够重视。战争导致很多人死掉或沦为奴隶，人口大幅度下降，生产遭到破坏，始终不能很好地恢复起来。所以在这个阶段，蒙古在军事上的力量非常强，业绩非常辉煌，但是在管理和经济上是比较混乱的，很难维持长期的统治。再加上蒙古集团内部围绕最高领导权发生了很多内讧，互相争斗，自相残杀，也导致他们没有充分的精力来进行管理工作。这就是蒙古版图扩张的情况。

第三节　元朝的建立与统一

与众不同的忽必烈

忽必烈

前面我们讲了大蒙古国的崛起和扩张情况，包括它的制度建设和对外战争。大蒙古国从广义上讲可以算元朝，但从严格意义上来说还不是元朝，严格意义上的元朝要从成吉思汗的孙子忽必烈即位算起。

忽必烈是成吉思汗四子拖雷的儿子，也是大蒙古国第四代大汗蒙哥的弟弟。忽必烈是那个时代的蒙古贵族中较早对被征服地区的文化和社会状况感兴趣的人。当时的蒙古贵族都是会打仗，但是对管理不太注意，也没有刻意地去关注被征服地区的思想文化。但忽必烈很早就在中原地区接触一些知识分子，了解传统中原王朝的典章制度、历史发展过程和文化特点。所以，当时北方的汉族知识分子对忽必烈抱有很大希望，觉得他是一个大救星。因为其他蒙古贵族都对这些方面没有兴趣，只有忽必烈体现出学习的热情，而且表现出改革的愿望。所以，大批汉族知识分子都投奔忽必烈，给他做谋士，为他出谋划策，协助他管理和统治汉族地区。

蒙哥上台以后，忽必烈被委派对南宋进行军事征服。在战争开始前，忽必烈对中原地区进行了一些改革，相当于搞试点。他在汉族知识分子的帮助下，结合当地的社会状况，参考以前王朝的管理方式，进行了一些整顿，效果很好，深受汉族老百姓的欢迎。所以，忽必烈就成为一个在中原地区威望非常高的蒙古贵族。

从蒙古大汗到元朝皇帝

公元1259年，蒙古大汗蒙哥在战争中去世，汗位出现了空缺。这时候有两个人要争夺这个位置，一个是忽必烈，他在中原地区已经积累了很高的威望，势力也很强大。另一个人是忽必烈的小弟弟，叫阿里不哥。这个小弟弟当时受到蒙哥的委派，在老家镇守。按照蒙古的习俗，家族中的小弟弟、小儿子在继承方面有一定的优先权，这和汉族的嫡长子继承制不太一样，所以阿里不哥也很想趁势当上蒙古大汗。阿里不哥以草原为根据地，忽必烈以中原汉族地区为根据地，双方展开了一番争夺。公元1260年，两人分别召开贵族会议，宣布登上汗位，随即开始了战争。

忽必烈因为有汉族地区的资源支持，力量比较雄厚，打败了阿里不哥。阿里不哥走投无路，向忽必烈投降。这样，忽必烈就确定了大蒙古国最高统治者的地位，成为大蒙古国的第五代大汗。实际上，忽必烈不仅有大蒙古国第五代大汗的身份，还是元朝的第一任皇帝。他即位之后，就宣布要结合中原的实际情况，推行汉法。汉法就是汉族前代王朝的典章制度，也就是说要把蒙古这个政权汉化或者说中国化。这是他做的一件大事。

推行汉法

忽必烈即位的时候发布了一份诏书，明确提出说前代的那些大汗打仗非常厉害，但是管理有点跟不上，他要有意识地在这方面进行改革，加强管理，而且要结合汉族地区的状况，为汉族老百姓办一些实事，搞一些惠民措施，让大家的生活过得好一点，而不是像过去那样，只知道战争和搜刮。这样一个表态很重要。忽必烈即位以后，进行了一些重要的改革，我们称之为推行汉法，主要有五项内容。这五项内容决定了忽必烈政权和原来的政权不一样，有了一些新的特色和性质，基本上能和中原的前代王朝接轨了。也就是说，严格意义上的元朝从这个时候才开始建立。这五项内容是：

第一，建立年号、国号和有关礼仪制度。以前的中原王朝都有年号、国号，这是汉族的一种习惯。大蒙古国没有年号，国号也是用民族名称来命名的，而不是中原王朝那种传统的国号。忽必烈推行汉法，定年号为“中统”，意思就是中原正统；定国号为“大元”，出自《周易》的一句话“大哉乾元”。也就是说，元朝的“元”这个招牌在这个时候才正式设立起来。同时，还有一些礼仪制度，都参考前代汉族王朝重新进行了制定。

第二，建立汉族模式的官僚机构。在整个官制方面，从中央到地方，有一整套建制，看上去和以前的汉族王朝的建制是一样的。中央有中书省、枢密院、御史台、六部；地方有府、州、县，有路，后来还有行省等。这些一看就不是草原机构，而是汉族模式的一套制度。

第三，定都汉地，把都城从草原迁到中原。元朝有两个都城，主要都城是所谓的元大都，就是今天的北京。虽然北京并不是位于中原的中心，而是位于中原的边缘，但无论如何已经进入了中原这个范围，属于汉族的地盘。在这里建都，就意味着这个政权以后要以汉族地区为统治重心，这是一个很大的变化。元朝还有一个陪都，在今天的内蒙古正蓝旗，叫元上都。上都也不在草原中心，而是在草原边缘。元朝在汉族地区的边缘建立主要都城，在草原地区的边缘建立一个陪都，通过两都制完成了对中原和草原两大单元的控制。

以前蒙古帝国的都城在哪里？在草原的内部，今天蒙古国乌兰巴托以西三四百公里的地方，叫哈剌和林。这个都城至此被放弃了，往南迁移到了中原边缘地区。

第四，实行重农政策。蒙古族是游牧民族，对农业的重要性没有充分认识，战争中对农业有很大的破坏，也不注意恢复。现在忽必烈政权大力发展农业，采取了很多恢复、刺激农业发展的措施。

第五，尊孔崇儒。在文化方面，对汉族传统的儒家思想进行尊崇，包括建立学校、修建孔庙等，在意识形态上对汉族传统文化予以充分尊重。

通过这五个方面的举措，应该说忽必烈政权在主流上已经转变为一个汉族模式的、和前代王朝接轨的政权，和原来那个草原帝国完全不同了。这就是忽必烈上台的重要历史意义。

统一中国

到目前为止，虽然蒙古征服的范围很大，但是从中国的角度来看，它始终没有完成统一，因为南宋还是在顽强抵抗它的进攻。蒙古在灭掉金朝以后没多久就发动了对南宋的战争，但蒙古始终没有用全力来进攻南宋，它在好多地方开战，没有把主要精力投入到南宋方面，所以导致战争拖延了很久。另外，蒙古进攻南宋的时候，把重点放到了四川，打四川费了很大的劲，因为四川特别是重庆这一带山很多，蒙古骑兵完全施展不开。后来四川打不下来，又往南打，打到云南甚至越南，迂回包抄进攻南宋。费了很大的劲，效果却不好。因为南宋的统治中心在长江下游，蒙古从四川、云南打了半天，绕了很大的圈子，最后没有打到要害。所以，蒙古对南宋的进攻并不成功，一直处于一个僵持阶段。当然，南宋的抵抗也很顽强。在长江中下游，包括淮河流域这一带，水很多，蒙古骑兵施展不开。另外，进入温带的南部和亚热带地区，气候炎热，蒙古人不适应，所以他们在北边所向无敌，但打到南宋就没有多大的优势了。这就是蒙古长期打南宋，却没有取得明显战果的主要原因。

忽必烈即位以后，接受了一些汉族大臣，包括一些南宋降将的建议，觉得原来这么打可能是不对的。首先迂回包抄，打四川、打云南绕得太远了，效果并不好。另外，既然打到南方了，水很多，蒙古军不善于水战，那就弥补短板，开始训练水军，不完全靠骑兵了。所以，忽必烈即位以后，调整了战略主攻方向，开始把长江中游作为主攻的突破口，特别是今天的湖北襄阳，这里是南宋的一个军事重镇，驻扎有大量部队，囤积有很多物资。蒙古军后来就包围了襄阳，前后打了五年，才把襄阳打下来，然后才沿着汉水进入长江，对南宋发起最后进攻。战略主攻方向的调整是一个重要变化。另外，蒙古还费了很大的劲来训练水军，不是完全依赖骑兵了，因为骑兵的优势难以发挥出来。这些方面也做了及时的调整。这样，忽必烈在即位十多年之后，终于对南宋发起了大规模进攻。公元1273年，蒙古经过长期围困打下了襄阳，公元1274年正式发起对南宋的进攻，沿着汉水、长江顺流而下，很快就把南宋的长江防线攻破了。

到公元1276年初，元朝军队推进到南宋的都城临安，就是今天的杭州。南宋朝廷一看大势已去，只好宣布投降，南宋的皇帝、太后递上降表，元朝军队就把他们送到了北方。这个时候，南宋朝廷就算被消灭了，但是还有很多残余势力在坚持抵抗，不愿意屈服于元朝的统治。这些残余势力拥立了两个小王子，在东南沿海坚持抵抗。他们中的一个核心人物就是南宋末年的宰相文天祥。到公元1279年，元朝的军队深入推进到了两广地区，而且派来了大规模的水军。元朝水军经过长期训练，作战能力有了大幅度提高，和南宋水军在今天广东新会南边的厓山海域发生了一场大战，打了整整一天。最后南宋水军全军覆没，南宋最后的小王子被大臣抱着跳了海，南宋最后这支势力就被完全消灭了。

抵抗势力的核心人物文天祥也被俘虏，并被带回了元大都。虽然被长期关押，但文天祥仍然坚持气节，不向元朝投降，后来也被杀害。这样，南宋就完全被元朝征服，元朝由此完成了对中国的统一。

四大汗国

我们在前面讲到，蒙古曾经发动过几次西征，建立了一个横跨欧亚的大帝国。不过，随着忽必烈即位，把发展方向转移到南方，西边那些被蒙古控制的地区，比如中亚、西亚、东欧一带，便慢慢脱离了蒙古大汗的直接控制，各自走上了独立发展的道路。他们的首领都是成吉思汗家族的子孙，后来形成了各自独立的政权，我们一般称之为蒙古四大汗国。在俄罗斯西部地区有钦察汗国，在伊朗地区有伊利汗国，在中亚和今天中国新疆的部分地区有察合台汗国和窝阔台汗国。

这四个汗国和元朝是什么关系呢？表面上，四大汗国还承认元朝是他们的宗主国，因为大蒙古国的最高领导位置被认为由元朝继承了，四大汗国居于附属国的地位。但实际上，他们完全独立，完全自治，元朝无法干涉他们内部的事情。而且有一个时期，因为过去的一些积怨，包括对国家战略方针调整的不同认识，窝阔台汗国、察合台汗国还和元王朝发生过战争。但总的来说，四个汗国还是承认元王朝的宗主国地位的。因此，实际上蒙古大帝国分裂成了元王朝和四大汗国，这样的状态大体上一直持续到元朝灭亡。这就是元朝的建立和统一这段历史的大概情况。

第四节　元朝中后期的政治

元朝的历史不算太长，从忽必烈即位算起，有100多年；就算从成吉思汗建国算起，也只有160多年。狭义的元朝，从忽必烈即位算起，一共存在了108年。这108年可以分成三个阶段，第一个阶段是忽必烈时期，他统治的时间有30多年。第三个阶段是最后一个皇帝元顺帝时期，他也统治了30多年。中间第二个阶段也是30多年，一共换了9个皇帝，皇帝更替是很频繁的。我们在这一节中所说的中后期主要指的是忽必烈以后的这段时间。

汉化迟滞

元朝中后期的统治有一个基本特征，也是元朝存在的一个问题，就是汉化迟滞。元朝作为蒙古人建立的政权，本来是以草原为重心进行统治。忽必烈把国家重心调整到中原，和前代汉族王朝接轨。但是，这个接轨不是特别完善。忽必烈虽然对传统的中原典章制度很有兴趣，但是学习得不太到位，而且后来他的兴趣有些转移了，这也影响到了后面的元朝皇帝。整体来说，元朝从表面上看像是一个能和前代汉族王朝接轨的政权，但是在很多细节方面并没有完全接轨。比如元朝的皇帝大部分不能熟练地使用汉语，和汉族大臣交流要依靠翻译。这是一个很大的问题。

所以，总体来说，元朝与汉族社会的磨合程度是不够的，中国古代的很多少数民族王朝，包括清朝以及之前的金朝、辽朝、北魏，在这方面都比元朝做得好。

元朝中期，30多年间换了9个皇帝，皇位更迭非常频繁，中间还伴随着激烈的皇位争夺。因为元朝受到蒙古传统习俗的影响，在皇位的继承方面是比较灵活的，就是采取一种贵族推选制度。皇帝可以指定接班人，但只能作为一条意见，最后还需要全体宗王贵族开会来决定。这个习俗很难改变，这和汉族的嫡长子继承制不同。元朝皇帝的传承次序是非常混乱的，虽然他们都是忽必烈的后代，但不是单线传递，而是跳来跳去的。每次皇位更迭，都要等宗王们从草原到达以后开会，共同确定新的继承人，中间会有很多变数，发生很多纠纷。有些阴谋家就趁机拉帮结派，推出自己的人选，有时候就会发生政变，甚至发生暗杀、谋杀。到了元朝后期，还发生过内战，两派势力，一派占据元大都，一派占据元上都，大打出手。这些因素导致元朝的统治经常处于混乱状态，很多政策不能有效延续，高层统治集团把大量的时间、精力耗费在内讧中，对元朝的发展非常不利。元顺帝即位以后，这个问题稍有缓解，但这时候元朝整体的国运已经衰落了。

财政危机

此外，元朝后期的财政危机非常严重，国家财政入不敷出。元朝在全国普遍发行纸币作为单一货币，不使用铜钱，也不使用金银。发行纸币容易造成通货膨胀，因为纸币的印制成本很低，如果不加以控制，很可能就会乱印，最后导致通货膨胀，纸币贬值，财政崩溃。元朝的情况就是这样。他们一开始也知道纸币只是金属货币的代用品，不能无限制地印刷，对印刷投放量有所控制，但是越往后越不能坚守，最后导致整个财政完全崩溃。

元朝财政有两项特别大的支出，是其他朝代不太突出的。元朝的宗王贵族都分封在草原，对国家享有一定的主权。如果元朝是一家大公司的话，那么大股东就是皇帝，小股东就是这些王，每年都得给这些小股东分红，分得少的话，小股东可能就不再拥护大股东。所以，元朝每年都要给这些草原上的宗王贵族发放大量的钱财。每次新皇帝上台，大家都来开会拥戴，但不能白拥戴，得一次性发放大笔奖金。滥加赏赐这些草原的宗王贵族是元朝财政的一大缺口。这是第一项大的开销。

第二项大的开销是宗教活动。元朝皇帝信奉藏传佛教，藏传佛教在元朝比较有影响的派别是萨迦派，今天的藏传佛教是格鲁派。萨迦派受佛教密宗的影响很大，经常要举行很复杂的宗教活动，规模很大，花费很多。元朝的皇帝，还有高层贵族，普遍信仰、迷恋藏传佛教，频繁举行这种复杂的宗教仪式，投入的经费相当多。

赏赐宗族和举行宗教活动，这是元朝财政的两大开销，当然还有很多其他方面的开销，最后入不敷出，只能多印纸币，导致财政崩溃。这是元朝逐渐衰落的一大原因。

总之，元朝在忽必烈统一全国以后没有进入上升期，反而逐渐开始走下坡路了。忽必烈在位后期，也统治得不好，他发动了一些对外战争，但没有打赢。

元末起义

到公元14世纪中叶，元朝终于爆发了大规模的地方民众暴动。元朝后期，各种危机逐渐积累，社会矛盾越来越严重，再加上一些天灾，老百姓活不下去了，就纷纷发动起义。元朝后期的起义有一个背景，就是都是由秘密宗教团体组织的，主要是白莲教。

白莲教是佛教在中国发展演变出来的一支民间教派，其特点是可以在家修行，适应一般老百姓的生活。就是说，信仰白莲教，不需要出家当和尚，可以在家正常地生产、生活，其信徒的身份也是被承认的。这对老百姓来说很有号召力。

白莲教在元朝后期遭到政府的取缔，就转入地下进行秘密传教，而且规模越来越大。在公元1351年，白莲教利用老百姓对元朝的不满情绪，发动了大规模起义。白莲教有个口号，叫“弥勒下生”，或者叫“明王出世”。他们宣传说，世界末日快到了，我们这个教崇拜的佛是光明之佛，又叫明王，你只要信了我们的教，跟着我们一起搞活动，在世界毁灭时，你就不会牺牲，而等到将来世界重新建立，就是我们的天下，你就会过上好日子。这样一套说教，对老百姓有一种蛊惑作用，所以大批老百姓都加入了白莲教。

元朝后期，起义多点开花，从中原到南方，好多支势力同时起义，导致朝廷的统治捉襟见肘。当年蒙古的骑兵战无不胜，横扫欧亚大陆，到了这个时候，因为多年不打仗，蒙古人的战斗能力都退化了，连农民起义也无力镇压。最后经过十几年的动乱，元朝实在控制不了局面，各支反元势力不断强大，其中一支就是朱元璋，他先消灭了南方的其他势力，然后发起北伐。到公元1368年，朱元璋的部队进入元大都，元朝皇帝带着后宫以及一些官员狼狈逃回草原。至此，元朝就算灭亡了。

在这以后，退回草原的元朝残余势力维持了很长时间的活动，有一段时间还打着元朝的旗号，但后来就放弃了，退回到割据状态。蒙古族作为一个民族还在草原上频繁活动，并和之后的王朝——明朝、清朝都有复杂的关系。以上就是元朝中后期政治发展的概况。

元朝的特点

最后我们再对元朝的特点做一下总结。元朝是中国历史上唯一由北方游牧民族建立的统一王朝。清朝不是游牧民族建立的。元朝进入中原以后，在对汉族社会进行统治的时候，是比较困难的。因为游牧民族社会和农业社会差距太大，蒙古族在适应汉族的风俗习惯、典章制度、管理手段的时候，会比较费劲。这是元朝汉化迟滞，在细节方面和汉族社会磨合不好的一个主要原因。

但是，这也导致了另外一个结果，就是蒙古族保持了自己的文化传统，没有与汉族完全融合到一起。在元朝灭亡以后，他们能够全身而退，回到草原。经过明朝、清朝几百年的发展直到今天为止，蒙古族仍然是一个有生命力的、非常活跃的民族，这种情况在中国历史上并不多见。因为以前好多民族都慢慢地消失了，以后的民族，比如满族，建立了清朝，虽然在与汉族社会磨合方面比较成功，统治的时间也比元朝长，管理手段等各方面都较能适应汉族社会的要求，但是其自身的文化特色，包括语言、文字等，都慢慢地丢掉了。清朝灭亡以后，满族虽然还是中国的一个少数民族，但是其自身的文化特色不太明显，处在一个逐步消失的阶段。蒙古族完全不同。到今天为止，蒙古族自身的文化特色还保留得比较完整，历史传统也继承得比较好。这就是历史发展的复杂性。虽然作为一个王朝，元朝比较短命，但蒙古族自身的文化传统得到了较好的保留和继承。

第五节　元朝的国家制度

这一节我们来讲讲元朝的国家制度，了解一下元朝的国家机构和相关管理制度是如何设置的。

元朝的前身大蒙古国是一个草原帝国，忽必烈把统治中心迁到中原，与前代汉族王朝接轨，建立起一个汉族传统模式的王朝，就是元朝。那么，汉族传统模式下的元朝究竟是什么样子的？它从中央到地方的机构、管理制度的框架是怎样的？

中央机构

元朝建立之后，忽必烈制定了一套汉族模式的官制，从中央到地方有一套系统。简单说，中央有三大机构：第一大机构是中书省，是全国最高的行政机构，也可以称为宰相机构；第二大机构是枢密院，是管军事的，是全国最高的军政机构；第三大机构是御史台，是管监察的，独立于行政、军政系统之外。

这三个机构都是从中原王朝以前的机构中发展过来的。比如唐朝的三省六部制，中央有三个名为“省”的机构，共同辅助皇帝决策和协调百官，进行行政管理。

唐朝的三省是尚书省、中书省、门下省，这三个省到元朝就只剩一个省了，就是中书省，由它来承担协助皇帝决策和进行行政管理的职能。

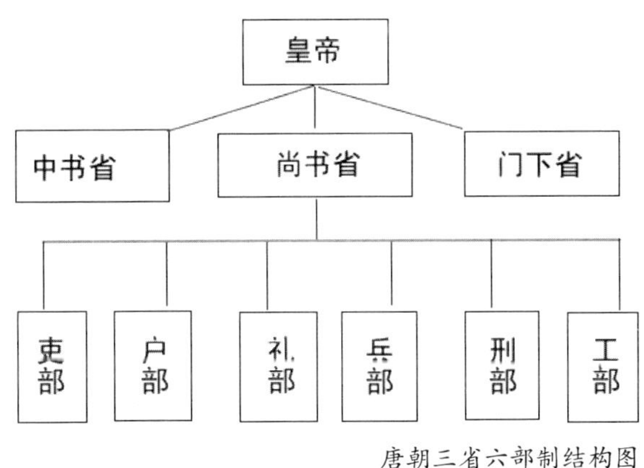

唐朝三省六部制结构图

中书省下面有六部，和唐朝的六部完全一样。六个主要职能部门吏、户、礼、兵、刑、工，分别主管人事、财政、文化教育、军事、司法和工程。六部体制，从隋唐一直到清朝都没变，元朝也是这样。所以，从这些机构来看，元朝的中央官制采用的是汉族模式的基本架构。元朝的三大机构里，比较主要的是中书省，它是宰相机构，在元朝国家机构中的地位非常重要，承担主要的行政管理职能。

家臣政治

元朝有一个特点，就是蒙古族统治者可能保持了一些游牧民族的豁达和不拘小节的风格，皇帝不愿意管很多小事，比较放松。元朝有一个和其他朝代不一样的地方，就是皇帝不上朝，除了个别节日和举办大型活动时会出来跟大家见面，平时没有上朝的制度，不需要每天或隔一两天在哪个固定的地方坐着，处理政务。

主要的行政压力都在中书省，中书省要听取下面的机构包括地方的汇报，制定政策，然后再去向皇帝汇报，由皇帝批准之后进行贯彻落实。中书省的领导就是宰相，他们每三天向皇帝汇报一次工作。至于皇帝在哪儿，就不一定了。皇帝在哪儿，他们就去哪儿找皇帝。皇帝如果在宫里坐着，他们就去宫里找皇帝；皇帝如果在外面打猎，他们就去打猎的地方找皇帝。在这个体制里，皇帝是比较超然的，他不太涉及具体的管理，所以宰相机构中书省就显得比较重要。

《元世祖出猎图》（局部）

从这个角度来看，元朝皇帝的权力似乎比较下放，不是特别专制独裁。其实从本质上来说，元朝是一个专制强化的朝代。因为按照蒙古贵族的统治理念，元朝就是一个家天下的政权。整个国家，包括政府和老百姓在内，都是皇帝或者说是皇家、皇族的私人财产。皇帝作为家长，不见得要管那些具体的事情，他会委任一些仆人来替他管理家务。

仆人的首领相当于管家，就是宰相。皇帝会认为，反正我就把事情交给你了，你管得好，我就让你接着管；管不好，我就把你撤掉，甚至杀掉，各种惩罚都有可能。这样的一种统治理念，就是家天下。家长不见得管事，具体的事务都交给管家去处理。所以，元朝的政治体制是一种家臣政治。以宰相为代表的官僚被看成皇帝个人的仆人或是家臣，他们代替皇帝来执行管理工作。

地方制度

元朝在地方上有一套有特色的制度，就是行省。什么是行省呢？中央的最高行政机构是中书省，中书省管理这么大的国家有点管不过来，就派一些人挂着中书省的招牌到外地去坐镇，去处理一些重要事情，或者协调一些重要工作，相当于设立了很多工作组。这些工作组就被称为行中书省，简称行省，又简称省。今天中国的一级行政区还叫作省，就是从元朝的行省演变来的。

元朝一共有10个行省。元朝的地盘很大，离首都比较近的地区，包括今天河北、山西、山东和内蒙古的大部，由朝廷的中书省直接管理。其他地方设立行省，中书省就不直接管理了，而是派出一批人去坐镇，进行管理。这就是元朝的行省制度。

行省制度和以前的中原王朝的地方制度有些不一样的地方，一是行省地盘大，至少相当于今天的一个省，有的相当于今天的两三个省。二是级别高，因为工作组是代表中央去地方坐镇的，都顶着中央的头衔，级别和中央政府的宰相是一样的。也就是说，行省不是中书省的一个下级机构，与朝廷不是上下级关系，而是同级别的，是主体和分支的关系。行省级别很高，而且权力集中，什么都管，行政、军事、财政一把抓。这种情况在汉族王朝一般不被允许出现，地方行政区权力这么大，管事这么多，级别这么高，很容易发生叛乱。

但是，元朝是草原民族入主中原建立的王朝，比较强调效率，有什么事需要迅速反应、迅速行动，不希望拖延。同时，蒙古族是从外围来的，派几个人到地方坐镇，也很难和地方势力结合，闹不了独立。当然，行省也不是完全没人管得了。元朝中央有监察机构御史台，御史台在地方上也有一套机构，有行御史台。整个北方由御史台直接负责监察，南方由江南行御史台负责监察，西部包括陕西、甘肃、四川、云南由陕西行御史台负责监察。中央御史台，称为内台；江南的御史台，称为南台；西部地区的御史台，称为西台。下面又有一些具体的机构。这套监察系统，多少能对行政系统有些约束。

另外，行省并没有覆盖元朝全国的所有地区，还有一个很大的特区没有设行省，就是青藏高原或者说藏族地区。元朝在藏族地区推行的是政教合一的管理体制。在藏族地区，佛教的势力特别大，元朝中央政府设立了专门的机构来主管佛教，这个机构叫作宣政院。元朝就是通过佛教机构宣政院来监管西藏的事情。因为在西藏，佛教几乎笼罩一切，中央管佛教的那些人顺便就把西藏给管了。西藏或者说青藏高原可以被看成一个特区，这里没有设行省，而是由中央的佛教机构宣政院来进行管理的。

元朝的版图很大，对边疆的控制也比较稳固。以前的汉族王朝，汉朝、唐朝的地盘都很大，但那是短期的，或者说是偶然的、不稳定的，其统治集团没能长期维持那么大的版图，并且进行比较深入的统治。

相反，元朝从开始到最后，版图都是非常稳定的，对边疆控制的稳固程度、深入程度也超过汉唐。所以，同样是版图很大的王朝，元朝比以前的汉族王朝做得更成功。

选官制度

下面我们讲讲官员选拔。元朝的高官当然基本是由蒙古贵族垄断的。元朝很长时间没有搞科举，基本上是从吏员就是普通公务员中直接提拔官员。也就是说，不是面向知识分子开辟一个专门的选拔官员的渠道，而是直接从在衙门里打工的一些人里提拔，只要干得好，就能被提拔。在古代，这些在衙门里打工的吏员和知识分子是两拨人，这两拨人是比较隔绝的。汉族王朝都有类似科举的制度向知识分子敞开，很多人通过读书做官，而那些吏员基本就是在下面打工，不会担任领导。元朝把这个区别打破了，打工的人直接当领导，而没有面向知识分子再开辟一个做官的快速通道。这是元朝的特点。

因此，元朝的知识分子就不满意了。到了元朝后期，经过大家的一再抗议，还是恢复了科举制度，也开辟了这个通道。不过，这个通道很小，录取的人很少，而且被录取以后也当不了什么大官。总的来说，在官员选拔方面，传统的儒家知识分子没有得到足够的优待，这和蒙古统治者对儒家文化认识不深有关系。

元朝的这些读书人没有受到传统的那种优待，就容易被人嘲笑。他们发了很多牢骚，比如有种说法叫“九儒十丐”，意思就是说在社会上，知识分子、儒生的地位也就比乞丐高一点，其他人都比儒生强。虽说不是真有这样的等级制度，但是这反映出儒家知识分子对当官不太顺利这种状况的不满。

法律制度

元朝的汉化不到位，管理上不够细化，很多东西都是粗线条的。在法律方面，元朝始终没有颁行过一部正规法典。审案子都是现找案例，一个案子出了，就去找个以前的例子，以前是怎么判的，参照着判就行了。如果这种案子以前没出过，就现商量一个办法，而且会作为以后的参考案例。基本上是临时找案例这样一种处理办法。

很多人可能有一个误解，觉得元朝的统治很残暴。应该这么说，元朝在战争中是很残暴的，蒙古统治者在战争中屠杀了很多人，但是在和平年代，他们并不残暴。这和游牧民族那种办事比较粗线条、豁达或是不拘小节的风格有关。元朝的法律是比较宽松的，其实有人专门记载过，在元朝后期，地方上很少判死刑，偶尔判一次死刑，大家都奔走相告去围观。总之，元朝的统治并不能称为残暴，相反，其司法还很宽松，甚至有很多漏洞。

草原制度的残余

以上我们讲的是元朝的国家机构、国家制度的特点，在基本的汉族模式体制之下，还有一些蒙古的旧制度杂糅在里面，没有完全、充分地汉化。比如元朝有达鲁花赤制度，就是各机构都要配一个特派员，相当于各机构的一把手。这个特派员原则上要由蒙古人来担任，不能由汉人担任，代表蒙古统治者来控制这个机构。他平时管事不一定多，但有一票否决权，最后有可能一票否决某件事情。这等于在机构里专门多出一个编制。

再比如元朝有分封制。我们前面讲过成吉思汗把儿子、弟弟都分封在草原，他们的后代越来越多，在草原都有封地，同时还会享受内地某些指定地方的部分赋税，也会对这些地方进行一些操控和垂直管理。这对中央的统一管理，包括中央集权这套体系其实是有破坏作用的。这些都是元朝草原制度在汉族框架里的一些残余，也是元朝制度的一个方面。

第六节　元朝的民族关系

元朝是少数民族建立的统一王朝，以少数人统治多数人，民族关系就成为一个大问题，这也是学习这段历史必须关注的问题。汉族王朝也有民族关系问题，但汉族王朝是多数人统治少数人，有关记载不会有那么多，民族问题也不会成为当时的一个重大社会矛盾，人们就不会去关注，或者关注比较少。但少数民族王朝，这方面的材料比较多，就会引起人们的关注。

被误读的四等人制

关于元朝的民族关系，有一个很著名的说法，就是元朝有四等人制，包括现在的中学课本里都会提到。四等人制是什么呢？就是元朝把全国的老百姓分成四个等级，第一个等级是蒙古人，第二个等级是色目人，第三个等级是汉人，第四个等级是南人。对于不同等级的人，政策也不相同，等级越低，越受歧视、压迫；等级越高，越受优待。我们在这里要做一点补充说明，元朝并没有明确规定过这个制度。

所谓四等人制，并不是说元朝颁布了一个文件，说要把全国人民分成四个等级。实际上，因为元朝本身是少数民族入主中原，而且通过战争还带来了很多其他的民族，比如西北地区包括西亚、中亚的那些民族，很多都被卷入中原内地。元朝是一个多元种族的社会，在这样的社会里，有不同的人群，政府对这些人群的管理肯定会有不同的标准和办法，不可能用一个政策对所有人一刀切。很多政策都会针对不同人群有一些区别，这些区别对待的政策汇总到一起，就被后来的学者概括为四等人制。

也就是说，四等人制是后人概括的一个概念，而不是元朝就有这个概念。

四等人的构成

四等人中的蒙古人就是成吉思汗统一草原时统治的那些部落，不仅限于最早的蒙古集团。成吉思汗统一草原，建立大蒙古国的时候，在他统治之下的那些草原部落到后来就被整合为蒙古人。

蒙古人

色目人指的是由于各种原因从西边进入内地的各种人群。“色目”的意思就是各种各样、各色各目，色目在宋元时期指的是品种、种类，所以色目人就是各种人的意思。这些人第一不是蒙古人，第二不是汉人，第三是从外边来的。符合这三个条件的人也非常复杂。

第三群人是中原地区，也就是原来的金朝统治区的汉人。这个地区基本上是汉族人，但是也混杂了一些过去的契丹人、女真人。因为辽朝的统治者契丹人、金朝的统治者女真人进入中原，到了元朝的时候，基本上已经和汉族融合了。虽然他们的家庭背景是契丹人、女真人，但其实他们这时候的生活方式已经和汉人没什么区别了，因此被元朝统一当成汉人来对待。

还有一个小群体也被当成汉人，就是高丽人，也就是朝鲜半岛上的高丽王朝的人。高丽王朝是宋元时期统治朝鲜半岛的政权，元朝把它收服了，保留了它的半独立地位，但对它的各种管理、控制也很严格。有很多高丽人进入中原，这些人也被当成汉人，因为他们的文化和汉族差不多。另外，蒙古打南宋的时候，是先打四川，又打云南，这两个地方也较早被纳入蒙古的统治，这里的人后来也被当成汉人。

最后一个群体南人，指的就是南宋后期统治区，也就是最后被元朝占领的那块地方，主要是长江以南，包括今天的湖南、湖北、江西、两广、浙江、福建、江苏南部这些地方的人，他们在元朝被称为南人。在蒙古统治者看来，首先草原上来的这群人是蒙古人，然后中原地区加上四川、云南的人是被征服的汉人，最后征服的南宋那块地方的人就是南人，中间夹进了一批从西北过来的人，这些人既不是蒙古人，也不是汉人、南人，就是色目人。

所以，全国的人分成这么几个群体，这是客观存在的。但是，歧视色彩到底有多大，等级是不是划分得很严格？

其实也没那么严格，并不是说每个政策都会定出四个标准，每种待遇都有四种差别。很多时候，这几种人没有差别。所以，对于四等人制，不能绝对地理解为特别严格，民族等级特别森严。当然也不能认为四等人制都是胡编的、虚构的，元朝不存在民族歧视、民族压迫。元朝是存在民族歧视、民族压迫的，而且还比较厉害。比如在人事制度方面，蒙古人肯定是第一等的，最受优待，当官最容易，提拔也最快。色目人作为从外面来的群体，在汉族地区没有根，蒙古人对他们比较信任，觉得这些人可靠，可以作为助手。他们受信任的程度稍低于蒙古人，是第二等级，对他们的优待和重用程度没有蒙古人那么高。

中原的汉人就更差一些了，他们是被统治者，在选官、提拔方面就慢了很多，肯定不如蒙古人、色目人提拔得快。而南人，最后才纳入统治，归顺最晚，在官员选拔等人事方面，肯定是最不受重视的。

比如宰相，全国最高的行政领导，基本都是蒙古人，其次是色目人，而汉人是很少的，南人几乎没有。所以，在人事管理方面、选官方面，待遇标准明显是不一样的。

再比如元朝有严格的武器管制制度，也可以理解为是为了维护社会稳定，对武器进行管控。那个时候的武器都是一些冷兵器，比如弓箭、刀枪剑戟等。元朝对这些武器有管理措施，一般土著老百姓，包括北方的汉人、南方的南人，是不能拥有这些杀伤性武器的，特别是弓箭。如果有，就要交给地方官府，地方官府就把这些从汉人中收来的武器交给当地的蒙古人或色目人保管。由此可见，元朝的统治者不信任汉人，包括南人。他们认为，你有武器太危险，我要把你的武器收了，交给我们这个统治民族及其助手保管，我才放心。汉人没有权利拥有武器，南人更没有，而蒙古人、色目人有。从这些方面看，同样是老百姓，但待遇不一样。四等人制其实是带有一定的民族歧视色彩的，只不过不要把它过于夸大。

蒙古族和回族的形成

从今天的历史来看，经过元朝这100多年的统治，整个中国的民族关系又重新洗牌，重新糅合，有很大变化。今天中国的各少数民族中，有两个是在元朝逐渐形成的，如果没有元朝，这两个民族不见得能形成，或者说可能不会有今天的规模。这两个民族就是蒙古族和回族。

我们前面讲过，蒙古本来是一个草原的部落集团，没有多少人，但是后来统一了草原，就慢慢把其他草原部落整合到一起了，最后就都叫蒙古人了。这是一个很长的过程，但基本的包容或者说融合阶段应该是在元朝。元朝以后，又进一步发展，形成现在的蒙古族。

回族的形成是很有意思的。回族本身来源很复杂，主体是元朝色目人中的一部分。蒙古人几次西征，裹挟了很多西边的人进入内地，包括抓了一些俘虏，选了一些人当官，招了一些人参军，还带来一些商人。总之，因为各种原因，很多人从西边进入中原。其中有很多穆斯林，就是伊斯兰教徒，他们来自不同的地区，比如中亚、西亚，他们的语言都不太一样，有说波斯语的，有说阿拉伯语的，有说突厥语的。

进入中原以后，这些人被起了一个称呼，叫回回人。为什么叫回回人呢？因为以前有个回鹘，就是维吾尔族的祖先，当时在新疆生活。内地的老百姓听说过回鹘，一看来了一帮风俗习惯不一样的人，就以为他们是回鹘人，便称其为回鹘人，后来才发现回鹘人另有其人。因为在元朝，维吾尔族的祖先回鹘还不信伊斯兰教。既然他们不是回鹘人，叫错了，那就稍微变一变，叫成回回人，就这么叫下来了。到了明朝，形成了一个稳定的群体，就是回族。

在这个形成过程中，元朝这段历史特别重要。这些不同地区、不同语言的穆斯林进入中国境内之后，慢慢地改用汉语，而且很多人启用汉姓、汉名，但是宗教习俗始终保留。他们有很强的认同感，把自己和外人相区别，慢慢形成了一个新的群体，就是回族。这一过程主要发生在元朝，所以说元朝对以后的民族关系有很大影响。

民族矛盾与阶级矛盾

民族问题在元朝是一个大问题，民族歧视、民族压迫、民族矛盾是比较多的。但是随着时间的推移，发生了变化，一开始民族矛盾比较显著、比较多，越往后，民族矛盾越淡化。为什么呢？因为元朝社会上还存在着一些其他的分歧和集团划分。比较大的分歧和集团划分就是社会经济地位的差别，也就是我们经常说的阶级矛盾、阶级划分。

元朝前期，民族矛盾比较多，后来因为社会比较平稳，经济恢复、发展，社会分化逐渐严重。有的人有钱，有的人没钱，贫者越贫，富者越富，贫富问题成了社会矛盾的主流。到了元朝后期，社会贫富矛盾比较突出，而民族矛盾看上去没那么显著了。

我们前面说过，四等人制里，南人的地位最低，但是南人中有很多有钱人，因为元朝南方经济比较发达。这些有钱人就可以利用经济手段来给自己开辟道路。你不让我做官，我花了钱就能做官。或者我能操控官府，虽然我位居四等人中的最下层，但是因为我有钱，我要办事基本都能办成，地方官府都得听我的。这种情况在元朝中后期越来越多。所以，元朝末年爆发大规模的反元起义，主要不是因为民族矛盾，而主要是针对富人、有钱人，当然也针对政府，但主要不是本地民族反对外来民族的斗争，这方面的色彩并不突出。不能把元朝的民族矛盾看成始终贯穿元朝历史的主流，民族矛盾在前期比较突出，但是越往后越淡化。在元朝灭亡前后，并没有发生针对蒙古人或色目人的大规模民族仇杀。

元朝灭亡后，大批蒙古人退回草原，但也有很多蒙古人留在了中原，后来慢慢与汉族融合，生活方式也变了，也采取农业生活方式。在今天的河北、河南、山东，有很多这样的人，我们如果去追溯，就会发现他们的祖先是元朝的蒙古人，但是现在他们的生活方式已经完全与汉族融合了。色目人里，只有回族能够保持自己的传统，形成了一个独特的群体。其余的色目人，凡是陆续来到中原、江南的，最后也都融合在汉族中。这就是元朝民族关系的大概情况。

第七节　元朝的对外关系

我们前面讲过，元朝的前身大蒙古国曾经发起对欧亚大陆许多地区的征服，建立了一个横跨欧亚的大帝国。这个征服战争大幅度地改变了欧亚大陆的政治版图，也加强了东西之间，包括中国本土与海外各地的联系，导致元朝的对外关系进入了一个新局面。所以，讲元朝的历史，对外关系是一个特别重要的方面。

对外征服的心理惯性

元朝的对外关系，可以从两个方面来讲。第一个方面就是战争，元朝对其他国家、地区发动过一些战争。早期的蒙古西征我们就不讲了，我们要讲的是忽必烈对海外国家发动的战争。

我们前面讲到忽必烈发动对南宋的战争，把传统的统一任务完成了，但是他并不满足，还要进一步对中国以外的，特别是海外的那些小国和地区发动征服战争。原因何在？主要是自大蒙古国建立以来，蒙古人在对外作战方面形成了一种心理上的惯性，觉得自己负有一种奉上天之命征服全世界的使命。这种心理惯性是在大蒙古国时期慢慢培养起来的。

忽必烈也没有摆脱这样的思维惯性，他已经灭掉了南宋，但还要继续打仗。打哪儿呢？南宋灭亡以后，亚洲大陆这块土地上可以征服的地方几乎已经没有了，他就把眼光放到了海外，要跨海远征去打日本，再就是要往东南亚的一些地区开拓。

两攻日本

元朝发动过两次对日本的战争。第一次是在南宋还没有灭亡的时候，那次战争的规模比较小，可以认为是试探性进攻。第二次战争的规模比较大。南宋灭亡后，元朝发动了一次对日本的大规模跨海远征。有两条远征路线：一条是以朝鲜半岛为基地派出远征军，渡过对马海峡向日本的沿海岛屿发起进攻，因为从这个地方跨海的距离比较短；另外一条路线是以中国东南部的浙江为基地，从今天的宁波一带出发，横渡东海，向日本沿海发起进攻。元朝进攻日本的第二次战役就是这样兵分两路，而且规模很大，应该说具有军事上的优势。但是，远征军到了日本沿海，就碰到了一些麻烦，日本人防御森严，很难登陆主要岛屿。在停留过程中，又突然刮起台风，大量士兵都淹死在海里。日本封建主趁机发起反击，远征军惨败。忽必烈打日本这次战役，投入很大，但最后没有取得成功。

对东南亚的进攻

忽必烈还打过两次越南。越南在当时叫作安南，是中原王朝的一个藩属国。安南的统治范围主要是越南的北部，不包括南部。蒙古很早就进入过安南，当年蒙古打四川、打云南，要夹击南宋，有一段时间就打到了越南，想要从越南北上，奇袭南宋后方。但是打到越南就碰到了一个问题，因为越南气候炎热，蒙古军队难以忍受，最后没有取得有效的战果。

忽必烈灭掉南宋以后，继续发起对越南的进攻，前后打了两次。两次都打到了越南境内，一开始也取得了很多战果。但是越南当地人采取坚壁清野的策略，全都躲起来，物资能毁就毁，让元朝的军队没吃没喝，什么也找不着。就这样拖到了雨季，天气又热，雨又多，元朝的军队就吃不消了，很多人生病。越南地方武装力量趁机袭击，最后元军狼狈撤走，而且损失很大。元朝好几个著名的大将，曾经在攻打南宋的战争中立过大功，都在这两次打安南的战争中死掉了。所以，忽必烈在位后期对越南的战争也没有什么收效。

除了日本、越南以外，元朝还打过两次缅甸，当时叫缅国，也没有取得什么成果，也是因为对当地的地形或气候条件完全不适应。最远的一次打到印度尼西亚的爪哇岛。在忽必烈去世之前，元朝对爪哇岛发起过一次跨海远征，一开始有一些战果，抢了不少东西，但时间一长也坚持不住，被当地军队袭击，狼狈撤出，损失惨重。

总之，在忽必烈时代，元朝灭掉南宋以后还不停地对外用兵，打了很多地方，投入了大量人力、物力，对汉族老百姓的剥削因此加强，从而引起地方骚动，民怨沸腾，元朝后来短命而亡也与此有关。如果元朝在统一中国以后能够好好地恢复经济、发展生产，进行一些建设，延续的时间或许会长一些。但是，元朝灭掉南宋以后不休养生息，还不停地打来打去，导致国力受到很大损耗，社会矛盾加剧，这是后来元朝没能维持很长时间统治的一个原因。忽必烈的这些战争最后都以失败告终。忽必烈去世以后，下一个皇帝元成宗是忽必烈的孙子，他终于觉悟了，决定以后不再对外用兵，总算把这样一种思维惯性终止了，这是很不容易的。

所以，元朝的对外战争主要发生在忽必烈时代，灭亡南宋以后爆发了一系列战争。这是元朝对外关系的一个重要方面。

马可·波罗来过中国吗?

元朝对外关系的第二个方面就是和平往来。除了打仗，还有很多和平的交流，包括人员流动、物资流通。这里我们重点讲一讲和欧洲的往来，因为和日本、朝鲜的往来，以前的王朝也有，包括和东南亚、南亚地区，海上贸易都很活跃，这不能算是突破。真正的突破是和欧洲进行的直接的人员往来，这是以前基本没有的。

以前中国和欧洲之间肯定是有贸易往来的，物资能够流通，但是人员往来几乎没有。在元朝，出现了人员之间的往来，这其中最重要的代表人物就是马可·波罗。

马可·波罗

马可·波罗是意大利的旅行家，他不仅是从欧洲来到东方的一个重要人物，而且在整个中西交通史上的地位也特别高，主要有几个原因。一是马可·波罗来到中国，一直在中国待了17年才回去，和一般的旅行家、使节是不一样的。二是马可·波罗是从陆地上来中国的，但回欧洲走的是海路，从福建泉州坐船航行到伊朗。当时伊朗属于蒙古的四大汗国之一的伊利汗国。从伊朗上岸后，又辗转回到意大利。他是把陆地交通线和海路交通线全都走过的人，很不容易。很多人来中国都是陆路来陆路回，或者海路来海路回，但马可·波罗是陆路来海路回。这些方面决定了他的与众不同，突显了他的特殊地位。最后，他还有一个更重要的特殊之处，就是他回去以后出了一本书——《马可·波罗行纪》。回到欧洲后，马可·波罗被卷入了当地城邦的战争，被人俘虏关进监狱。在监狱里，他讲述了自己在东方的经历，由狱友记录，写成了这样一部著作。后来这本书在西方的影响特别大，出了很多版本，还有各种各样的抄本。到了新航路开辟时期，哥伦布航海最早就是受到马可·波罗旅行的推动，所以马可·波罗是一个特别重要的人物。

马可·波罗是在忽必烈时代来到中国的，在中国待了17年才回去。虽然他留下了这样一本书，似乎材料很丰富，但也有一些问题，就是这本书里有很多不准确的地方，还有一些个人的夸张描述，有些地方真实性是有问题的。这导致后来有些学者对他提出一些质疑，说这本书是真实的吗，作者是不是真的来过中国。有人怀疑这本书的作者最多只去过伊朗，可能在伊朗看了几本旅游手册，里面有很多关于东方的知识，再加上一些想象和道听途说，回到欧洲就骗人，说自己来过中国，有这样的经历，于是出了这样一本书。

因此有这样一种观点，认为这本书的作者并没有来过中国。但大部分学者对这本书做了研究之后，认为马可·波罗还是来过中国的，里面很多内容靠虚构或参考旅游手册是写不出来的。当然，书里确实存在一些漏洞。一是记忆错误，时隔多年，很多事记错了。二是夸张和吹牛，把自己说得过于重要，我在中国可是个大人物，我非常了不起，非常受大汗重用。这些其实是没有的，因为在中文的记载里，这个人从来没出现过。再有就是他知识上的一些盲点，他对有些东西感兴趣，就记录；有些东西他不懂，就不记。所以，这本书是存在一些问题，但并不能说是虚构的，它的价值还是很高的，是我们研究元朝的重要史料。总之，在元朝的中外关系中，马可·波罗是一个重要人物，虽然关于他有很多争论，但我们认为关于他的基本史实和《马可·波罗行纪》这本书的基本内容是可靠的。

不为人知的列班·扫马

一般讲到元朝的中外交往都会讲马可·波罗，其实元朝中欧交通往来的代表人物不仅限于马可·波罗，还有其他很多重要人物和事件。比如在马可·波罗稍后一点的时期有一个中国人到欧洲去走了一大圈，他的名字叫列班·扫马，是一个住在大都的维吾尔人。他信仰景教，景教是基督教在东方的一个分支。因为信仰景教，他就去耶路撒冷朝圣，到了那儿以后受当地教会委派去欧洲访问，见了英国国王、法国国王以及罗马教皇，向他们介绍了很多东方的信息。这个人后来没有回到中国，死在了耶路撒冷。他的材料在中文文献中没有记载，但是在西文文献中有记载，因为他是较早到欧洲游历的中国人，所以很受重视。

与罗马教廷的交流

列班·扫马去世以后，罗马教会看到基督教的分支景教居然在东方传播，而景教在罗马教皇看来不是正宗，因此教皇决定派出大主教到东方传教。他派出了一个叫蒙特戈维诺的大主教，这个人到达了东方，而且在元大都开办了一所教堂，发展了一批教徒。他的助手又跑到南方的福建泉州开办教堂，发展教徒。大主教还给罗马教皇写过信，这信保留在梵蒂冈。但是，这个人在中文史料中没有记载，我们推测他发展的教徒中，汉人是很少的，可能基本是色目人教徒。

再往后，到了元朝后期，大主教去世以后，这些教徒的宗教活动没有人主持，就出了问题。于是他们就组团去欧洲访问，去见罗马教皇，希望教皇给他们派一个新的主教。当时已经是元朝最后一个皇帝元顺帝在位时期，元顺帝亲自给罗马教皇写信介绍情况，请求教皇给中国的这些教徒派一个主教来。这批人见到罗马教皇后受到了款待，而且教皇答应派主教来，让他们先回去。因为主教是高级教职，是需要酝酿产生的，不是说派就派的。同时，罗马教皇送给元顺帝一匹马作为礼物，这匹马是欧洲马，品种优良，身形高大，毛色是纯黑的，但四个马蹄是白的。这匹马送到元朝，引起了很大的轰动，大家都说是西方某个很远的国家进贡了一匹天马。

教士向元顺帝献马图

由此可见，这个时期中国和欧洲的往来还是很多的。特别是送马事件，是一件很轰动的事情。但是罗马教皇答应派的第二个大主教并没有来到中国，原因不明，或许是没有派，或许是在途中出事了，这就不得而知了。之后元朝灭亡，中西交通又暂时陷入断绝状态，所以这些成果也没有延续下去。

总之，元朝统治者建立了一个大帝国，它前期的战争对中西交通道路起到了清理作用，对海上贸易等都有很大的推动。这一时期的中外关系中出现了很多人物、事件、成果，这也是学习元朝历史应该了解的。

第八节　元朝的经济与社会

这一节我们来讲讲元朝经济发展与社会结构的一些问题。首先我们对元朝的经济水平做一个估计。元朝之前是宋朝，一般认为宋朝的经济发展水平是比较高的，是中国古代经济发展的高峰时期。元朝在建立过程中，发生过很多战争。这些战争带来了很多破坏，对当时的经济是一个沉重的打击。

总的来说，战争导致经济出现明显滑坡，但是元朝在统一之后，采取了很多恢复和发展的措施，经济重新进入一个上升期。不过，元朝的经济后来恢复上升到什么高度，这是一个复杂的问题。因为缺乏很多关键指标，我们无法完全说清楚。但总的来说，元朝经济所达到的最高水平应该没有超过宋朝。比如人口，一般认为在宋代，中国人口第一次超过一亿，北宋末年人口超过一亿，南宋和金朝对峙时期，人口最多的时候也超过一亿。但是元朝的人口，一般学者估计是8000万左右，没有超过一亿。在其他经济领域，破坏也很厉害，虽然后来又恢复到一定水平，但很多人还是倾向于保守观点，认为没有超过宋朝。这是对元朝经济的一个大概估计。

农业的发展

具体来说，元朝的经济也取得了很多成就。在农业方面，最大的成就就是棉花的种植推广。棉花种植是从宋朝开始出现的，不过只是在一些边远地区栽培。在元朝，棉花由海南岛向内地特别是南方内地推广种植。

这其中有一个著名人物——黄道婆，她是上海松江地区的妇女，因为某些原因流落到海南岛，后来又回到上海。她把海南岛的棉花种植和棉纺织技术带回了江南，并且加以推广。当然，对整个过程做出贡献的不只有她一个人，包括地方政府也有意识地做了一些推动。所以，到了元末明初，棉花在南方的种植就比较普遍了。到明朝初年，政府收税，专门有一部分收棉花，这是一个很重要的变化。

虽然元朝的经济发展水平在总体上没有超过宋朝，但是在某些区域，比如一些边疆地区、边远地区，因为政府在这些地方有驻军，要搞屯田、开荒，所以这些地区的农业发展应该是超过过去的。

手工业的进步

在手工业方面，元朝也取得了一些新的进步，其中最有名的就是青花瓷。宋朝时期，制瓷业就已经很发达了，宋瓷是非常有名的。但是宋朝的瓷器色彩比较单一，很少有花纹或复杂图案，即使有，也是先烧好瓷器，再在上面画。青花瓷就不同了，花纹图案是在釉的下面，是先画好，再上釉烧，整个制造工艺比过去有了很大进步。青花瓷以青色、蓝色为主要色调，其颜料也是在元朝才开始使用的，很可能是从西亚伊朗一带传到中国的。青花瓷在中国古代陶瓷发展史上是一个新的产物，是从元朝开始出现的。到了元朝后期，再到明

元代瓷器

朝、清朝，制瓷技术进一步发展，出现了色彩更加丰富的各种彩瓷，有各种花纹图案，非常复杂。因此，青花瓷是一个重要的演变阶段。像这样的例子，我们还能举出一些，这表明元朝的经济发展也是取得了一些具体成就的。

商业的繁荣

在商业方面，元朝的城市建设搞得不错，元大都是当时北方最大的城市。在南方，最大的城市是杭州，杭州过去是南宋都城，在南宋时就非常繁荣发达。在南宋灭亡的过程中，杭州投降较早，没有受到战争破坏，因此到了元朝还能持续繁荣。马可·波罗在他的书里对杭州有大段描写，说杭州的繁华是他从来没见过的。马可·波罗对元大都也有类似的描写，说大都的城市规模之大、商业活动之繁盛，各种商品川流不息地进出，是世界各地少见的。总之，元朝的城市建设以大都和杭州为代表，还有其他一些城市。

我们在前面提到过元朝在财政上统一发行纸币，这也算是元朝的一个创举，因为元朝之前的王朝还没有这种做法。宋朝发行纸币只是作为辅助货币来使用，不是单一货币。而且宋朝的纸币是分地区发行，还有固定的使用时间，过期就要作废。只有元朝完全把纸币作为主要货币来使用，而且不分地区，全国通用；时间上也不受限制，可以长期使用。这些都非常接近现代货币制度。这是元朝在财政上的一个很超前的举措。当然，纸币政策也导致了元朝后来的财政崩溃。因为后来纸币发行得太多，通货膨胀了。但是在大部分时间里，发行纸币对商业是一个很大的推动，因为商业特别是长距离贸易对货币的需求量很大，如果货币太沉重，不便于携带，对商业是一个束缚。用纸币，这个问题就可以在很大程度上得到解决。

元朝有一套比较发达的全国驿站系统，以首都为中心通向各主要城市，各重要据点都开辟有交通线。交通线上设有一些驿站，有人员管理，接待过往因公出差人员，提供生活服务。这套驿站系统，特别是其中的道路建设对商业是有很大帮助的。

元朝的国内商业比较繁荣，海外贸易也非常活跃。元朝统治者喜欢海外的奇珍异宝，对海外贸易下过不少功夫去经营，对私人海外贸易也没有太多约束，只要交税就可以，所以元朝东南沿海一些城市的海外贸易都很活跃。元朝人的海外知识也非常丰富，现在可见的几本元朝的书，其中提到的海外地名，包括东南亚、南亚、西亚、非洲等地的地名和政权名，数量大大超过宋朝。所以，总的来说，元朝的海外贸易比宋朝还要活跃。

总之，从总的方面来说，元朝的经济发展水平也许不一定比宋朝高，但是在某些局部领域，还是有不少方面超过了宋朝。

户籍管控

关于元朝的社会方面，我们前面已经讲了一些内容，比如民族关系。这里我们再来讲讲其他社会结构方面和社会阶层方面的问题。

元朝推行一种户籍管理制度，这种制度很特别，它根据职业把全国的老百姓加以分类，进行管理。中国是一个农业国，老百姓当然以农民为多。农民就是一般的民户，其任务就是种田、交税、承担徭役等等。除了这个大群体之外，元朝又分出很多小群体。比如元朝分出一部分人世代当兵，父亲当完儿子当，儿子当完孙子当，这就是所谓的军户，为国家承担特殊的义务。当了军户之后，其他赋税、徭役的负担就会减轻一点，这样才比较公平。前面提到元朝的驿站系统很发达，驿站需要很多人来提供服务，包括为驿站养马，为往来人员提供生活必需品。这样元朝又划分出好多人做站户，专门在驿站服务。在驿站服务之后，其他负担也可以有所减轻。类似的群体还有很多，包括手工业者、特殊的产品制造者、特殊的农作物的栽培者都划分出来，让他们世代干这行。

这种制度当然反映了国家对社会控制的加强，老百姓想干什么职业，不由自己决定，而是由政府决定。政府让干什么，就得干什么，而且还不能改行，一旦干了，就得子孙相传，一直干下去，除非有什么特殊关系。这实际上是国家对社会控制的一种强化，从另一个角度来看，也反映出元朝统治者的社会管理理念，他们觉得全天下的老百姓都是皇家的奴仆。总之，元朝社会有职业的分类，而且比较固定。

知识分子，也就是读书人，在元朝也被分出，单独定为一类，叫作儒户。儒户的任务就是世代在学校里念书。这很有意思，元朝把念书作为某些老百姓的一种义务，被定为儒户后，任务就是去念书，父亲念完儿子念，儿子念完孙子念，一代一代念书。因为你念了书，所以国家可以把你其他的负担减轻一点。这样一个奇怪的制度，可能在统治者看来是对儒家知识分子的优待。为什么呢？因为念书不是体力活，只要你去念书，其他负担就稍微减轻了，这不是很有利吗？但是，儒家知识分子念书是为了做官，政府让他们世代念书，又不开科举，不给他们提供做官渠道，因此他们还是不满意，还是有很多意见。

所以，元朝统治者的理念有时候和汉族社会观念是矛盾的。在这种户口管理制度中就能看出问题来，比如儒户的设立，统治者和百姓的想法完全拧不到一起，都认为自己有道理，不理解对方的想法。

贱民的增多

最后，关于元朝社会，还有一个问题值得重视，就是社会上的非自由人，或者叫贱民、奴婢，他们的数量大大增加。在宋朝时期，社会上也有这种非自由人，但大部分是来自雇佣，是主人花钱雇的，相当于家里雇一个保姆、丫鬟，或者仆人。这些人从事服务行业，跟主人有契约，我给你干活，你付我工资，而且有一个期限，并不是世代被奴役或压迫。中国传统社会长期有这种奴隶制残余，各个朝代都有。到了宋朝，这种残余有所减少，逐渐雇佣化，这是全体社会成员人格趋于平等的表现。但是到了元朝，因为战争的原因，特别是因为蒙古族来自草原，还处在比较早期的社会阶段，奴隶特别多。他们把这样的传统带到了中原，在打仗的过程中抓了很多俘虏，这些俘虏就沦为奴婢，世代受主人的奴役和驱使，失去了人身自由。所以，元朝社会又出现了非自由民、贱民，而且数量很多，这是由蒙古族社会发展阶段的特色造成的。明清两朝后来延续这个传统，非自由民数量也比较多，而不是像宋朝那样一度达到以雇佣为主的阶段。

以上就是元朝的经济和社会发展的总体情况。

第九节　元朝的文化

作为北方游牧民族建立的统一王朝，元朝在文化上也取得了多方面的成就。有些方面是延续了前代的成就，继续发展；有些方面则有独创。我们首先要有一个基本的认识：元朝统治并没有对中国文化发展造成很大的冲击或改变。虽然蒙古的征伐战争造成的破坏很厉害，经济受到了较大影响，但是从文化来看，总体来说，中国传统的主流文化该怎么发展还是怎么发展。元朝的很多文化成果都是与前朝接轨的，线索是一以贯之的。这是我们今天对元朝进行评价定位的一个重要参考方面。

关于文化，我们可以从五个方面来讲：第一是思想，第二是宗教，第三是语言文字，第四是通俗文学，第五是科技。这五个方面是比较有特点的。除了这五个方面，还有传统文学，也就是雅文学、士大夫文学，元朝在这方面也有成就，但是和其他朝代相比没什么特色，我们就不讲了。

程朱理学确立统治地位

第一个方面是思想，我们主要讲讲传统儒家思想在元朝发展变化的情况。一个主要变化就是程朱理学在全国范围内确立了统治地位，这是元朝文化的一个大变化。在宋朝，儒学进入了一个复兴阶段，出现了很多著名学者和学派，其中程朱理学这一派在南宋逐渐发展，到南宋末年确立了统治地位。

蒙古入主中原以后，蒙古统治者接触到儒家学说，他们对程朱理学的印象比较好。因为程朱理学比较强调伦理道德规范，包括社会基本价值观的建立及相关要求，有些内容可能和草原上的伦理道德观念比较接近，能够相通，蒙古人觉得可以理解，所以对程朱理学比较有好感。对于一般的传统儒学，比如经典注释、章句字词考证训诂，这些纯学术的、比较脱离社会的派别，蒙古统治者就觉得没什么用，对它们就不够重视。

前面我们提到过元朝很长时间是不开科举的，后来士大夫们一再呼吁说不开科举不合适，其他朝都有，元朝也应该有，因此到了元朝中期，才终于开设了科举。当时关于科举有一个重要的讨论：考什么，怎么考。首先确立了一个原则，当时元朝的统治者认为科举应该主要考儒家经书，不考吟诗作赋。这是一个很重要的原则。因为考吟诗作赋，蒙古统治者看不懂，不知道说了些什么东西。而儒家经书里都是一些伦理道德，这种思想上的要求对巩固统治是有利的。因此，首先确定了科举就是要考儒家经书。那么怎么考呢？主要就是写作文，从儒家经书里摘出一句话来，让考生发挥成一篇文章。但是，文章的思想必须以程朱理学的解释为主，而且基本参考书就是程朱理学这派学者的作品。

考试科目是先考四书，再考五经。四书五经也是程朱理学特别重视的，程朱理学强调四书是儒学入门读物，四书学通了才可以去学五经。元朝的科举考试，必考科目是四书，考完四书以后，在五经中任选一门考试即可。四书是必考科目，五经是选考科目。五经只要选一门就行，因为五经的篇幅都比较长，而且比较难。很难有人五经全通，能通一门就不错了，你通哪门就选哪门来考试。但是在这之前，必须先考四书，这是一种基本考试，突出了四书的地位。

“四加一”这样一种考试方式是元朝发明的，到了明清一直延续。总之，元朝的科举制度，虽说在当时影响不大，录取的人很少，但其考法和基本指导思想是被明清所继承的。由于科举规定了考程朱理学，所以程朱理学在全国范围内的地位就更加巩固，本来传播势头就很猛，统治者已经对它多加扶持，再加上科举考试又要考它，因此影响就更大了。

由此，程朱理学在全国范围内得到普及，确立了统治地位。这是元朝文化一个很重要且值得注意的方面。

三教九流，百花齐放

第二个方面是宗教。元朝的宗教很有特点，因为元朝是一个多元宗教的社会，各种宗教都很活跃，有些是传统宗教，有些是外来宗教。传统宗教中，有些是传统派别，有些是新的派别。总之，元朝的宗教处于一种百花齐放的状态，这和元朝统治者的总体方针是分不开的。元朝统治者在宗教方面有一个基本国策，有人概括为八个字，叫作“三教九流，莫不崇奉”，不管什么教，都给予支持。这和蒙古早期的历史有关，蒙古在建国之前处于一种信仰萨满教的原始崇拜状态。萨满教作为一种原始宗教，特点是多神崇拜，没有发展到成熟宗教的高度。

后来蒙古人建立了政权，特别是进入内地后，见到了各种各样的宗教，就认为每种宗教都有自己的神，都有各自和上天沟通的渠道，这些神可以并存，所以对各种宗教都给予保护。蒙古在征服战争中虽说屠杀严重，但见到宗教人士都是予以保护的。所以在那个时期，很多儒家知识分子都冒充宗教人士来获得保护，否则很可能死于非命。

在元朝的统治稳定以后，影响比较大的宗教首先是佛教。佛教中影响最大的是藏传佛教，因为元朝皇帝普遍信仰藏传佛教，跟着藏传佛教高僧学习佛法，从忽必烈开始就是这样，以后历代皇帝基本都是如此。元朝藏传佛教有一派叫萨迦派，他们的高僧被历代元朝皇帝奉为帝师。

前面我们提到过，由于信仰藏传佛教，要搞很多宗教活动，花了很多钱，这是它的负面影响。但是，藏传佛教受到信仰对佛教在汉地的发展确实起到了推动作用，汉族的汉传佛教也跟着沾了光，受到保护，有了进一步的发展。

佛教是传统中国最重要的一种宗教，其次就是道教，道教在元朝也有很大的发展。首先是传统道教，以江西龙虎山张天师为代表的天师道一直在发展。还有一个新兴派别也非常活跃，就是北方的全真教。全真教是道教在金朝发展出来的一个新派别，和传统道教提倡炼丹、个人修炼，追求长生不老不太一样。全真教提倡的是炼内丹，强调精神上的修炼，有点像气功。全真教在金朝出现，在元朝建立过程中曾经一度很活跃，它的代表人物丘处机曾经被成吉思汗点名召见，跑到西域去见成吉思汗。

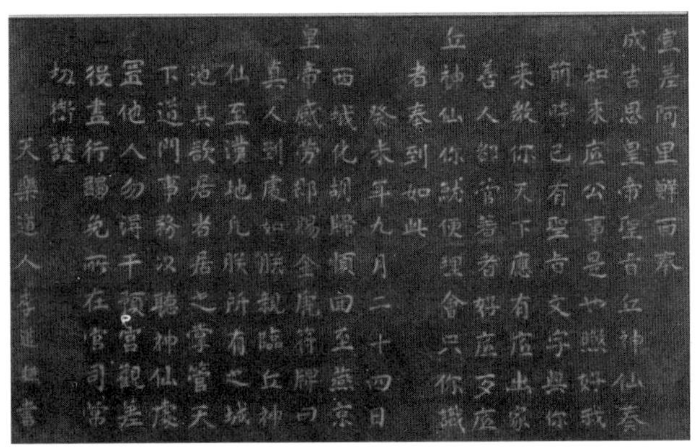

成吉思汗赐丘处机圣旨碑

此外，我们在前面也提到，很多西域的穆斯林因为各种原因入居中国，带来了伊斯兰教。伊斯兰教在唐宋时期由少数商人传到中国，那时基本只在广东、福建沿海一带有一些传播，范围很小。但是元朝色目人中的回回人信仰伊斯兰教，回回人的数量非常庞大，而且几乎分布于全国各地。他们在很大范围内推动了伊斯兰教的传播，因此才会有后来回族的形成，伊斯兰教的传播也由此上了一个新台阶。

再有就是基督教，我们在前面也提到了。基督教有不同派别，较早在东方传播的是景教。景教在蒙古草原帝国时代甚至之前就很有影响，并且延伸到汉地。但是，景教在天主教体系里居于边缘位置，不被认为是正宗。我们前面提到罗马教廷也派出了正宗的天主教大主教到中国来传教，正宗的天主教在元朝也有所发展。

此外还有很多比较小的宗教，资料也比较少，但是在元朝都有所传播，比如印度教、犹太教，都有一定的影响。元朝是一个宗教文化特别活跃繁荣的朝代，而且统治者采取一种宗教宽容政策，虽然统治者自己主要信仰藏传佛教，但是并不因此刻意打压其他教派。

蒙古人在文化思想方面没有进行很严格的管制，不像清朝。同样是少数民族王朝，清朝对思想文化，包括汉人的民族意识都严加管束，还制造了很多文字狱。但是元朝在这方面比较宽松。如果老百姓有反抗行动，政府就会来镇压，如果只是在思想层面、语言层面有所冒犯，一般来说不会有太大的问题。这算是元朝比较开明的方面。

短命的八思巴蒙古文

第三个方面是语言文字。元朝时期，传统的汉语没有太大变化，只是在读音方面有一些变化。传统古汉语的读音分为平、上、去、入四声，到了宋元时期，入声字慢慢在北方汉语里消失了。今天的普通话就没有入声字，而南方的很多方言都有入声字。这个变化主要发生在元朝。我们主要讲讲其他的少数民族语言文字，主要是蒙古语言文字的发展。我们在本章开头就提到了成吉思汗建国以后创造了蒙古文，那套蒙古文是用回鹘字母拼写的。到了忽必烈上台，建立元朝，又创造了第二套蒙古文。忽必烈是请吐蕃的藏族高僧八思巴来负责这个工作的，让他创造出一套字母来拼写蒙古语。这套字母是以藏文字母为基础修改而成的，用这套字母来拼写蒙古语，这样就形成了八思巴蒙古文。

忽必烈与八思巴

忽必烈的想法非常宏大，他想创造一套字母，不光用来拼写蒙古文，同时也用来拼写汉文和其他各种文字。而且要在全国普遍推广这套字母，设立学校进行学习。元朝的重要官方文件，要用八思巴文书写，而不能单用汉文或传统的旧蒙古文书写。就是说忽必烈有这样一个设想，他想要采取一套强有力的推广措施，推广一套新造的字母。这套字母不仅要适用于蒙语，还要适用于其他语言，各种语言都要用这套字母来进行拼写，相当于搞一套汉语拼音方案，只不过这套方案不光能拼汉语，其他语言也能拼。这个设想是很超前的，但它的问题在于各种语言的发音系统并不完全一样，有些语言的某些发音，别的语言里没有，这种情况很常见。想用一套字母把所有语言都拼出来，是很难的。通常一套字母要适应这种语言，把这种语言拼好，就不一定能拼好另一种语言。元朝当时强制推行八思巴字母，见了什么语言就拼什么语言，但实际上它不太好用。

元朝灭亡以后，八思巴文就慢慢被废弃了，蒙古人还是用成吉思汗时代创造的那套蒙古文。但不管怎么说，为汉语创造一套拼音字母这个想法还是很有意义的，在汉语发展史上也有一定的地位。

元杂剧、散曲、小说

第四个方面是通俗文学。传统的文学如诗、词、古文等在元朝继续发展，但特色不大。较有特色的是通俗文学，主要是戏曲和小说。戏曲中的元杂剧是元朝重要的文学成就，也是一种舞台表演艺术。和西方相比，中国的戏曲形成较晚，在宋朝、金朝时期有一点雏形，而作为一种综合舞台艺术，即戏曲表演，主要是在金末元初这段时间出现的，到元朝前期基本上定型了，这就是元杂剧。

元杂剧以唱为主，有念白，有表演，唱念做打是配套的。一群演员通过唱念做打阐述一个故事，这样一种表演艺术在元朝已经比较成熟了。此外，元朝还出现了很多大作家和重要作品，比如关汉卿、王实甫，他们分别创作了经典作品《窦娥冤》和《西厢记》。可以说，戏曲艺术在以前的基础上逐渐发展，到了元朝开花结果，有了这样的成就。

能与元杂剧相提并论的还有元散曲，元散曲就是歌曲，有曲调，歌词由不同的人来填，即由作家来创作，其实就是当时的流行歌曲。宋词是宋朝的歌曲，与宋词相比，元散曲的通俗性和民间风格更加突出，体现出了元朝市井文化发展的特点。

除了戏曲，还有小说。宋朝、金朝时期，通俗小说已经有了很大发展，主要是在城市里进行说书表演，当时称为话本小说。到了元朝，小说进一步发展，出现了更加成熟的作品，而且篇幅越来越长，情节越来越复杂。到了元末明初，就形成了《三国演义》《水浒传》这两部经典著作。这两部著作都不是突然出现的，而是从宋朝到元朝一点点发展来的，其故事一开始是一个短故事，或者一组故事，最后慢慢形成了章回体长篇小说。元朝是这个发展过程的关键阶段。前面我们讲到元朝的经济比较繁荣，城市规模很大，通俗文学的发展和城市的经济背景是分不开的。

杰出的郭守敬

第五个方面是科技。传统的科学技术部门在元朝都延续下来，而且有所发展，出现了一些代表性人物，其中最重要的人物是郭守敬。郭守敬是河北邢台人，主要在元朝前期活动。他的老师一辈都是忽必烈的谋士，他也在忽必烈时期开始从事工作。

郭守敬博学多才，有多方面的长处，懂得水利工程学、天文历算学，还有机械制造。他帮助元朝设计了新的大运河河道，某些关键河段是他主持开凿的。大运河以前就有，但是隋朝以来，大运河的路线变化很多，元朝的大运河是在以前的基础上重新开凿的，有些河段是重挖的。郭守敬是水利工程总指挥，那些河段的开凿与他的设计和监督是分不开的。

除了水利工程之外，他对天文历算之学也极其精通。他在忽必烈时期受委派制定一部新历法，这部历法后来颁布了，叫《授时历》。这部历法的天文数据相当精确，比如他测出一公历年有365.2425天，据说和标准测算只差26秒，非常厉害。当然，他的成就之高、造诣之深，和元朝的环境是分不开的。当时为了制定这部《授时历》，元朝在全国各地设立观测站，北至西伯利亚，南至南海诸岛，纬度跨度很大。在不同的地方进行观测，这样产生的数据才有代表性，对修订这部比较精密的历法起到了关键作用。

另外，印刷术、火药、指南针这些在宋朝发展起来的发明，在元朝继续发展，在技术手段上都有进一步的提高。

元朝持续的时间虽然不是很长，而且是一个少数民族王朝，但元朝在文化上还是有很多成就的，包括书法、绘画等方面，出现了赵孟頫、黄公望这样的大家。这些都是中国传统艺术形式和文化形式的延续，值得我们充分关注。

第三章
内敛的明代中国

赵现海

第一节　贫寒天子与内敛的明代中国

出身最贫寒的皇帝

公元1328年是中国的龙年。龙在中国是祥瑞的象征，在西方却是邪恶的象征。无论如何，这一年中外历史充满了动荡，却又蕴含着无限的生机。

蒙古帝国在半个世纪的时间里，宛如一阵历史的狂风，席卷了大半个亚欧大陆。但取得胜利之后，蒙古帝国下属的各个汗国由于争夺汗位，经常处于动荡中。在公元1328年这一年中，蒙古帝国的宗主国——元朝便换了三位皇帝，出现了四个年号。

正是在这个动荡之年，朱元璋出生在淮河南岸的钟离东乡，也就是现在的安徽省凤阳县。凤阳当时并不是一个好地方，不仅淮河经常泛滥，淹没这个地方，而且南宋以来的长期战乱也不断冲击这里。但越是艰苦的地方，越是能磨炼人，朱元璋从小便不断经历着各种各样的磨难。朱元璋的父母都是穷苦的农民，生有四个儿子、两个女儿，朱元璋是他们的第四个儿子。“元璋”这个名字是他从军以后由儒士取的，他原来的名字只是按照当时的风俗，将出生时父母的年龄相加，叫作“重八”。这种取名方法十分普遍，元末另一位枭雄张士诚原名张九四，他的弟弟张士德原名张九六。

从皇觉寺到红巾军

疆域空前辽阔的蒙古帝国，虽然在不断的皇室内乱中动荡不安，但它在14世纪的突然崩溃却与自然灾害的冲击有直接关系。14世纪中期，一场蔓延于亚欧大陆的大旱灾导致大量人口、牲畜死亡，而来不及掩埋的尸体慢慢腐烂，导致了瘟疫的大规模流行。作为草民，朱元璋的父母、大哥由于灾荒吃不上饭，营养不良，很快便感染了瘟疫，不幸病故。穷苦的朱氏兄弟在父老乡亲的帮助下，将父母、哥哥草草安葬后，便各谋出路去了。

朱元璋的选择是到皇觉寺出家。如今人们一看到某人出家，就会认为这个人信仰佛教，或者信仰道教，是一个信仰问题。其实在古代社会，出家在多数情况下是一个生存问题。中国古代虽然有救济穷人的制度，政府设有养济院、漏泽园收容孤苦无依的老人，民间的富人或者宗族也会在发生灾荒时施舍米粥，但其规模、力度与数量庞大的穷苦人口相比，显得远远不够。而大量寺院、道观在灾荒时通过施舍穷人招徕信徒，从而扩大自身势力，可以起到很大的弥补作用。信不信教另说，先把肚子填饱，当时皈依佛道的人很多都是抱着这个想法。朱元璋也是如此。所以，很多史料与研究说朱元璋信仰佛教，其实未必，他对各种思想体系都有兴趣，是一个为了稳固政权，什么手段都可以采用的典型的实用主义者。

随着灾荒的范围越来越大，投靠皇觉寺的人也越来越多，寺里养不活这么多人，就让后来的僧人出去游方。游方也就是“游于方内”，是僧人修行的一种方式，通过进入红尘磨炼心性，从而得道成佛。游方的僧人们由于没有盘缠，一路上靠化缘为生，就像《西游记》里唐僧师徒四人一样。所以，游方实际上就跟要饭差不多。很不幸，朱元璋也在被遣散的僧人中。

又过了几年，在灾荒的冲击下，许多地区发生了叛乱，叛乱者头裹红巾，因此被称为“红巾军”或“红军”。当时还有一支队伍，着青衫，被称为“青军”。

红巾军借助人们渴望得救的心理，宣扬白莲教教义，对人称“弥勒下生”“明王出世”，前来拯救黎民百姓，在大江南北获得了广泛的响应。在具有一定规模后，红巾军开始举起民族独立的大旗，标榜恢复宋朝统治，指责元朝“贫极江南，富夸塞北”，把财富都运到蒙古草原去了，才导致汉地的灾荒。在朱元璋的家乡，也有一支红巾军，驻扎在濠州，以郭子兴为首。红巾军当时的纪律非常差，大量杀人，搞得人心惶惶。朱元璋托庇于皇觉寺的那一丝安宁，也被兵乱无情地打破。这时，朱元璋幼时同村的一个叫汤和的小伙伴已经加入了郭子兴的军队，他来到皇觉寺，动员朱元璋也加入红巾军。朱元璋开始时有所犹豫，没有立即跟着汤和走，但看见兵乱越来越厉害，将要蔓延到钟离，就卜了一卦，卦象显示从军吉利。于是他做出决定，赶往濠州，去投奔汤和。

独当一面

朱元璋少年时期颠沛流离、朝不保夕的生活，应该对他的性格造成了很大影响，使其内心深处一直缺乏足够的安全感。这种性格缺陷长期影响了他的人生观，在很大程度上也影响了他的从军道路与建国施政方略。

加入红巾军之后，朱元璋作战有勇有谋，很快便得到主帅郭子兴的赏识，不仅提拔他，而且将义女马氏嫁给了他，马氏就是后来的马皇后。朱元璋知人善用，很快就团结了一批能干之士，势力逐渐壮大。对于朱元璋的快速成长，郭子兴的部下甚至郭子兴本人都逐渐产生了猜忌、排挤心理。为了避免与郭子兴部发生正面冲突，朱元璋率领邵荣、徐达、常遇春、李善长等人向南独立发展，渡过长江，占领集庆，也就是今天的南京，被红巾军的皇帝韩林儿封为吴国公，朱氏政权由此开始成形。这一时期的朱氏政权，虽然开始招徕江浙士人，以充实政权体系，加强地方治理，但政权主体一直是以朱元璋为首的来自淮河支流——濠梁河的政治群体，也就是《明太祖实录》里所谓的“濠梁旧雄”。直到洪武晚期朱元璋大规模杀戮武将集团之前，朱氏政权一直是朱氏家族与“濠梁旧雄”共天下的政治格局。如果我们到南京钟山去看一下，便可发现在埋葬朱元璋的明孝陵的周边，埋葬着众多“濠梁旧雄”。而那些后来归附的文官，虽然很多也为朱氏政权立下了很大的功劳，深受朱元璋信任，但只能在退休以后回到家里，并埋葬在那里，比如刘基也就是刘伯温便是如此。朱元璋与“濠梁旧雄”的关系，真可以说是生死与共。

对“濠梁旧雄”的控制

但同患难易，共富贵难，兄弟虽然如手足，但手足相残在二十四史里实在是司空见惯。朱元璋升居吴国公之后，对他的部下而言，他从平起平坐的兄弟一跃而居于众人之上，“濠梁旧雄”心中不会毫无波澜。北大历史系教授李新峰通过钩沉史事，指出这一时期朱元璋借故诛杀了对他的地位构成威胁的邵荣与赵继祖，此后又平灭了与自己有姻亲关系的谢再兴的叛乱，从而完全确立了自己相对“濠梁旧雄”的权威地位。但从军之后，尤其是这一过程中的兄弟反目与血腥杀戮，进一步加深了朱元璋性格中的不安全感。

为了加强对“濠梁旧雄”的控制，朱元璋采取了三种方式。一是重用自己的亲属。朱元璋先后提拔了侄子朱文正、外甥李文忠，前者被委任为大都督，掌管朱氏政权的所有军队；后者被朱元璋不断升迁为明朝的第三武将。但即使是对这两个人，朱元璋仍然有很深的猜忌。朱文正驻守洪都，顽强抵御了陈友谅的进攻，使朱元璋取得了鄱阳湖水战的胜利，成为统一战争中扭转战局的关键。但鄱阳湖水战之后，朱文正因为对朱元璋的封赏有所不满，被囚禁至死。李文忠虽然在驱逐北元的战争中厥功甚伟，却仍然被朱元璋不断压制，据说最后他的死也和朱元璋有关。

二是广收义子。朱元璋将军队中作战勇敢、富有谋略的年轻将领收为义子，借助这种拟制血亲的方式扩大自身的影响。朱元璋的义子中，最著名的便是后来战功卓著、世代镇守云南的沐英。

三是利用江浙士人制约“濠梁旧雄”。占领南京之后，朱元璋进入到两宋以来，尤其是南宋以来儒学的核心地区——江浙行省、江西行省，积极招徕这两个地区的士人，可称为“江浙士人”，使之进入各级政府系统，与武将群体一起管理政权。朱元璋的意图一方面是要加强政权治理，另一方面也有以之制约武将集团，尤其是“濠梁旧雄”的政治意味。江浙士人之中，最著名的便是“浙东四名士”，而其中尤为朱元璋所倚重者，是很有谋略的刘基。朱元璋将刘基引入核心决策层，使之分割“濠梁旧雄”的军政权力。

可见，在创立政权的初期，朱元璋在缺乏安全感的性格影响下，奉行十分谨慎的政治立场，防范任何反对派的出现，从而竭力将政权牢固地掌握在自己手中。

内敛的疆域政策

公元1368年，朱元璋41岁，正值不惑之年。在这一年，他建立了明朝。明朝建立后，朱元璋在缺乏安全感的性格影响下，确立了内敛的疆域政策，因为他认为边疆开拓可能会导致财政危机、社会动荡，最终会影响政权稳定。因此在洪武六年（公元1373年），朱元璋明确宣布对周边国家不主动征伐。“四方诸夷，皆限山隔海，僻在一隅，得其地不足以供给，得其民不足以使令。若其自不揣量，来挠我边，则彼为不祥。彼既不为中国患，而我兴兵轻伐，亦不祥也。吾恐后世子孙，倚中国富强，贪一时战功，无故兴兵，致伤人命，切记不可。”即使是对汉、唐积极经营的西域，明朝从建国伊始，也采取放弃态度。

但对于北逃至蒙古高原的北元，朱元璋为了防范其南下“复国”，仍强调积极备战。“但胡戎与西北边境，互相密迩，累世战争，必选将练兵，时谨备之。”不过，这种积极备战的政策，也同样由于朱元璋在缺乏安全感的性格影响下，大规模杀戮开国功臣，而转入完全的防御姿态。鉴于自己已经创业成功，朱元璋开始将矛头对准与自己一起打天下的开国功臣，其中的主体便是“濠梁旧雄”，以防范这一政治集团对政权构成威胁。洪武十三年（公元1380年），朱元璋借助“胡惟庸党案”，大肆诛杀、驱逐“濠梁旧雄”中的文武势力，严重削弱了“濠梁旧雄”在政治领域的影响。洪武二十五年（公元1392年），朱元璋鉴于北元已经灭亡，发动了“蓝玉党案”，此后又借机诛杀了傅友德、冯胜，从而将包括“濠梁旧雄”在内的开国功臣铲除殆尽。经过多次杀戮，“濠梁旧雄”作为一个政治集团，已经不复存在，朱氏政权由朱氏家族与“濠梁旧雄”共天下的格局，一举转变为朱氏皇族“家天下”。在中央，皇帝直接统领文武群体与天下军队；在地方，诸王节制天下军队，发现朝廷有奸臣，可以率兵“清君侧”。朱氏皇族由此形成里应外合、共同统治的政治局面。

朱元璋铲除开国功臣，虽然加强了皇权专制，却带来了十分不利的后果，那便是随着武将群体被诛戮殆尽，明军丧失了进一步开拓边疆的军事能力。取代开国功臣掌握地方军权的诸王，军事能力与开国功臣相比，差距太大。开国功臣中，不仅徐达、蓝玉等人可以直捣漠北草原，即使是中级将领如宁正等人，也有开拓一方的军事能力。与之相比，北方边疆军权转移至诸王手中之后，朱元璋一直不敢让诸王北上漠北，而是一直让他们在漠南草原来回巡逻，保持防御态势。

蒙古帝国解体后，亚欧大陆的西欧文明、阿拉伯文明、俄罗斯文明都不断向外扩张，竞逐新的世界霸权，从而交织、形塑出近700年来世界史的基本图景与历史线索，世界近代史由此开端。西欧在蒙古帝国所带来的中国科学技术的促动下，在对海洋空间的天然兴趣的催动下，开启了“大航海时代”，在14—17世纪，掀起了以资本主义文明为主导的全球化进程，成为近代历史的推动者与主宰者。在东欧平原上，罗斯民族建立了长期分裂的诸公国，钦察汗国（金帐汗国）的军事征服，不仅首次结束了罗斯诸公国的分立局面，而且给当地政治带来了威权制度。14世纪，莫斯科公国继承了蒙古帝国的广阔视野与政治威权制度，趁着金帐汗国衰落的历史契机，通过扩张、兼并，迅速崛起，从一个小公国疯狂地向整个欧亚内陆扩张势力，形成了崭新的俄罗斯文明。从地理位置、疆域观念、扩张方式等方面来看，俄罗斯文明在相当大的程度上成为游牧族群在近代世界的继承者。参照“大航海时代”的概念，可将俄罗斯这一时期的历史称为“俄罗斯崛起”。蒙古帝国解体后，伊斯兰文明同样将伊斯兰教“圣战”意识与游牧族群骑战风气相结合，奥斯曼帝国、帖木儿帝国及其后裔在欧亚非积极扩张，不仅攻占了基督教文明在东方的象征——君士坦丁堡，而且向东进入中亚、东南亚，奠定了当今伊斯兰文明的势力版图，可称为“伊斯兰扩张”。

与以上三种文明相比，明朝虽拥有当时世界上最为强大的陆军与水军力量，却由于秉持内敛的疆域政策，对周边国家不采取主动征伐态度，在明初大体收复元朝旧疆之后，进一步将飞翔之翼剪断，在北部边疆也放弃大规模的军事进攻，并且在北部边疆大规模修建长城，在东部沿海构建类似长城的军事防御体系。明朝这一政策，不仅使自己长期面对边疆族群的军事威胁，背负了极为沉重的财政负担，最终灭亡于长城边疆的内外叛乱，而且为其他文明的东进提供了历史空间，是近世中国被其他文明赶超的关键原因。由此可将明代中国的历史时代称作“明长城时代”。可见，从14世纪以来世界史的视角来看，明朝的疆域政策使中国在世界近代史开启之初，便站在了与世界主流背道而驰的历史方向上，不仅深刻影响了明代中国的历史道路，而且影响了近世时期中华文明的整体走向。

公元1398年，朱元璋71岁，到了古稀之年。正是在这一年，朱元璋因操劳过度而去世。许多皇帝影响了一代人的命运，而朱元璋却影响了中国数百年的命运，不仅在中国历史上打上了自身鲜明的印记，而且对世界近代的历史轨迹也造成了深刻影响。

第二节 “靖难之役”与永乐帝的边疆开拓

明初分封

朱元璋缺乏安全感的性格，在明朝建立之后，最直接、最鲜明的体现，就是复活早已名存实亡的分封制度，将之设定为明朝的基本制度，从而建立起朱氏皇族“家天下”的政治格局。

先秦时期，在部落联盟基础上演化而成的分封制度，是在社会经济不发达、中央政权难以直接有效统治地方的时代背景下所形成的一种赋予地方政权一定独立性的政治制度。秦朝统一中国后，为了加强中央集权，废除了具有地方分治意味的分封制度，普遍推行郡县制度，以此保证中央政令在地方的贯彻，推进当时全国一体化的历史进程。秦朝这一设想虽然十分美好，但由于未充分考虑到不同地区在不同政权分治之下所形成的巨大社会差异，从而激化了东方社会的矛盾，酿成了秦末东方战争，成为秦朝灭亡的根本原因。西汉鉴于秦朝灭亡的教训，并行郡县与分封制度，导致了“七国之乱”。西晋为了凝聚东汉末年以来各地的分治局面，实行分封制度，却最终酿成“八王之乱”，导致政权灭亡。鉴于分封的多次教训，唐、宋时期，虽然仍然分封诸王，但只给爵位，并没有土地，更不给予权力，分封制度已经名存实亡。

在这种政治背景下，朱元璋骤然违背潮流而大行分封，显然接续的不是汉人政权的脉络，而是长期被忽略的历史脉络——北族政权脉络，具体至分封制度，接续的是元朝的宗王出镇制度。在广阔的亚欧内陆，由于生态环境较为恶劣，游牧经济较为落后，因此无论是财产管理还是政治治理，都采取共享、共治模式。可汗在获得政权后，要将草地、牧民与牲畜分封给子弟。因此，虽然汉人政权的分封制度早已名存实亡，但是在内亚地区，分封制度一直存在。蒙古帝国建立后，成吉思汗便将广阔疆域分封给诸子、诸弟与功臣，其中最著名的便是四大汗国。但蒙古进入中原之后，由于汉地长期实行郡县制度，没有空闲的土地，无法再像以前那样裂土分封，因此忽必烈便实行宗王出镇制度，不再裂土分封，而是命诸子驻扎地方，享受各府州县缴纳上来的赋税，掌握地方军权。这样不仅可以加强对汉地的统治，而且能够抵制黄金家族其他支系对忽必烈系的皇位威胁，对元朝统治形成了十分有力的支持。

元朝宗王出镇制度的成功，给朱元璋实行分封制度提供了样板与信心。建国之初，朱元璋便开始推行分封制度。洪武三年（公元1370年），朱元璋在大封功臣之前，为了确立诸子与功臣之间的君臣名分，首先分封诸子。朱元璋在分封制度的设定上，虽然附会周、汉之制，其内核却沿袭了宗王出镇制度。诸王在地方上主要负责军事，如果地方发生战争，或者朝廷出现奸臣，诸王便可以节制都司卫所军队，统兵征战。

不过，对于历史上由分封导致的内乱，朱元璋也十分警惕，因此对诸王军权的设计十分用心，仅命诸王节制而非统率都司卫所军队，都司卫所军队统属于中央，而非诸王。不仅如此，诸王只有在军情发生，接到朝廷的诏书后，才能够节制都司卫所。为了规诫诸王，朱元璋还专门命儒臣搜集、编纂了前代藩王事迹，撰成《昭鉴录》一书，命诸王时刻浏览，以期达到警醒的效果。

洪武前中期，地方军权本来由开国功臣尤其是“濠梁旧雄”掌握，为了实现军权的顺利转移，朱元璋与“濠梁旧雄”之间结成了姻亲关系，而与诸王结成姻亲关系的功臣，往往驻扎于诸王分封之地。通过这种方式，朱元璋缓解了开国功臣被解除兵权的抵触情绪。洪武晚期，诸王完全控制了地方军队，朱元璋便开始大肆杀戮开国功臣，完全确立了诸王在地方军队中的领导地位。

朱元璋分封诸子遍布全国各地，其中北部边疆不仅数量最多，形成了九王守边制度，而且诸王年齿最长，成为分封制度重点实行的地区。之所以采取这种安排，原因在于北疆军队担负着防御蒙古的重要职责，北疆是朱元璋最为重视的军事地区。九王之中，秦王、晋王、燕王年龄最大，分别被封于西安、太原、北平。西安地处西北边疆，秦王又经常为非作歹，在洪武中期便去世，对洪武后期的北疆军事没有实质性影响。洪武后期，晋、燕二王居于北疆的中部，掌控北部边疆甚至整个北方地区的军队，不断出塞巡逻，成为北方军队的统帅。晋、燕二王由于掌握重权，都曾生出夺嫡之心。晋王的形迹被发现后，朱元璋曾有将之废为庶人的想法，懿文太子多方求情，朱元璋才予以宽恕。因为这个缘故，晋王改变心志，全力辅助懿文太子。但可惜的是，在朱元璋去世前两个月，晋王就去世了，北部边疆能够制约燕王的势力便没有了。

建文削藩与“靖难之役”

洪武二十五年（公元1392年），懿文太子去世，他的儿子朱允炆被立为皇太孙。朱元璋去世后，朱允炆即位，改年号为建文，史称“建文帝”。建文帝即位之后，在文官群体尤其是江浙士人的支持下，托古改制，力行削藩。削藩在其他地区都进行得很顺利，但是在燕王朱棣那里遭遇了很大阻力。建文帝命北平都司都指挥佥事张信秘密逮捕燕王，但张信反而向燕王告密，燕王从而以“清君侧”为口号举兵造反。

燕王造反之后，建文帝先后派遣残存的“濠梁旧雄”耿炳文与李文忠之子李景隆北伐，却都失败，这反映出明朝武将集团经历“胡蓝党案”的屠戮之后，军事能力甚至已经不如被朱元璋着意培养的诸王了。

在四年的战争中，朱棣依仗杰出的军事能力，统率北疆骑兵化程度较高、战斗能力较强的军队，与占据人数优势的中央军队长期僵持不下。后来朱棣接受从建文帝那里逃来的宦官的建议，改从水路率军长驱南下。驻守在南京城外的陈瑄率水师归降，谷王开启金川门，建文帝仅率领少数几名近臣潜逃出城。朱棣夺取皇位之后，蒙古草原长期流传着朱棣是元顺帝遗腹子的传说。朱元璋确实经常纳死去的部下、对手的遗孀为妻，也确实曾纳元顺帝的妃子为妻，但朱棣并非元顺帝遗腹子。这则传说其实反映的是明代蒙古在复兴“大元”无望的情况下，一种心理上的自我安慰。

永乐开疆

朱棣即位之后，鉴于得国不正，于是大力开拓边疆。在中国历史上，有个著名的“二世现象”，就是历代王朝的第二任皇帝，或者夺取了第二任皇帝皇位的第三任皇帝，往往着力开拓边疆。为什么会形成这种现象呢？这缘于开国时期，政权在建立之初还很粗糙，制度设计不严密，内部还有很多漏洞，皇位传递中往往会出现问题。这样，通过武力或阴谋夺取皇位者，为了弥补得国不正的形象，往往都倾向于开拓边疆，从而树立威望。秦始皇本来打算传位给长子扶苏，却被胡亥夺位，胡亥为了隐瞒自己的行径，大修长城。隋文帝立长子杨勇为太子多年，次子杨广却最终夺得帝位，杨广为了提升自己的威望，开凿大运河，修筑长城，东征高丽。唐太宗杀兄弟、逼父皇，在即位之后掀起开拓边疆的潮流。北宋太宗即位有“斧声烛影”之谜，成为皇帝之后，多次发动北伐。朱棣也是如此。

朱棣的边疆开拓，概括而言，便是向北五次进入漠北草原，三次遇敌，两次未遇敌而还，先后沉重打击了鞑靼、瓦剌与兀良哈，这也就是所谓的“五征三犁”；向南进入中南半岛，恢复对安南也就是古交趾的直接统治；向东南海域派遣郑和六次下西洋。可以说，朱棣完全改变了朱元璋在边防政策上的防御基调。

朱元璋在消灭北元之后，大规模杀戮开国功臣，改而委派诸子在北部边疆进行防御，不得擅自进入漠北。在明军的严密防御下，长期遭受打击的鞑靼与刚刚东进的瓦剌，以及归附明朝的兀良哈，都未对明朝展开大规模进攻。但“靖难之役”不仅改变了明朝的政治格局，而且改变了明蒙战略态势。在“靖难之役”中，建文朝廷对燕王采取包夹措施，为此先后抽调开平卫、宣府前卫、辽东都司、东胜诸卫的军队，对北平形成围攻态势。与此同时，燕王又以计裹挟了宁王，征调北平行都司军队南下增援北平。建文朝廷与燕王的长期内战，导致北疆防御十分空虚。借助这一时机，蒙古各部开始逐渐恢复，并不断进攻明境。此时与中央军队激战正酣的燕王，只能暂时与蒙古各部达成妥协条件，以免腹背受敌。

朱棣即位后，蒙古各部仍然不断南下骚扰明境，并向明朝索要大量物资。朱棣在“靖难之役”获胜的鼓舞下，模仿朱元璋的做法，派遣“靖难勋贵”中的第一武将丘福，统率10万军队北伐。但丘福轻敌冒进，全军覆没。从这个事例可以看出，出身于卫所一级的“靖难勋贵”与开国功臣相比，军事能力相差太远。鉴于武将群体不敷于用，朱棣只能亲自上阵，先后发动五次亲征，利用军队数量上的优势，以及从交趾获得的火器的优势，三次沉重打击了鞑靼、瓦剌、兀良哈。虽然“永乐北伐”基本实现了战术目标，但在战略上却未能彻底征服蒙古各部，仅与蒙古各部建立了宗藩关系，封鞑靼阿鲁台为和宁王，封瓦剌马哈木为忠顺王。不仅如此，为了支持连年的大规模战争，明朝耗费了大量钱粮，造成了严重的财政危机。永乐二十二年（公元1424年）正月，朱棣最后一次发动北征，户部尚书夏原吉表示国库已空，难以为继，被朱棣下了狱。朱棣虽然多次深入漠北草原，但从一开始，便不以直接统治这一地区为目标。永乐八年（公元1410年）首次北伐时，朱棣便明确表露了北疆战略的主基调仍然是防御。“今灭此残虏，惟守开平、兴和、宁夏、甘肃、大宁、辽东，则边境可永无事矣。”这一防线甚至比洪武时期的防线更靠里，实际上也就是收缩了。事实上，朱棣一直没有恢复在大宁的军事经营，永乐末年，在鞑靼的威逼之下，甚至进一步内徙兴和卫，防线进一步内缩。

秦汉以后，历代中原王朝长期在中南半岛设置郡县，进行直接统治。五代、两宋由于国力衰弱，才改为与中南半岛结成宗藩关系。大元帝国瓦解后，原来归附于元朝的安南也开展起独立运动，并向北越过元朝疆界，占领了中国西南部分边疆。明朝建立后，朱元璋曾谕令安南归还侵占的土地，被当时的陈朝拒绝。朱元璋不愿在西南边疆大兴兵戈，于是并未征伐安南。“靖难之役”时，陈朝也发生了内乱，权臣黎氏灭亡陈朝，建立了胡朝。永乐时期，陈氏后裔陈天平前往明朝，请求朱棣出兵，恢复陈朝。与此同时，中南半岛南部的占城国也在胡朝的进攻之下，向明朝求救。而胡朝也不断蚕食明朝的西南边疆。面对胡朝的强势崛起与不断威胁，朱棣最初仍延续朱元璋制定的国策，并未有兴兵之念，而是派遣使者护送陈天平回安南，表达了和平解决的愿望。但胡朝伏兵在途中击杀了陈天平与护送的明军。在这种形势下，朱棣为保障西南边疆的安全，维护明朝在东南亚地区的宗主国权威，对胡朝发动了大规模进攻，很快便灭亡了胡朝。灭亡胡朝之后，朱棣在安南设置交趾布政司，下设郡县，从而再次恢复了中国对中南半岛的直接统治。不过，另一方面也应该注意到，朱棣在东南亚的经营较为有效，仅仅向对明朝构成威胁的安南用兵，其实是一种自我防卫，而非主动经营，相应地也未用兵其他东南亚国家。

永乐时期，朱棣对外政策的一大壮举是派遣郑和下西洋。东南亚、西亚的很多国家与政权十分震惊于郑和宝船的壮观与货物的精美，于是派遣使者前往南京，开展朝贡贸易，从而极大地扩大了明朝在海洋世界的政治影响。但另一方面，对于这些国家与政权，朱棣同样满足于建立宗藩关系，而未有直接统治的政治愿望。

可见，朱棣为弥补得国不正的形象，虽一改洪武朝内敛的疆域政策，在北方陆疆、南方陆疆与东南海疆多次开展大规模行动，但除了恢复中国在中南半岛的直接统治之外，在其他地区一直都满足于维持洪武时期已经形成的宗藩秩序，疆域政策与格局基本仍在洪武旧局中。中国古代汉人政权建立在农业经济之上，国家财政也依托于有限而脆弱的农业财政，边疆地区的气候、地形条件不适合大规模开展农业经营，从而造成边疆开拓成本较高，但收获不大，在经济上并不划算。因此，汉人政权对边疆开拓大都呈现出谨慎、有限的特征，满足于在亚洲，尤其是东亚、东南亚、中亚维持以中国为中心的松散的“中华亚洲秩序”，对于积极扩张、占领周边地区并不热衷。朱棣虽然在边疆地区多有更张，但政治观念仍然局限于这一历史传统，以扩大以明朝为主宰的中华亚洲秩序为最终目的，并未有兼并、统治周边地区的政治欲望，相应地并未如同一时期亚欧大陆的其他文明那样，在全球范围内开展积极的扩张，仍只是满足于充当亚洲一隅的天下共主，而非全球化时代的开创者。虽然，此时的明朝已经完全具备了这一条件。

第三节　郑和下西洋与消逝的传统航海时代

◎ 元朝发达的海外贸易

郑和下西洋是现在大家耳熟能详、津津乐道的一个历史事件。郑和率领的船队，是当时世界上规模最大、武器配备最先进、战斗力最强的船队，郑和甚至被誉为“大航海时代”的先驱、美洲最早的发现者。但与之形成鲜明对比的是，在1904年梁启超发表《祖国大航海家郑和传》一文之前，郑和一直都默默无闻，甚至在明朝还被认为是逢迎主上、耗费国力却一无所获的奸佞代表。历史现象虽然是客观存在的，但对于历史现象的记载、评价一直都是主观的。经历一段时间之后，我们所接触的任何历史现象，都已经被后世附加上浓厚的主观感情。即使如此，像郑和这样生前与死后、古代与当今，形象发生剧烈变化甚至完全不同的历史现象，仍然是不多见的。这缘于当今的时代与过去已经完全不同，人的看法完全变了，对于历史的认知也完全变了。过去是异乡，永远回不去的异乡。

一个世纪以来，关于郑和下西洋的研究成果非常多，但人们似乎都忽略了一个问题：为什么郑和下西洋会出现在明初，而不是其他时期？这个时期到底发生了什么，为这一现象的产生提供了历史土壤？

故事还是要从蒙古帝国开始讲起。蒙古帝国在很短的时间内扩张为世界历史上疆域空前辽阔的庞大帝国，打破了不同文明在不同区域分途发展的历史格局，为人类密切往来提供了广阔大道。这种地缘格局由于打破了不同政权之间的政治藩篱，对于商业之间的互通有无十分有利。蒙古帝国治下的不同政权、不同人群，开始利用这一开放的地理空间，无论是在陆路还是在海路，都开展起发达的境外贸易。受到这一历史影响，地处南中国的汉人也利用南中国河湖遍布、直通于海的发达水运网络，从事国内贸易甚至海外贸易。但这种快速发展的商业贸易，却被元末红巾军叛乱打断了。

强大的水军

与其他时期的农民叛乱不同，元末红巾军领袖许多都起家于海外贸易，红巾军也在南方湖泊遍布的地理环境下发展出十分强大的水军。张士诚、方国珍都是走私海盐出身，地盘又都在东南沿海，拥有强大的水军，实在情理之中。而崛起于长江中游的陈友谅，水军实力更强。在决定朱氏政权、陈氏政权命运的关键性战役——鄱阳湖水战中，陈友谅的水军实力获得了充分展现。《明史》载："友谅忿疆土日蹙，乃大治楼船数百艘，皆高数丈，饰以丹漆，每船三重，置走马棚，上下人语声不相闻，舻箱皆裹以铁。载家属百官，尽锐攻南昌，飞梯冲车，百道并进。"由此可以看出陈友谅水军舰船规模巨大、结构复杂、功能多样，并通过船载骑兵的方式，实现了水战与骑战的结合。

朱氏政权虽然崛起于淮河流域，但凭借巢湖水军夺取南京，因此水军实力也不可小视。朱氏政权水军火器配备十分齐全。《国初群雄事略》载："陈友谅亲率大船进鄱阳湖来侵，徐达弃围援之。上亲领舟师往征，衣甲、铠仗、旗帜、火炮、火铳、火箭、火蒺藜、大小火枪、大小将军筒、大小铁炮、神机箭及以芦席作圈，围五尺，长七尺，糊以纸布，丝麻缠之，内贮火药捻子及诸火器，名曰'没奈何'，用竿挑于头桅之上，两船相帮，燃火线，烧断悬索，'没奈何'落于敌船舟中，火器俱发，焚毁无救。”在鄱阳湖水战中，朱元璋正是针对陈友谅舰船巨大，却较为笨重的缺点，借助风势，利用火攻，取得了战役的胜利。《国初群雄事略》载：“戊子，上分舟师为十二屯，命徐达、常遇春、廖永忠突入虏阵，呼声动天地，矢锋雨集，炮礮雷鍧，波涛起立，飞火照曜，百里之内，水色尽赤，焚溺死者二三万人，流尸如蚁，弥望无际。”从这里描写的战争场面中，足见鄱阳湖水战之壮观，将之称为世界古代历史上极大规模的水战之一，应无问题。

鄱阳湖水战后，朱元璋军队缴获了陈友谅水军的大量船只、装备，从舰船名称也可以看出其形制巨大。“获巨舰名‘混江龙’‘塞断江’‘撞倒山’‘江海鳌’者百余艘及战舸数百。”这些物资极大地壮大了朱元璋政权的水军实力，并成为后来朱元璋威逼周边海洋国家的依仗。洪武时期，朝鲜拒不归附明朝，朱元璋十分生气，毫不掩饰地说出明朝水军实力远胜汉唐，具有经营海疆的军事资本。《明太祖实录》载：“尔之所恃者，以沧海之大、重山之险，谓我朝之兵，亦如汉唐耳。汉唐之兵长于骑射，短于舟楫，用兵浮海，或以为难。朕起南服江淮之间，混一六合，攘除胡虏，骑射舟师，水陆毕备，岂若汉唐之比哉？百战之兵，豪杰精锐，四方大定，无所施其勇，带甲百万，舳舻千里，水繇渤澥，陆道辽阳，区区朝鲜，不足以具朝食，汝何足以当之。”

了解了这一点，便不会对郑和七下西洋的航海壮举感到惊讶了。永乐、宣德时期，郑和能够打造62艘长44丈、宽18丈的航船，运载27,000多船员，七下西洋，完全体现了明初水军势力位居世界首位。与之相比，半个多世纪后，哥伦布、麦哲伦等开启远洋航行时，仅仅乘坐几条小船，率领数十名船员，与郑和完全不在一个等级。

明初的“海禁”政策

在如此强大的实力基础上，朱元璋在开国之初，却明确宣布放弃东亚海域。在《皇明祖训》中，朱元璋所制定的不主动征伐的政策，针对的对象便包括东亚、东南亚国家。

而对于民间的海外贸易，朱元璋鉴于其他支系红巾军残余、日本武士可能在东南沿海造成的威胁，实行“海禁”政策，禁止民间开展海外贸易。“凡将马、牛、军需、铁货、铜钱、缎匹、绸绢、丝绵私出外境货卖及下海者，杖一百。”南宋、元朝十分注重海外贸易，在国家财政体系中，已经开始将农业财政、海外贸易结合起来。而朱元璋则从这一新型财政制度退回到中国古代传统的农业财政，虽然也征收商税，但只是将之作为农业财政的补充。

那么，朱棣派遣郑和下西洋，是否意味着他有意突破朱元璋的海洋立场呢？关于朱棣为何派遣郑和下西洋，明朝人提出了很多观点，有人认为是为了寻找建文帝，有人认为是为了寻求异域珍宝。其实，这些观点都无法成立。寻找建文帝不至于搞出如此大的阵仗，胡濙长期担负为朱棣秘密寻查建文帝下落的任务，却一直行踪隐秘，不事声张。以郑和下西洋如此大的规模，即使建文帝流落海外，也会在听闻声息之后再次逃遁。至于寻求异域珍宝，更不符合事实，郑和船队所赏赐给沿途国家的财物，远远多于从这些国家所获取的。

事实上，洪武三十五年（公元1402年）七月，朱棣初即位，在海洋政策上便宣告严格继承洪武“海禁”政策。“缘海军民人等，近年以来，往往私自下番，交通外国，今后不许，所司一遵洪武事例禁治。”永乐二年（公元1404年），再次禁民下海，并且颁布更为严格的船只标准。“禁民下海。时福建濒海居民，私载海船，交通外国，因而为寇，郡县以闻。遂下令禁民间海船，原有海船者悉改为平头船，所在有司防其出入。”

对于明初以来迁移周边海岛的海外华人，朱棣采取剿抚并用的方式；对于已进入南洋政权的海外华人，则命当地政权遣还。郑和下西洋过程中，最大规模的军事作战针对的是海外华人陈祖义，而非当地政权。对于同样采取敌对行为的锡兰国王，却采取宽容态度。这充分展现了明朝对海外华人、南洋政权所秉持的截然不同的政治立场，对海外华人要严厉得多。

朱棣的政策明确表达了对海外华人不支持、不认可，甚至将之视为乱民、敌对者的政治立场。这种政策对东南沿海华人下南洋，以及在南洋的势力扩张形成了很强的政治约束，导致明前中期东南沿海居民下南洋的现象明显减少，大为缩小了海外华人的生存空间。而对于这一做法，明中后期人也表达了赞同的态度，由此可见明中后期海洋政策的保守特征。“然则（郑）和岂贸易珍宝之使哉！除异域之患，为天子光，和亦贤矣。”

郑和下西洋的历史指向

这一时期，朱棣虽然派遣郑和下西洋，开始远洋航行，但并未有将明朝势力扩展于海洋边疆的政治愿望，而只是将宗藩体系进一步推广于海洋世界，是为了扩展中华亚洲秩序，而非发展海外贸易。永乐七年（公元1409年），郑和第二次下西洋，朱棣的敕谕明确表明这一历史内涵。“皇帝敕谕四方海外诸番王及头目人等：朕奉天命君主天下，一体上帝之心，施恩布德。凡覆载之内，日月所照，霜露所濡之处，其人民老少，皆欲使之遂其生业，不致失所。今遣郑和赍敕普谕朕意。尔等祗顺天道，恪守朕言，循理安分，勿得违越，不可欺寡，不可凌弱，庶几共享太平之福。若有摅诚来朝，咸锡皆赏。故兹敕谕，悉使闻知。”宣德六年（公元1431年），郑和、王景弘等在第七次下西洋之前，在福建长乐南山重修天妃行宫，立碑以彰显天妃神迹，同样表明了这一政治目的。“皇明混一海宇，超三代而轶汉唐，际天极地，罔不臣妾。其西域之西，迤北之北，固远矣，而程途可计。若海外诸番，实为遐壤，皆捧琛执贽，重译来朝。皇上嘉其忠诚，命和等统率官校旗军数万人，乘巨舶百余艘，赍币往赉之，所以宣德化而柔远人也。”跟随郑和出使的费信，也表达了同样的观点。“夫王者无外，王德之体，以不治治之。”“夷狄之邦，则以不治治之。”

可见，郑和下西洋仍然属于传统航海时代的范畴，虽然规模巨大，但在历史指向上，并非为了探索全球，建立新的世界经济体系，而是为了扩展以中国为核心的区域国际秩序，促成万国来朝的政治局面。而明朝在沿海地区实行的“海禁”政策，与国内日益发达的商品经济形成了严重冲突，沿海军民多私自出境，并武装起来，与日本武士联合以自保、壮大，这也是明后期尤其是嘉靖时期“倭寇”的由来。

郑和下西洋之所以能够开展，还与元朝时期的远洋航行为明朝人打开了空前广阔的视野，并提供了丰富而翔实的航海知识有关。现存绘制于公元1389年的《大明混一图》，是依据元朝航海图重绘而成。该图以明朝为中心，东起日本，西抵欧洲，南至爪哇，北达蒙古，真实地反映了蒙古帝国的统治局面。而朱棣之所以派遣郑和统率船队，是因为郑和是回族人，信仰伊斯兰教，便于与当时控制着世界贸易的阿拉伯商人交往。

郑和之后，再无郑和

郑和下西洋之后，明朝逐渐实行疆域收缩政策，再未于东亚海域开展官方远航行动。成化时期，明宪宗曾命太监到兵部查阅“宣德间王三保出使西洋水程”，当时的兵部尚书项忠奉命翻阅档案，寻而不得，原来是被兵部车驾司郎中刘大夏率先寻得，藏了起来。项忠问刘大夏档案所在，刘大夏说：“三保太监下西洋，费钱粮数十万，军民死者万计，纵得珍宝，于国家何益？旧案虽在，亦当毁之，以拔其根，尚究其有无耶？”项忠受到刘大夏的提醒，十分感谢。“项公耸然出位，揖而谢之曰：‘公阴德不小，此位不久属公矣。’”后来刘大夏真的当了兵部尚书。

值得注意的是，明朝对于海外贸易与海疆经营采取如此内敛、谨慎的态度，可能与明朝政权崛起于淮河流域有一定关系。朱元璋出生于淮河流域，对海外贸易并无直接接触，相应地缺乏继承南宋、元朝海外贸易的个人基础。与之不同，陈友谅占据长江上游的湖广行省，统治核心为以渔业为生，以白莲教为纽带联合起来的长江渔夫。张士诚、方国珍居于长江下游的江浙行省，皆以贩卖私盐为生，活动范围又及于东海，统治核心是以盐业为生的江海盐商。相对朱氏政权，这三个政权的统治群体与海外贸易有更多的关联，却未能取得最后的成功。这是自先秦以来，农业文明不断战胜商业文明，在中国历史上扮演主导角色的又一个例证。这其中蕴含了中国文明的何种历史特征，是值得进一步思考的。

总之，在世界近代史开启之初，在全球化的时代背景下，郑和下西洋的远洋航行依托元朝时期中国商人所积累的丰富航海知识，与明朝强大的水军力量，将传统航海时代推到了顶峰，却由于政治意识仍然局限于传统时代，未能引领世界走向新的航海时代。真正引领世界走向浩瀚而壮阔的海洋，将其转变为人类历史的交通大道的是西欧的几条小船开启的“大航海时代”。

第四节 “三杨”与明朝的内阁

永乐年间的三大中枢政治集团

洪武十三年（公元1380年），朱元璋借助“胡惟庸党案”，废除了中国古代延续了2000多年的丞相制度。废相之后，朱元璋担心后代子孙复立丞相，于是将禁设丞相写入《祖训》，确立为明朝的不易之制。废除丞相之后，朱元璋直接统领六部，六部负责将天下政务汇总上奏，朱元璋则负责决策。这一制度虽然能够保障皇帝对文官集团的绝对控制，但皇帝一人处理全国政务，实在劳累。即使是如朱元璋这样勤政的皇帝，每日都十分操劳，后世如果遇到稍微怠政的皇帝，全国政务就会陷入瘫痪的境地。因此，这一中枢政治体制必须要有所变通，否则很难长期推行下去。

朱棣即位后，开始设置内阁，使其部分地承担丞相的职能。所谓内阁，就是文渊阁，是明朝在宫廷内藏书的地方。朱棣入即大统，在新政权建立之初，需要发布

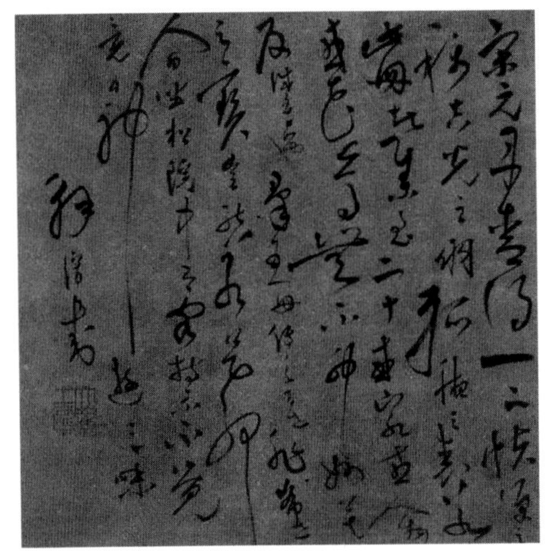

解缙书法

大量诏书，于是从翰林官、中书舍人等近侍官员中选择部分亲附自己又有才华的人，进入文渊阁，起草诏书。这便是内阁的起源。可见，从最初开始，内阁便不是一个正式机构，而是皇帝选拔的秘书班子。不仅如此，随着朱棣皇位逐渐稳固，内阁七人也逐渐分化，不再从属于一个政治群体。七人中，解缙最具才气，起初也最受朱棣赏识，但由于介入朱棣诸子的储位争夺，被人用酒灌醉，埋于雪中而死。其他六人，伴随着永乐政局的发展，有不同的政治遭际，大体分属三个政治集团。

永乐一朝，朱棣因为时常北征与巡幸北京，经常不在南京。太子朱高炽，也就是后来的明仁宗，负责在南京监国。皇太孙朱瞻基，也就是后来的明宣宗，在朱棣首次北征时留守北京，充当朱棣与朱高炽之间的联络人。由于朱棣长期离开南京，部分官员跟随左右，处理朝政要务，其他多数官员便与太子、太孙一同监国、留守，负责处理朝廷庶政。这样，永乐时期，政治中枢便一分为三。一为北巡集团，包括朱棣及随从北征、巡幸北京的诸王及文武官员，文官主要是翰林官杨荣、金幼孜与胡广。胡广于永乐十六年（公元1418年）去世，该集团文官仅余杨荣、金幼孜二人。杨荣主要负责参谋军务，而金幼孜主要陪伴朱棣吟诗作赋，抒发塞外之情。二为监国集团，包括太子朱高炽，以及辅助监国的吏部尚书蹇义、兵部尚书兼詹事金忠、右春坊大学士兼翰林侍读黄淮、左春坊大学士左谕德兼翰林侍讲杨士奇等。永乐十一年（公元1413年）后，监国集团中又增加东宫洗马杨溥。由于朱棣猜忌太子，监国集团诸大臣不断遭受政治打击，黄淮、杨溥于永乐十二年（公元1414年）入狱，金忠于永乐十三年（公元1415年）去世，该集团中仅剩蹇义和杨士奇二人。三为留守集团，即皇太孙朱瞻基与他的师傅、户部尚书夏原吉在永乐八年（公元1410年）居于北京时所形成的政治集团。留守集团主要负责处理北京行政事务，联系南京与行在。

在长期的政务处理与朝夕相处中，三大政治集团内部逐渐形成认同感。由于朱棣与太子关系不睦，三大集团之间存在着一定的拒斥感。杨士奇、杨荣、金幼孜这些被后世称为阁臣的翰林官也相应地产生了分化。跟随朱棣的杨荣、金幼孜得到了升迁，而杨士奇获罪，便是一个很好的例证。在三大政治集团中，监国集团内部的认同感是最强的。这缘于太子与朱棣长期关系紧张，黄淮、杨溥、杨士奇先后获罪，前二人更是系狱10年。其间甚为凶险与艰难，太子集团协力共济，始得获全。此种命运相连、祸福与共的政治处境使监国集团内部诸人之间产生了十分深厚的感情，而对北巡集团抱有敌意。留守集团在政治立场上相对中立一些。一方面，太孙为太子之子，将来能否登基取决于乃父地位是否稳固，他认同监国集团是不言而喻的。但另一方面，朱棣不喜欢太子，却非常喜欢太孙，太孙性格类于朱棣，祖孙关系十分融洽。朱棣也让夏原吉、杨荣等朝廷重臣辅导太孙，实际上是借此培养太孙在朝廷中的势力。太孙由于曾追随朱棣北征，与北巡集团的其他成员也有较多的接触，故而对于北巡集团的立场，不如监国集团那样敌视。永乐十八年（公元1420年），明朝迁都北京后，虽然三大中枢集团一度合并，但中枢政治中的这种势力分野并未随之消失，而是延续下来，并奠定了洪熙朝的中枢政治格局。

洪熙朝中枢政治格局

朱棣在北征途中去世，太子朱高炽即位，是为明仁宗。三大中枢集团分立的态势失去了依托，归并为一。表面上看，洪熙中枢政治格局延续了永乐旧貌，只是将三大中枢集团加以归并罢了。蹇义、杨士奇因有翼戴之功，理所当然地进入政治中枢。夏原吉属于留守集团，又曾多次维护太子，也理应占据政治中枢的一个名额。杨荣、金幼孜作为先朝旧臣，虽属北巡集团，但并未与监国集团交恶，在朱棣晏驾之后，稳定了局势，为仁宗顺利即位提供了条件，因此二人的地位也得以保留。至于黄淮、杨溥，因长期系狱，虽为监国旧臣，但已被排斥出既成的政治格局。

虽然三大中枢集团中的固定成员都进入了新朝中枢政治集团，并未出现某一势力清洗其他势力的局面，但五位官员在政治中枢中的地位已悄然发生变化。这缘于仁宗对自己在永乐年间的遭遇记忆犹新，仍在脑海中保持着三大中枢政治集团的界限，故以人事关系为准则，重新组建中枢政治格局。

仁宗即位之后，最为重用的是蹇义、杨士奇二人。夏原吉官居户部尚书，是正二品，杨士奇作为翰林侍讲，仅为正六品，位次在夏原吉之后。仁宗信任杨士奇，便想将他排在夏原吉前面。但按照洪武祖制规定，翰林官最高可升为正五品的殿阁大学士，仁宗无法通过提升官职的形式，使杨士奇的地位超越夏原吉。面对祖制的限制，仁宗采取迂回的办法，转而倚重虚阶，重新排定五臣的地位。蹇义被授予少师之衔，从一品，为当时的最高品位；杨士奇从正六品一跃而为少傅、礼部侍郎兼华盖殿大学士，从一品，地位仅低于蹇义；夏原吉被授少保，地位低于杨士奇。三人从而位列三孤。而杨荣与金幼孜尽管在永乐时地位在杨士奇之上，但此时因为与仁宗关系疏远，让位于下，分别被授予太子少傅、工部尚书兼谨身殿大学士，正二品，以及太子少保、户部右侍郎兼武英殿大学士，正二品，仅被纳入三少序列。可见，杨士奇不仅后来居上，成功超越同僚杨、金二人，而且进一步打破阁部品位格局，带动了内阁地位的提升，只不过这种提升源于仁宗与杨士奇的私人关系，而非内阁制度的内在驱动。

在蹇义、杨士奇的职位安排上，仁宗延续了旧的制度规则，仍然尊崇吏部作为百官之首的地位，命蹇义仍居杨士奇之上。在政治运作中，蹇义的地位也高于杨士奇。“仁宗皇帝初嗣位，一切政议，预者三四人，而公居首。”

仁宗不仅借助品位制定提升了蹇、杨二人的地位，在实际决策中也最倚重此二人，但鉴于其他三人也是政治中枢成员，在朝堂议政中难以直接排斥，因此通过单独赋予二人银章密奏之权，构建另外的交流渠道，使部分事务由三人私下决断。由此可见，仁宗时期政治中枢决策体制并非依据部门，而是依据诸臣与仁宗关系的亲疏程度而建立。

宣宗时代的贤臣政治

仁宗去世的时候，太子也就是后来的宣宗，还在南京居守。张太后于是任命与太孙关系最好的夏原吉临时主持朝政。太子不了解这个情况，到了北京城外，看到前来迎接的朝臣中没有夏原吉，很不高兴。杨士奇等人向太子解释之后，太子才知道是有所安排。从这个例子也可以看出，太子与夏原吉二人在居守北京时形成的政治友谊长期延续了下来。宣宗即位之后，最为倚重的也是夏原吉。不过，虽然宣宗最信任夏原吉，但对于富有政治智慧的杨士奇与富有谋略的杨荣也逐渐欣赏，对蹇义也很看重。与之相比，金幼孜由于能力不足，已被排除在政治中枢之外。宣宗在中枢决策中发明了集体决策的形式，经常召见夏原吉、蹇义、杨士奇、杨荣四人，命四人先用墨笔将对奏疏的批答写在小字条上，再把小字条贴在奏疏上面，称为“票拟”。宣宗自己看过奏疏之后，如果觉得票拟意见得当，就原样照抄；如果意见有所不同，就加以修改，用红笔在奏疏上写上最后的处理意见，称为“批红”。可见，宣宗时期的中枢政治是一种跨部门的贤臣政治。

新街路通鐵壁關等處內地防守益宜加嚴再
接額爾登額等來札將調駐馬膊子之兵三百
名移駐黃萊樹地方自黃萊樹至虎踞關約一
百六七十里其中尚須安臺并虎踞關再添駐
兵幾百名即可無慮等因查前於緬箐黃林
岡兩處防兵內酌撥三百名爲安臺之用業經
前往令即令於虎踞關至黃萊樹之中間揀擇
扼要地方駐守以爲聯絡聲援并以接遞上下
文報至虎踞關應行添兵及鐵壁關亦應分兵

批红

三杨的政治运作

永乐至宣德时期的这种中枢政治体制，在英宗即位后，发生了巨大改变。户部尚书夏原吉已于宣德五年（公元1430年）去世，吏部尚书蹇义也在英宗即位10余日后病故。前代政治中枢中的人员仅存杨士奇、杨荣二人。张太后又将监国集团的杨溥援引进政治中枢，从而形成内阁三杨共同主政的政治格局，内阁于是从明前期政治中枢组成部门之一演变为垄断政治中枢的部门。

三杨主政之后，采取两大政策，维护内阁在政治中枢中的垄断地位。第一，在杨士奇的建议下，明朝开始实行对皇帝、太子进行教育的经筵日讲制度。由于经筵日讲是文官直接对皇帝与太子施加影响，与他们结成私人关系的最主要方式，因此三杨十分看重，不仅亲自参与其中，而且命自己的“老家”——翰林院的翰林官们负责具体的讲读事宜。经筵日讲最初是由内阁与六部共同负责的，但内阁极力排除六部官员参加，最终经筵日讲完全由以内阁为首的翰林官垄断。翰林官借助经筵日讲，与皇帝形成了密切的私人关系，长期基本垄断了内阁的人选。第二，内阁的核心权力是票拟，但如果皇帝勤政，经常召六部官员议政，便可以直接在朝堂上做出决策，不需要票拟。为此，三杨要切断皇帝与六部之间的联系，他们所采取的措施便是以英宗年幼，无法处理朝政为由，废除日常的常朝制度，政务处理改为奏疏批答，这样内阁便完全垄断了对全国政务的初步决策权。由于英宗年幼，又尊崇三杨，因此基本是命宦官将三杨的票拟原样批红。

可见，正是在三杨时期，内阁的地位才真正确立。明中后期，内阁也一直延续三杨的政治做法，极力控制经筵日讲，切断六部与皇帝之间的密切接触，从而维护自身在政治中枢中的独大地位，并在时机具备之时，不断通过人事安排与权力斗争控制六部长官，甚至干预六部政务，从而实现内阁对六部的权力渗透。明朝，尤其是明朝晚明，内阁与六部的权力争夺，根源便在于此。

但另一方面，虽然内阁权势逐渐提升，但从始至终都不是法定意义上的丞相，只是协助皇帝处理政务的秘书，而不是统领百官的文官之首。内阁只有议政权，而无最终的决策权，更无执行权，一直无法直接指挥以六部为首的文官集团。万历初年，张居正主政，推动内阁权势达到空前绝后的地位。张居正改革考核制度，由内阁对六科进行考核，而六科负责对六部进行考核，借此实现对六部的制度化管理。但这一制度自出台之日起，便遭到六部的强烈反对。张居正去世后，六部也将此作为张居正的罪状之一，该制度也相应地被废除。

明朝由于不设丞相，内阁、六部、宦官，甚至与皇帝有其他私人关系的政治群体，都想填补这一权力空缺，通过各种方式谋求进入政治中枢，从而在客观上加剧了明朝的政治斗争，助长了明朝党同伐异的政治风气，这是明朝政局长期处于动荡状态的根本原因。有鉴于此，黄宗羲在总结明朝灭亡的教训时，做出了一个广为人知的判断：“有明之无善治，自高皇帝罢丞相始也。”

第五节　多面的宦官与被误解的历史

宦官的身影在世界古代政治中并不罕见。但很少有国家出现像古代中国这样的现象，即宦官在政治生活中长期发挥重要影响，甚至专制朝政，乃至废立皇帝。中国古代宦官之所以扮演着如此重要的角色，是因为中国古代长期实行君主专制制度，皇帝不仅需要大量宦官服务宫廷，而且需要培植完全听命于自己的势力，以牵制庞大的官僚集团。宦官作为皇帝的奴才，权力完全来源于皇帝，因此是皇帝完全可以信赖的一支私人政治势力。

虽然宦官在中国古代一直拥有不可小视甚至巨大的政治能量，但是在不同时期，却呈现出不同的历史特征。与汉唐时期能够废立皇帝的宦官相比，明朝宦官的权势无疑低落了很多，即使是像魏忠贤这样能够专制朝政的权宦，也只能在崇祯帝的一纸诏书面前，选择自尽于道路一旁。但与汉唐宦官相比，明朝宦官对于政治乃至社会的影响，更为全面而深入，宦官的形象也展现得更为充分与多样，这对于真正认识他们有很大帮助。

从遗迹解读明朝宦官政治

北京的西郊埋葬着许多明清时期的宦官，这是因为西郊是香山所在，上风上水，不仅风水好，而且寺院很多。宦官由于没有子嗣，不仅在世时积极布施，而且死后也多埋葬在寺院旁边，希望能够借此进入西方极乐世界，弥补无人祭祀的遗憾。在如今的北京石景山模式口大街，便建有一座宦官文化陈列馆，这可能是中国唯一的宦官主题博物馆。

模式口村有些像陶渊明笔下的桃花源，当人们循着两旁是高高山墙的大街走了许久，心生疑惑不知何向时，蓦地出现了一个路口，路牌上标“模式口大街”。拐进路口后，外界的喧闹全然消失，世界突然安静下来，面前也豁然开朗，弯曲的街道，破旧的四合院，路旁不时出现一些断碑残磨。一座古建筑的墙壁上用墨笔写着“恒德成记布店洋货发庄”，应该是民国年间的一家布店旧址。一切都仿佛是另外一个天地，似乎模式口村是藏在一个不为人知的时空里，有着自己的进化历史。

在这个保留了很多老北京风韵的小村子里走了许久，街道边忽然出现了一座高高的石牌坊，原来是明后期大太监田义的坟墓所在，现在被开辟为北京宦官文化陈列馆。明朝太监的陵墓，除了魏忠贤在香山的衣冠冢之外，就要数田义墓最为奢华了。墓地遗址中不仅保留了田义与其他几位明清太监的坟墓，而且保存了大量碑刻，里面记载了田义诸多的名头与事迹。许多碑刻都是万历皇帝御制的。田义墓碑十分高大，上面的装饰是皇室才可以使用的龙形图纹，“僭越”之至，可见一斑。与之相比，旁边的一座矮了许多的清朝道光年间的太监墓碑上仅有二鹿。从这里也可以看出，明清太监的地位真有天壤之别。

置身于田义墓中，看着万历时期内阁首辅申时行为田义撰写的充满褒奖的碑文，你很难把田义想象成一个负面的政治人物，只会在这方安静的空间里，静静凭吊这位曾经权势显赫的历史人物。在田义墓旁边的法海寺里，你同样会有这种感受。那里有两座高大的石碑，上面书写着景泰时期宦官李童修缮法海寺的功绩，其中一方碑文是当时的六部长官之首、文人领袖吏部尚书王直所写。在正史里，我们看到的都是士大夫与宦官之间的剑拔弩张、势不两立。而在另外的历史空间里，我们看到的却是两种政治势力的和谐相处。历史就是这样充满着多面性。

给人感觉更为复杂的是智化寺。智化寺初建于正统八年（公元1443年），由宦官王振模仿唐、宋“伽蓝七堂”所建，最初是王振的家庙。“土木之变”中，王振被杀，明英宗被俘。一年之后，英宗被瓦剌释放。“夺门之变”后，英宗复辟登基，重修智化寺，将其改名为报恩智化寺，作为祭祀王振的场所。

在我们以往的印象中，王振为了邀取边功，树立权威，蛊惑英宗亲征，最终导致“土木之变”，明朝因此遭遇巨大危机，英宗也被俘虏。按照这样的叙述，英宗应该十分痛恨王振，但智化寺的存在，彻底颠覆了这一历史叙述。

智化寺王振石刻像

智化寺位于北京东城区禄米仓胡同。北京很喧闹，但走在北京的胡同里，却一下子安静下来，而智化寺更为安静。虽经历代多次修葺，但智化寺的梁架、斗拱、彩画等仍保持着明朝早期的特征，寺内管理人员甚至说，连大殿里的灰尘都是明朝的。智化寺自山门向里走，依次为钟鼓楼、智化门、智化殿及东西配殿，也就是大智殿、藏殿，再向里是如来殿、大悲堂等，肃穆而沧桑，在喧闹不堪的北京市区，无法想象能有如此宁谧的空间。院落中有一株海棠，静静地开放。在这种环境里，看着历史上遗留下来的王振的石刻像，宛如一个标准书生，很难把他与史书中的大奸大恶联系起来。

明朝宦官制度的演变

明朝宦官最大的特征是制度化，中央设立了二十四衙门，地方军政要地设置守备太监、镇守太监、分守太监、监枪太监，宫廷临时有事，还会派出不同名目的太监。总之，上到中央，下到地方，明朝宦官构成了听命于皇帝、自成体系的宦官系统，从而与文官系统、武将系统形成“三轨”并立的政治格局。明朝宦官权势很大，却无法对皇权造成威胁，原因在于宦官始终没能掌握军队。无论是中央军队还是地方军队，一直由宦官、文官、武将共同掌握，三者之间互相制约，谁都无法成为挑战皇权的政治力量。

洪武时期，朱元璋要建立朱氏皇族“家天下”的格局，他所信赖的是诸王，对宦官要求很严格，虽然也有派遣宦官出使、阅军之事，但事权都很轻微。建文帝复兴文治，对宦官约束很严，这才有宦官叛逃到朱棣那里，汇报南京防御空虚之事。宦官权势大幅增长，是在永乐时期。朱棣以武力夺取帝位，担心官僚集团会有叛乱的事情发生，因此在中央设置东厂，专门监督官僚系统；在地方设置镇守太监，监督各地掌握军权的总兵官。仁宗、宣宗时期，明朝政权已经十分稳固，两位皇帝又致力于复兴文治，因此宦官权力有所下降。宣宗喜欢玩乐，经常派遣宦官到地方上采办珍稀物品，给地方上带来了很大压力。有一个故事叫作《促织》，描写了宣宗喜欢斗蛐蛐，蛐蛐也就是促织，宦官命百姓上贡促织。一个男孩不小心放跑了父母捉的促织，害怕之下自杀了，但并没有死去，昏迷中变成了一只促织，被父母献给了宣宗，斗败了所有促织。最后男孩的父母受到重赏，男孩也得以苏醒。

正统时期，宦官才开始进入政治中枢。张太后鉴于英宗年幼，将朝政完全托付给内阁的三杨，但又担心大权旁落，于是扶持在宫中负责教育英宗的王振充当司礼监秉笔太监，名义上是让他代理批红，其实是以之牵制内阁。因此，明清史专家李洵认为司礼监实际上是宫廷的“内内阁”，而内阁是“外内阁”，内阁与司礼监就是一对双胞胎。

随着三杨的老去，王振的势力逐渐上升，他在正统后期实际上控制了朝政，成为明朝第一位权势显赫的宦官。王振虽然权势很大，但对于文官集团相对还是较为尊重的，尤其是对同乡的大儒薛瑄不断拉拢，但薛瑄一直刻意与王振保持距离。王振恼羞成怒，找了个机会将薛瑄下狱，并要将其处死，但最终还是听从老仆的劝谏，把薛瑄放了。

王振在历史上最大的恶名，来源于“土木之变”。其实“土木之变”的发生与王振并无直接关系，而且有很大的偶然性。明朝以武开国，洪武、永乐、宣德时期，都曾在蒙古高原取得重大胜利，成祖与宣宗都曾亲自北征。因此，明朝对蒙古一直都有一种心理优势，认为自己是打得过的。15世纪中期，瓦剌陆续打败鞑靼、兀良哈、女真与哈密，统一了亚洲内陆东部的广阔地区，力量达到极盛。对于瓦剌的强势崛起，明朝并不清楚，因此在瓦剌南下之后，当时已经成年，完全具有决策能力的英宗决定效仿成祖、宣宗北征。但令人意外的是，正统时期战斗能力最强的宣府军面对瓦剌的攻势，由于武将的懦弱，突然崩溃，瓦剌从而越过宣府防线，直奔英宗所统率的大军。英宗惊慌之下决定班师，在行至土木堡时，决定临时驻扎，取水休整，结果遭到瓦剌军队的突袭，明军自相踩踏，导致了“土木之变”的发生。可见，王振虽然在英宗北征之事上采取鼓动立场，但英宗当时已经成年，应该是他最终做出了北征的决策。如果完全是因为王振蛊惑，英宗不可能在经历了被俘、失去皇位、政权险些沦亡之后，仍对王振念念不忘。

我们当前所看到的明朝宦官的事迹与形象，都是士大夫有意记载下来的。在中国古代，士大夫负责历史书写，往往采用春秋笔法，将一些政治反对派写得非常负面，尤其是把不通过正常途径进入政治领域，对自身权力又构成直接冲击的宦官群体都写得很坏。其实人上一百，形形色色，任何政治群体里都有好人，也有坏人，而士大夫与宦官的私人关系，其实大都是不错的，权势比较大的宦官捐建寺庙的碑文或者死后的碑文，大都是由当时著名的文官所写。

为了更好地让宦官承担起协助皇帝处理政务的职责，宣德时期开始，明朝便设置了内书堂，专门延聘当时的名儒充当老师，教授宦官。一些宦官在儒家经典的影响下，形成了类似儒士那样的政治观念。比如明孝宗非常惧内，张皇后禁止他纳妃。因此，孝宗最后只有一个儿子，也就是后来的明武宗。张皇后有两位兄弟，依仗姐姐的权势，经常出入后宫。当时有一位叫何鼎的宦官，对孝宗说：“二张大不敬，无人臣礼。”张皇后很生气，问何鼎是谁主使他说这种话的。何鼎说：“孔子、孟子也。”最后，何鼎被张皇后打死了。

宦官集团内部也不是牢不可破，比如正德前期，宦官群体中权势最盛的是“八虎”，即八名宦官，刘瑾便是其中最有势力的。正德三年（公元1508年），早朝时出现攻击刘瑾的匿名书帖，刘瑾便惩罚众臣在烈日底下暴晒，有人因此中暑而死。宦官李荣看不下去了，给群臣送去冰镇西瓜，又对群臣说，书帖写的都是为国为民的事情，这是好男儿应该做的事情，是谁做的为何不承认呢？李荣因此得罪了刘瑾，被刘瑾发逐到南京。即使是“八虎”内部，也多有矛盾，刘瑾最后便是被“八虎”之一的张永设计除掉。张永在政治上很有作为，不仅平灭了安化王叛乱，而且和当时的名臣杨一清、王阳明等人关系十分密切。

批红与监军

明朝二十四衙门中，权力最大的是司礼监、东厂与御马监。司礼监负责代替皇帝批红，东厂负责侦查官僚机构，御马监负责管理宫廷马匹。司礼监的批红权，只是皇帝忙碌不愿批答奏疏时，才让宦官代劳，决策权仍掌握在皇帝手中，皇帝随时可以收回。只有部分不喜处理政务的皇帝，比如武宗与熹宗，才较为固定地让宦官批红，对批红内容也不怎么审查。即使如此，司礼监批红也不能完全由自己做主，一般情况下都要尊重内阁的票拟，不能有大的改动。因此，权势较大的宦官不仅注重批红权，同时注重控制内阁，通过左右阁臣的人事选择，里应外合，才能真正专制朝政。比如刘瑾、魏忠贤都是如此。

至于地方各级宦官，主要负责监军，承担皇帝耳目的功能，对于地方军政事务虽有干涉，但基本尊重文武官员的军政权力。地方各级宦官的一个职责，是进献地方的各种珍稀物品。中国古代文武官员虽然听命于皇权，但也有大臣的立场与气节，对于皇室在规定以外的各种需求，如果认为会劳扰百姓，就可能会加以拒绝。但宦官作为皇帝的私人奴仆，完全听命于皇室，较少有政治顾虑，因此是为皇室搜罗地方珍稀物品的主要力量。

明朝宦官的制度化，要求文官集团、武将集团在政治运作中必须保持与宦官集团的合作关系，否则便会遭受宦官集团的打击，而无法在政治上有所作为。而在长期的政治合作中，文武群体甚至与宦官集团形成了较好的私人关系。比如正德、嘉靖时期曾先后充任吏部尚书、阁臣的杨一清，便与张永在政治上合作密切，成功平定了安化王叛乱。而且两人私交很好，张永的墓志铭便是由杨一清所写，杨一清甚至因此被诬陷接受贿赂，最终悲愤而死。张居正改革之所以能够成功，与他联合宦官冯保，二人一内一外，共同主持政局有关。因此，明朝士大夫群体虽然在历史书写中，从儒家立场出发，对宦官秉持激烈的批判态度，但在政治运作与个人感情上，却呈现出截然不同的价值取向。明朝文官、武将、宦官三种政治势力之间长期保持了既斗争又合作的双向关系，从而长期维持了明朝政局的稳定。这反映出明朝专制政治，在借鉴前代经验教训的基础上，进一步发展与完善，走向了更为成熟的阶段。

第六节　王阳明的疏离与完美

俗话说金无足赤，人无完人，但如果从儒家立德、立言、立功“三不朽”的人生理想来看，王阳明已经在各个方面做得堪称极致而完美了。而这份完美，源于他一直对社会主流有一定的疏离与批判，从而拥有自己独立而清醒的判断。

幼年传说

王阳明，名守仁，字伯安，浙江余姚人，因曾筑室于会稽山阳明洞，人称阳明先生，是明中期的思想家、文学家、政治家与军事家。王阳明的父亲叫王华，因曾读书于龙泉山，人称龙山先生，官至礼部左侍郎。王华不仅为人耿直，在担任经筵讲官时讽喻宦官干政，而且诗文隽永，著有多部著作。

王阳明是王华的长子。据说王阳明出生之时便与众不同。与王阳明很早便成为好友，也是同时代大儒的湛若水、黄绾，在王阳明死后分别为他撰写墓志铭与行状，都记载了王阳明出生之时，其祖母梦见神人穿着绯色玉带，在云中一边演奏乐曲，一边将一个男孩送给她，醒来之后，便听到了王阳明的初啼之声。王阳明的祖父对此感到非常奇怪，于是为王阳明取名为“云”。不过，与出生时的神奇相比，王阳明发育很迟缓，直到五岁还不会说话，家人非常着急。据王阳明的弟子钱德洪撰写的年谱记载，一位道人看到了王阳明，叹惜道：“好个孩儿，可惜道破。”原来“云”这个名字道破了天机，作为惩罚，上天不让王阳明说话。王阳明的祖父知道后，将他的名字改为“守仁”，果然王阳明便开始说话了。一说话便不同凡响，把祖父平日所读之书背诵了出来。原来王阳明虽不能说话，却十分聪慧，过耳不忘。关于幼年王阳明的种种传说，应源于王阳明不仅建立了不世之功，而且开创了“王学”学派，在世人尤其是王门弟子眼里，宛如神一般的存在，因此被演绎出各种神奇故事。

不寻常的少年

少年时期，王阳明便表现出与一般士人不同的价值取向，他对当时士人热衷的科举考试保持一定的疏离态度。在中国古代，通过科举进入仕途，是每个读书人的梦想，为此不惜十年寒窗。但科举制度行之既久，逐渐呈现出僵化的弊端。明朝的科举考试以四书五经为内容，由朱熹编订的四书是考生必考科目，而五经只需要选择一经。在这种制度规定下，明朝士人往往选择一经之后，便不再理会其他四经，每日背诵四书一经，不断演练科举范文，也就是“时文”，却对系统阅读、了解儒家知识体系不感兴趣，更遑论诸子百家的思想学说了。明朝由此出现士人热衷科举，却不甚读书，甚至很少读书的矛盾现象。由于对儒家思想体系了解较少，许多士人并无自身的独特见解，而是在朱熹的思想体系中寻章摘句，亦步亦趋。部分有一定见识的士人，不愿思想受到束缚，通过阅读儒家原典，逐渐形成自己的思想观念，却往往由于与朱熹的经典思想相左，反而不容易取得科举成功。在这种时代风气下，不仅儒家学说的发展受到了严重阻碍，科举考试也逐渐失去本义，许多优秀士人不能通过考试被选拔，甚至有主动放弃科举者。

少年时期，王阳明便问塾师，什么是人生第一等事，塾师回答：“惟读书登第耳。”王阳明却表示反对，认为：“登第恐未为第一等事，或读书学圣贤耳。”他明确表达了将求学问道作为人生追求的价值取向。既然将通晓儒家学说作为志向与追求，王阳明便不将所学局限于程朱理学，在实践朱熹提出的格物致知之法，而未领悟道之精髓后，王阳明开始对程朱理学提出质疑。

事实上，这一时期王阳明想要学习的内容，并不限于儒家学说，还包括文学辞章、骑射阵仗。文学辞章虽然是唐朝科举考试的核心内容，但自宋朝以来，科举考试内容就演变为儒家义理，诗词歌赋相应地成为士人在茶余饭后抒发闲情逸致的个人兴趣，所受到的关注度大为下降。不过，王氏家族作为书香门第，仍然对文学辞章很重视，王阳明在这一家学环境下，自幼便在这方面表现出十分杰出的资质与能力，出口成章。他一生写下了大量的文学作品。

许多回忆王阳明的记述，都记载王阳明“喜任侠”，即热衷于骑射阵仗。王阳明这一爱好，在当时具有一定的普遍性。明中期，逐渐进入多事之秋，不仅蒙古不断发动对明朝的进攻，而且明朝内部也时常发生农民叛乱。面对日益动荡的社会局面，许多有识之士开始关注战争与武备。少年王阳明也察觉到了这种时势变化，于是经常与小伙伴一起演练两军作战。其实在这个年纪，每个男孩心中都有一个征战沙场、建功立业的梦想，古往今来都是如此，只是王阳明借助家中丰富藏书的优势，得以遍读兵书，“凡兵家秘书，莫不精究”，从而培养出良好的军事素养。王阳明的射术很厉害，在平定朱宸濠叛乱后，江彬这些边疆将领觉得王阳明抢了自己的功劳，就让王阳明在演武场上射箭，目的是让王阳明出丑。结果王阳明一发中的，甚至边军都叫起好来。

初入仕途

可见，与同时代的士人相比，王阳明并未完全按照社会的轨辙前行，而是与社会主流保持一定的距离，从而维持了自己的独立思想。但他也为此付出了一定的代价，在第一次会试中，他名落孙山。不过，与其他愤而就此放弃科举的士人不同，王阳明对科举是采取疏离而非离弃的态度。王阳明凭借自己的聪慧，在28岁时便考中进士，先是在工部观政实习，次年观政期满后，改去刑部任职，被授予云南清吏司主事，后来又改任兵部武选清吏司主事。

与其他士人科举考中之后，便竞逐名利不同，王阳明对仕途也保持着若即若离的态度。虽然获得了科考成功，但王阳明仍对程朱理学心存疑惑。鉴于一时难以从儒家内部寻找解决、超越之道，王阳明转而向另外两大思想体系——道家、佛教寻求思想滋养，不仅曾在迎亲途中跑到道观与道士通宵畅谈，而忘记了娶妻之事，而且萌发出辞官出世之念，从而在会稽山阳明洞修炼导引之术。但作为深受儒家影响的世家子弟，王阳明最终在世俗人伦观念的牵绊下，决定仍留在万丈红尘之中。

虽然决定入世济民，但王阳明并未完全认同现实的政治规则，而是从儒家士大夫的立场出发，保持对权势的批判意识。弘治十八年（公元1505年），明孝宗去世，年轻的明武宗即位，重用与他一起玩耍的宦官。朝中文官掀起巨大的反对声浪，大量朝臣因而被武宗罢免官职。在这一政治事件中，也出现了王阳明的身影，他为拯救同僚而上疏弹劾刘瑾，结果被廷杖五十，几乎死去，而后被贬官到贵州龙场驿做驿丞。对于王阳明的弹劾，刘瑾一直怀恨在心，派人沿途追杀。王阳明将衣帽投入江中，伪装自杀，才逃过一劫。

龙场悟道

虽然人类渴望幸福，但困难始终伴随。幸福的彼岸虽然吸引着人们不断前行，但途中所经历的困难更能激发人们的斗志。19世纪的英国历史学家卡莱尔对历史上的英雄主义进行了系统阐释，他认为决定历史的英雄们在成功之前，都遭遇过巨大的困难，为克服困难而进行的退思与内省，进一步激发出更大的思想力量，最终推动英雄们走向历史的前台。而王阳明在龙场的经历，也印证了这一道理。

在被贬谪之前，王阳明虽然决定留在官场，但其思想体系不仅十分散乱，而且充满矛盾。这一时期，他还只是一位儒学的接受者，而不是发明者。在偏远贵州的连绵群山中，他远离了他所熟悉的江浙繁华与官场喧嚣，与世俗社会愈加疏离，从而得以沉淀与思索，最终将之前所学所思融会贯通，形成了自己的思想体系，这便是王学史上著名的“龙场悟道”。王阳明领悟到理向心求，心若自足，便不假外求的道理，从而将自己从人生的巨大挫折中解脱出来。这一观点与朱熹倡导的心、理二分，以心求理不同，王阳明认为心便是理，理便是心，知行合一，从而将理学从外在追求转为内在诉求。这一理念有助于缓解正德时期，士人群体在政治打压之下的内在挣扎，使之求得心灵的安宁与解脱，从而以更为释然的心态面对政治与社会。因此，王学属于南宋陆九渊开创的“心学”进一步发展的结果。三年之间，王阳明在龙场不断招收弟子，王学开始逐渐形成。三年后，王阳明离开了龙场，不断升迁，但龙场的经历成为他构建自身学说，也即“立言”的重要转折点。

“三不朽”的实现

正德时期，兵部尚书王琼虽依附宦官集团，但颇有才干，他发现王阳明有济世之才，便举荐他充任南赣巡抚，弹压那里多次叛乱的边疆族群。南赣地处江西、湖广、福建、广东之间，山岭崎岖，地形复杂。王阳明到任之后，改革兵制，在当地向导的引领下，连破40余寨，斩首7000余人，取得了重大胜利，稳固了明朝对南方边疆的统治。王阳明在南赣一边用兵，一边讲学。在他看来，通晓儒学真义比用兵平叛更为艰难，“破山中贼易，破心中贼难”。他向众多门生传播王学之理。

正德十二年（公元1517年），王琼鉴于宁王朱宸濠有反叛之意，改授王阳明提督南赣等处军务，赋予其更大的兵权，从而在江西埋下了一支伏兵。正德十四年（公元1519年），朱宸濠发动叛乱。王阳明得知消息后，第一时间采取应对措施，伪造兵部公文，诡称已经调集各路兵马围攻朱宸濠的老巢南昌，同时使用反间计，分化叛军内部的关系。受到王阳明一系列行动的影响，朱宸濠迟迟未敢离开南昌，10余天后才开始进攻安庆。而王阳明趁南昌空虚，攻破此城，并与回师救援的朱宸濠交战，取得胜利，迅速平灭了叛乱。与旷日持久的“靖难之役”相比，王阳明在很短的时间内取得如此重大的胜利，堪称立下了丰功伟绩，因此被封为新建伯。一般儒士能够通过修身以立德，创建学说以立言，但很少能立德、立言、立功三者兼备，而王阳明便实现了这一点，堪称完美。历经诸多兵乱之后，王阳明的王学思想又有新的发展，这集中体现在他所提出的“致良知”理论上。他提出学习一切学问，都是为了获取良知，人人心中皆有良知，知行合一便是将良知推广到其他事物上，从而实现儒家理想世界。

明世宗即位后，王阳明居丧回乡。在这一时期，发生了对明后期历史影响甚大的“大礼议”，与王阳明思想主张相同的他的众多好友或门生，都加入“大礼议”中，用王学反对以阁臣杨廷和为首的朝臣所主张的程朱理学，官僚集团开始急剧分裂，明后期党争由此开始。虽然江湖处处有王阳明的传说，但王阳明还是决定远离江湖。他对这场政治纷争一直保持着远离的态度，即使议礼中人请他发表意见，他也明确表示拒绝。他对这种政治斗争十分反感，认为政权应该将注意力放在已经危机四伏的危难时局上。“无端礼乐纷纷议，谁与青天扫旧尘？”居家无事，王阳明继续收徒讲学，并进一步发展、完善了王学，提出了著名的四句教：“无善无恶是心之体，有善有恶是意之动，知善知恶是良知，为善去恶是格物。”

嘉靖六年（公元1527年），明世宗征召王阳明总督两广军务。王阳明在这一地区采取剿抚两种措施，先后平灭思田、八寨、断藤峡的族群叛乱，并实行改土归流，加强了明朝对西南边疆的直接控制。

嘉靖七年（公元1528年），王阳明肺病加剧，上疏朝廷，请求辞官。对此，明世宗未有批复，王阳明于是径直回朝，在归途中去世。弥留之际，弟子询问王阳明的遗言，他回答说：“此心光明，亦复何言？”王阳明未接朝命而擅离职守，让世宗十分生气，吏部尚书桂萼上疏弹劾王阳明，认为王学是颠覆程朱理学的“邪说”。世宗于是将王学定性为“伪学”，禁止传播。但嘉靖、隆庆时期，王门弟子不断传播王学，并在隆庆时期成功为王阳明平反昭雪。万历时期，又成功将王阳明列入陪祀孔庙之列，王阳明在儒学发展史中的地位由此得以完全确立。

回顾王阳明的一生，他一直在思想、政治领域，对社会主流保持一定的疏离，从而得以维持独立的思想，去创建学说、建立事功，得以实现儒家的“三不朽”人生理想，成为中国古代儒学发展史上的一位完美人物。

第七节　明长城的是与非

长城是世界历史上修筑时间最长、规模最大的军事工程。长城修筑之后，直接切割了北中国的版图，改变了北中国的历史进程。长城虽然在一定程度上有效抵御了北方族群的骑兵进攻，保障了中原地区的相对安宁，但长期的修筑耗费了中国古代的大量财政收入，相应地从正、反两个方面影响与形塑了中国古代的历史进程。不仅如此，长城修筑之后，北方族群南下的难度加大，促使其更多地向西方进军，通过中亚、西亚进入欧洲地区，影响了整个世界历史的进程。

明朝在内敛的疆域政策影响下，最后一次大规模修筑长城。那么，明朝为什么修筑长城呢？长城对于明代中国，乃至世界近代史，产生了何种深远影响呢？本节我们便尝试解答这些问题。

河套弃守

明朝从建国伊始，便不断修筑长城。洪武时期，明朝为防御北元的反扑，沿太行山、管涔山、恒山构建了关隘防御体系；为控制蒙古南下的东、中、西三条路线，分别在大宁、山海关修筑了数百里长的墙垣，在开平建立起烽堠通信体系；在东胜以东，从今天的内蒙古乌兰察布向西南至山西老牛湾，修筑了约300里的墙垣。永乐时期，明朝在宣府、大同修筑了边墙。正统时期，明朝为防御兀良哈三卫南下，沿辽河套南缘，混杂大量木栅，修筑了很长的边墙。以上长城的修筑，虽有规模较大者，但对于后世长城的修筑，并未产生示范意义。成化中期榆林长城的修筑，不仅掀起了明中后期长城修筑的潮流，而且成为后世关于长城是否应该修筑的争论焦点。

宣德时期以来，鞑靼、兀良哈、瓦剌沿着阴山，不断南下至明朝北部边疆，尤其是河套地区。河套在秦汉时期称“河南地”，是黄河中游从宁夏到山西的河段所呈现的“几”字形区域。明朝人觉得看上去像个套子，改称为“河套”。河套由南至北依次分布着毛乌素沙地、鄂尔多斯高原、河套平原，大部分地区不适合大规模推广农业经济。

明前中期，蒙古之所以重点进入河套，是因为这一地区是空虚无人之地。河套原本是个极热闹的所在。秦汉、隋唐崛起于西北边疆，建都关中，西北边疆是北部边疆经营的重心。作为京师屏障的河套，更是军事经营的重中之重。而匈奴、突厥等北方民族南下进攻关中，也以河套作为战略跳板。但伴随着中唐以后中国经济、政治中心的东移，河套不复往昔的战略地位。尤其是成吉思汗在攻打西夏之时去世，蒙古为了报复，大肆屠杀这一地区的党项族群。传说成吉思汗的葬地也在河套，蒙古官方也在此地祭祀成吉思汗，成吉思汗陵便位于此地。为了保持这一地区的宁静，蒙古帝国在这一地区并未大规模设置机构。无论如何，蒙元时期，河套一改数千年不断的农牧开发与战争频仍的局面，陡然进入了一段寂静的时光。

明初先后定都南京、北京，皆远离河套，河套在帝国的政治版图中只是偏僻的西北一隅。明朝从而延续了蒙元时期的历史脉络，对河套并不关注，基本是空置其地，仅在其北面设置东胜诸卫，守卫黄河以北。伴随着东胜诸卫的内徙，河套遂完全敞开在蒙古各部的视野下。

“土木之变”以后，蒙古骑兵屡次从河套长驱直入，向东越过黄河，进攻山西地区，向西跨越贺兰山，进攻宁夏、甘肃，向南进攻陕北地区，从而在西北边疆撕开了一个巨大的口子，突破了明朝的整体防线，严重威胁了西北民众的生命与财产安全。成化时期，蒙古各部内乱加剧，鞑靼各部为躲避内乱冲击，纷纷南下明境。与之前蒙古南下主要为抢掠物资不同，此时鞑靼各部南下，增加了躲避内乱的因素，滞留的时间更长，从而重点向适合大规模游牧的河套迁移。

“搜套”

围绕如何解决河套危机的问题，明朝提出了两种解决方案。第一种解决方案是主张开展大规模“搜套”，一劳永逸地解决问题，此方案以阁臣李贤为代表。成化二年（公元1466年）五月，李贤提出：“古人有云：‘不一劳者不永逸。’故今欲安边，必须大举而后可也。”他主张抽调陕西、延绥、宁夏、甘肃、大同、宣府六地军队中的精锐骑兵、步兵，并打造战车、拒马等应对骑兵的器械，“期以明春或今秋进兵搜剿，务在尽绝”。明朝于是派遣杨信充任“搜套”总兵官。但杨信性格畏懦，并不足以指挥如此大规模的战役，军队调动非常缓慢，虽取得小龙州涧之捷，但次月汤胤勣驻守孤山堡，中伏而死，朝野震动，杨信因此面对巨大质疑与批评。正当杨信身处信任危机之时，毛里孩在鞑靼内乱与冬季严寒的双重冲击之下，请求与明朝展开朝贡贸易，从而退出河套。杨信幸运地得保晚节，但也由此从“搜套”行动中退出。

成化五年（公元1469年），阿罗出再次进犯河套，兵部尚书白圭力主“搜套”。《明史·叶盛传》记载：“满都鲁诸部久驻河套，兵部尚书白圭议以十万众大举逐之，沿河筑城抵东胜，徙民耕守。帝壮其议。”由于杨信的能力不足以指挥“搜套”，明朝改而委派平灭荆襄流民叛乱的朱永充任“搜套”总兵官，并由文官都御史王越参赞军务。此次“搜套”，明军先后取得双山堡大捷、怀远堡大捷。成化七年（公元1471年），阿罗出与乩加思兰、孛罗忽发生内斗，被逐出河套，从此不再进入河套。此次“搜套”行动与杨信负责的那次相比，无疑在战役层面上取得了明显战绩。但是从战略层面而言，“搜套”军队并未在取得军事胜利后进一步驻扎河套，巩固军事空间，而是鉴于西北地区为供应“搜套”大军粮饷，出现了严重的财政危机，社会动荡不安，民众流离失所，故而采取了遣散军队、分散就粮的做法，这为乩加思兰再次进入河套提供了可能与空间。

成化七年，乩加思兰在驱逐阿罗出后，顺势进入河套。成化八年（公元1472

年），白圭再次提出“搜套”。除王越参赞军务外，“搜套”总兵官改由平灭大藤峡苗人、辽东女真叛乱的赵辅担任。赵辅赴任之后，未能阻止乩加思兰南下，榆林地区屡被进攻，赵辅遂遭到弹劾。在中央的屡次斥责之下，赵辅甚至编造乩加思兰、孛罗忽出套东行的谎言。在中央的批评下，成化八年十月，赵辅主动辞职。

成化九年（公元1473年）十月冬季来临之时，王越最终取得红盐池大捷，此役是成化时期明朝在“搜套”行动中取得的最大胜利，共擒斩355人。红盐池大捷后，当月王越又奏取得韦州大捷，斩首149人，却有杀戮逃归汉人之嫌。经过两次大捷，明朝沉重打击了河套的蒙古部落，使其在很长一段时间内不敢再南下河套，“搜套”行动从而取得了重大胜利。

虽然“搜套”行动取得了战役层面的胜利，但长期的军事行动给西北地区造成了严重的财政危机，乃至社会危机。河套地区沙化严重，缺乏大规模推广农业经济的生态条件，河套以北也无明军驻守，相应地并不能保障河套地区的移民屯垦。因此，在“搜套”成功之后，明朝并未进一步在河套设置机构、固定控制，而是仍采取空置河套的方式，从而为鞑靼各部的再次入套提供了空间与可能，河套也逐渐沦为鞑靼的固定驻牧之地。

搁浅的边墙方案

第二种解决方案是主张在榆林构建长城防御体系。主张这一方案的是中央管理财政的户部，与负责西北社会安定的延绥镇巡抚、陕西巡抚。与兵部追求建立军功不同，户部、巡抚分别担负着平衡中央财政与地方财政之责，连年的“搜套”战争给上到中央、下到西北带来了巨大的财政压力。相应地，这两种政治势力成为“搜套”战争的最大反对者。作为“搜套”的替代方案，西北巡抚提出修筑边墙，与已有营堡相结合，从而构建长城防御体系。

成化六年（公元1470年）三月，延绥镇巡抚王锐首次提出在榆林边界地区修筑边墙。对于这一方案，宪宗表示了赞同。这一方案是榆林“大边长城”的最早蓝图。但这一计划并未实行，原因是兵部鉴于自己主持的“搜套”正在进行，不愿其他方案中途扰乱。

鉴于“搜套”行动导致陕西财政危机与社会动荡，陕西巡抚马文升指出“搜套”效果很差，“然道途辽远，军未集而虏已去，徒费供亿，无益于事”，应采取防御方式解决河套危机。但与延绥镇巡抚重点关注榆林边境防务不同，马文升作为陕西巡抚，更为关注榆林纵深防御体系。为防止蒙古进入陕西腹里，他提出可以先在白于山地区，利用当地地形与北宋堡寨，构建包括墙垣、城堡、墩台在内的榆林内地长城防御体系。而修筑的人力，马文升提出可以用当地土兵。可见，马文升可能吸取了王锐提出修筑“大边长城”被兵部阻挠的教训，不与“搜套”方案直接碰撞，改而提出在陕北腹里修筑“二边长城”，以较低的成本，依托白于山地形与前朝旧迹，利用榆林土兵而不是参加“搜套”的正规军，铲山筑墙，修复城池。但他的这一建议一样未能实施。

成化七年七月，余子俊在马文升之后，再次上奏请求修筑“二边长城”。为避免与“搜套”方案相冲突，余子俊甚至更退一步，主张用民众修筑长城，并将工期缩短。但对于西北巡抚提出的边墙方案，兵部一直拒绝。鉴于延绥镇巡抚、陕西巡抚连番提出这一议案，为了缓解舆论压力，兵部统一给出解释，指出王锐所倡的“大边长城”修筑方案，由于“延绥境土，夷旷川空，居多浮沙，筑垣恐非久计”，不便修筑；马文升、余子俊主张的“凿山设险”，会劳役民众，应当在“搜套”成功之后，以榆林正规军队，并由当地民兵协助，修筑完成。对于兵部的立场，宪宗仍表示了尊重。“设险守边，兴工动众，当审度民力。姑缓之。”于是，榆林边墙方案再次搁浅。

榆林长城的修建

但次年，即成化八年，余子俊执着地再次提交“二边长城”修筑提案。这一次，他首先攻击兵部主持的“搜套”行动劳而无功，并可能导致民众叛乱，“今年陕西、山西俱被灾伤，秋收荒歉。又况连年供饷，财力困竭。若不急早计虑，或恐外患未弭，内患复作”，主张不如将“搜套”军队调回，修筑“二边长城”。

在政治舆论普遍反对“搜套”的背景下，宪宗派遣吏部右侍郎叶盛前往西北，实地查看到底哪种方案更好。白圭觉察到宪宗对“搜套”的态度有了变化，因此在叶盛回朝之前，主张立即开展“搜套”，但宪宗并未接受。

与此同时，包括镇守太监张遐、总兵官许宁、巡抚余子俊在内的延绥镇官员也鉴于宪宗的态度出现变化，开始联合起来，请求暂停“搜套”，将军队调回。值得注意的是，“搜套”官员王越也加入进来，向宪宗奏道：“且士卒衣装尽坏，马死过半。请如前罢遣休息，令治装听调。”王越之所以如此，原因在于“搜套”长期无果，压力巨大。

叶盛到达榆林之后，认识到明军在现有战斗力、后勤补给的状况下，与鞑靼作战存在很大风险，应首先加强防御，从而与“搜套”官员代表王越、延绥镇代表余子俊联合上奏，一致主张借助陕西、山西民力，修筑“二边长城”。对于这次更大规模的边墙动议，白圭仍持反对态度，仍主张“搜套”成功之后，才能修筑边墙。

继联名请求修筑边墙之后，叶盛与“搜套”官员王越再次联名上奏，以河套地理旷远为由，请求停止“搜套”，将“搜套”兵力分驻于榆林各营堡。九月，余子俊也再次请修边墙。“今山、陕之间，旱雹所伤，秋成甚薄……财力困穷，人思逃窜”，请求尽速“铲削边山”。

对此，白圭仍表示反对，他的意见是如果鞑靼能够出套入贡，便可以考虑是否修筑边墙。但宪宗鉴于西北危机，已急不可耐了，直接说：“修筑边墙，乃经久之策，可速令处治。虏酋如不来入贡，亦不必遣人招之。”也就是说，不管鞑靼是否出套入贡，明军是否仍需“搜套”，都必须尽快修筑边墙。

令白圭意想不到的是，“搜套”总兵官赵辅在巨大压力下，也转向支持边墙方案，并综合了“大边长城”“二边长城”两种思路，主张宁夏镇在河套南缘修筑“大边长城”，延绥镇在白于山修筑“二边长城”。对于赵辅的立场变化，白圭十分恼怒，认为他“首鼠两端，自揣事势不支，欲推避之计”。而赵辅也指出“搜套”行动不仅代价巨大，而且难以实现。“大军所至，刍粮缺供。况山、陕荒旱，众庶流移。边地早寒，冻馁死亡相继。彼督饷者，惟恐缺食；典兵者，惟欲足兵。民事艰危所不暇恤。”中央主张“搜套”的官员，不过是“或泥于兵法，或狃于传闻，不失之易则失之迂。卒欲举行，未见其可”。他请求命延绥镇、宁夏镇、陕西巡抚“乘春凿山筑墙以为久计”，至于“搜套”军队“居此，势既难行，事殊无益”，应调回各地。

白圭在巨大的政治舆论压力下，鉴于宪宗已经认可边墙方案，只能在表面上同意，但仍坚持“搜套”方案，并以刘聚取代赵辅。在宪宗的旨意下，余子俊征发五万民众，铲削山体，构筑“二边长城”。但由于旱灾的缘故，余子俊修筑边墙的工程曾一度中断。成化九年，“搜套”总兵官刘聚也转向修筑边墙方案，请求命余子俊继续修筑。此时，王越最终取得了“搜套”行动的胜利，白圭以母丧回乡，左侍郎李震代掌兵部，最终同意了修筑边墙方案。成化十年（公元1474年），余子俊最终修筑了“大边长城”“二边长城”。此后，明朝又在延绥镇、宁夏镇之间修筑了纵向的界墙，从而构建了完整的榆林长城防御体系。

榆林长城的是非功过

榆林长城防御体系构建之后，边墙直接阻截了蒙古骑兵南下，营堡城寨控制了蒙古南下的交通要冲，墩台能够将蒙古入侵的消息传遍陕北地区，从而极大地增强了陕北地区的防御力度。榆林长城以较低的经济成本，在一定程度上缓解了河套危机，从而在明中后期明军战斗能力逐渐下降的情况下，成为西北边疆乃至整个北部边疆明朝军队模仿的榜样，掀起了明中后期大规模修筑长城的历史潮流，呈现出与同一时期西欧开启“大航海时代”截然不同的历史取向。

但另一方面，长城作为一种防御设施，并不能主动、彻底地解决蒙古问题，明、蒙双方从而沿长城形成长期的南北对峙态势。这造成了两方面的问题：一是为了守御漫长的长城防线，明朝不断增加兵力，从而给经济发展较为落后的长城边疆带来了越来越严重的财政危机。二是伴随着越来越多的士兵驻扎于此，为供应士兵粮饷，明朝不断将北方民众大量招徕进驿站、后勤组织等机构。为了加强民众的自卫，明朝不断号召民众修筑民堡、加强训练，从而使长城边疆聚集了越来越多的士兵、准士兵与民兵，社会结构越来越呈现“军事化”色彩。越来越严重的财政危机与“军事化”色彩越来越浓厚的社会结构，使长城边疆宛如一个火山口，随时都有大规模喷发，产生巨大破坏的历史可能。最终，明末陕北地区发生了军民叛乱，成为明朝政权的掘墓者。明末叛乱之所以率先发生在陕北地区，是因为这一地区是长城边疆财政危机最严重、社会结构“军事化”色彩最浓厚的区域，二者之间的张力宛如一把利剑，一直悬在陕北地区的上空。

与长城边疆其他地区相比，陕北地区生态环境最为恶劣，经济发展最为落后，经常发生各种灾荒。早在榆林长城防御体系建立之初，陕西巡抚马文升便指出榆林财政状况若不改善，最终将会成为该地动乱之源。而在这一最为脆弱的经济基础上，陕北地区成为长城边疆“军事化”程度最高的区域社会。榆林长期正面迎战河套的蒙古部落，不仅长期驻扎着七万余人的正规军，还最早开始征召土兵加入军队。而且在频繁的战争中，榆林军队作战十分顽强，榆林城也因其军队的坚毅而被蒙古称作“驼城”。

值得注意的是，明末陕北军民叛乱的主体人群，来源于榆林南部与延安地区。比如李自成是米脂县驿卒，张献忠出自定边县南部的柳树涧堡。与榆林北部的正规军队无论如何尚有一定的粮饷供应，得以保障生存不同，榆林南部、延安地区通过加入驿站、后勤组织，在一定程度上被纳入军事系统，或是尚保持农民身份的普通民众，在遭受自然灾害冲击时，却难以获得正常的粮饷供应。而陕北地区偏偏又是容易发生自然灾害的地区。这样，榆林南部、延安地区社会面临的崩裂风险，便远高于榆林北部。“兵民参半，以饷为命。家无儋石，稍稍水旱，辄肆攘窃，为隐忧焉。”

晚明为应对边疆战事，采取加派军饷的方式，对脆弱的陕北社会造成的冲击最为剧烈。延绥镇正规军队尚有军饷可以暂时支撑，大量准军事人口却面临前所未有的生存危机，于是铤而走险，一呼而天下应，成为灭亡明朝政权的主体力量。

在世界近代史开启之初，明朝在具备强大实力的情况下，由于政权性格呈现“内向”的特征，并未像这一时期亚欧大陆的其他文明那样，积极扩张，而是在北部陆疆、东部沿海大规模构建防御体系。大体与西欧“大航海时代”同一时期，明朝以榆林长城修筑为开端，开启了大规模修筑长城的历史潮流，形成了目前我们所看到的明长城格局。明朝中国的这一做法，虽然是用较为经济的方式长期维持了内政与边防、财政与军事之间的平衡，但从长远来看，明朝不仅未能解决海陆边疆问题，在“南倭北虏”的威胁下，更长期陷入财政危机与政权困境，最终灭亡于长城边疆的叛乱者——陕北军民与女真部族手下。这同时为亚欧大陆其他文明的向东扩张提供了历史空间，深刻影响了近世中国的历史命运，也深刻塑造了世界近代史的历史轨迹。“明长城时代”实为对明朝中国历史内涵的准确概括。

在世界古代史上，亚欧大陆游牧族群的军事威胁，一直都是无法有效解决的历史难题。长城是中国古代中原王朝在与北方族群的长期对立、冲突中，追求内政与边防、财政与战争之间平衡的一种折中方案。这种方案在解决一定问题的同时，无法彻底解决北疆问题，政权甚至往往因此问题而最终败亡。长城方案根植于当时的历史条件下，既有历史合理性，又由于历史条件的限制，存在相当多的局限性。笼统地评价长城有用还是无用，都是一种反历史的做法。人类本身就是一种有缺陷的物种，人类历史也有诸多难题，长时期都无法获得真正的解决。

第八节　“倭寇”“板升”与走向远方的明人

边禁政策与汉人逸出

蒙古帝国瓦解后，亚欧大陆各文明展开扩张潮流，无论是国家还是民众，都不断地走向远方。与其他文明不同，明代中国在对外取向上呈现国家与社会分离的历史态势。在商品经济逐渐发达的经济趋势下，在南宋以来远洋贸易的历史传统下，明代中国民间社会一直具有自发地、积极地扬帆南洋，甚至远洋航行的内在驱动力。但与这一时期基督教文明、俄罗斯文明、伊斯兰文明国家大力支持民间类似行为的做法不同，明朝在拥有堪称当时世界上最强的军事、经济实力的情况下，对西北陆疆开拓与东南海疆经略缺乏兴趣，并且禁止民众出境贸易。其表现有二：其一是在东部沿海实行“海禁”政策；其二是在北部边疆修筑长城，在防御蒙古骑兵南下的同时，也防止汉人潜逃蒙古草原。

明朝这种边禁政策虽然在明前中期产生了很大影响，但仍然有不少民众开展境外走私贸易，不仅东南沿海民众不断“下南洋”，而且北方汉人也不断越过长城，与蒙古部落展开走私贸易，或者干脆归附蒙古部落，成为“蒙古人”。明前中期，前来向明朝朝贡的周边政权或族群的使团中，充斥着大量汉人的身影，汉人普遍担任翻译，甚至直接充任使者。而蒙古各部南下明境，也多由汉人充当向导。

进入明后期，即正德以后，由于明武宗荒废政务，喜爱游玩，明朝统治受到一定的削弱，不仅宗室内部先后出现安化王叛乱、宁王叛乱，而且民众开始掀起农民战争，比如赵燧叛乱、刘六刘七叛乱。同时，汉人向外逸出的现象更加频繁与普遍。嘉靖时期，这一潮流进一步加剧，东南民众大量潜入东亚海域，为掩人耳目，借用元明时期一直活跃于东亚海域的日本武士的“倭寇”身份；北方汉人则大规模潜逃至长城以外，种田盖屋，开始形成规模庞大的定居农业社会，被蒙古人称为“板升”。

倭寇的产生

“倭”是西汉以来中国对日本的称谓。12世纪以后，日本进入幕府执政时期，不同政治势力之间不断发生战争，大量武士脱离国家的管束，进入东亚海域，以抢掠商船、骚扰中国东部沿海为生，从而被元明时代的中国人称为倭寇。明朝建国初期，倭寇曾对辽东半岛发动过几次进攻，辽东镇防御的对象之一，便是东北亚地区的倭寇。此后，倭寇虽然不时有进攻东部沿海之举，但为祸并不甚大。

嘉靖时期，伴随着中国东南沿海的海商加入倭寇的行列，倭寇的势力飞速发展，而其领袖也一直由中国海商担任，由此可以看出倭寇实以中国人为主。东南海商之所以加入倭寇行列，是因为在全球经济早期一体化的驱动下，为了发展海外贸易，需要突破明朝的“海禁”政策，他们从而采取了武装化的方式。

明《倭寇图卷》中的战斗场景

嘉靖中期，距离哥伦布发现新大陆已有半个世纪，西欧商人借助新航路的开辟，不断用掠夺的白银与其他国家的商人进行经济贸易。明代中国作为当时世界上最发达的国家，由于经济体量的大幅增长，急需大量白银充当货币。这一时期，东西方社会形成规模巨大、交流密切的贸易体系，属于全球经济早期一体化的重要内涵。但对于这一国际形势变迁，明朝仍局限于传统视野中，并未改变原有的“海禁”政策，仍对民间海外贸易采取打压态度。

在这一时代背景下，东南海商遂将海外贸易的据点转向明朝管辖区之外，利用所掌握的经济力量，不断开辟岛屿，用作与葡萄牙、日本海商开展跨国贸易的据点。为了对抗明朝官方的缉捕，东南海商建立起武装组织，并招诱日本各岛武士，进攻明朝东南沿海，从而加入倭寇的行列。

倭寇的平定

在诸多岛屿中，位于今浙江舟山的双屿港是东南海商走私贸易的中心据点，也是当时亚洲地区规模最大的商贸港口，被称为15世纪的上海。但双屿港的命运在嘉靖二十七年（公元1548年）发生了巨大改变，奉命平倭的浙江巡抚朱纨攻破了双屿港，擒获了东南海商的头目许栋，用木石堵塞双屿港周边海域。经此一役，双屿港在繁华的顶峰骤然失去往日的光彩，彻底荒废。

许栋被杀后，属下徽州歙县人汪直统领余众盘踞五岛，与徐海等联合日本各岛，“直初诱倭入犯，倭大获利，各岛由此日至”，进攻东南沿海。“时歙人汪直据五岛煽诸倭入寇，而徐海、陈东、麻叶等巢柘林、乍浦、川沙洼，日扰郡邑。”而汪直被称为“老船主”。

在严嵩党羽赵文华的举荐下，明世宗派胡宗宪总督南直隶、浙江等地军务，剿除倭寇。胡宗宪是徽州绩溪人，与汪直是同乡，他打算凭借同乡之谊招降汪直，为此释放了汪直的母亲与妻子。对于胡宗宪的招降，汪直十分心动，派遣义子汪滶到军中表白心迹。汪滶不仅协助胡宗宪进攻倭寇，而且将徐海等人的行迹告知胡宗宪，从而使明军三战三捷。徐海在胡宗宪的招抚下，擒获陈东、麻叶，前来归降，最终却遭到陈东余党的进攻，投海而死。俞大猷用兵灭倭残众，胡宗宪由此平定了浙江倭乱。

浙江倭乱平定之后，在胡宗宪的多次招降下，汪直也前来归附。朝臣多主张处死汪直，胡宗宪只能屈从政治舆论。汪滶等人愤恨之下，迁徙于柯梅岛，造大型战船，转而向南进攻福建、广东、江西，一时东南沿海处处遭到进攻。而胡宗宪也在严嵩被扳倒之后，下狱而死。在抗击倭寇的过程中，涌现出戚继光、俞大猷等著名将领。戚继光鉴于明军废弛已久，多不能战，故而仿照长城沿线招募士兵的方法，在听闻义乌人驱逐外地人私开银矿的消息后，认为当地民风彪悍，便到当地招募士兵，结合东南沿海湖泊众多的地形，进行有针对性的训练，从而形成了战斗力十分强悍的“戚家军”。戚继光、俞大猷在浙江、福建取得了多次胜利，倭患逐渐平息。

明世宗去世后，太子即位，是为明穆宗。穆宗在东宫时，并不为世宗所喜，父子之间有很深的矛盾。因此，穆宗即位之后，对嘉靖时期的政策多有变革。隆庆元年（公元1567年），福建巡抚许孚远上奏，指出倭寇的实质是“海禁”政策导致民众被迫武装起来，“市通则寇转而为商，市禁则商转而为寇”，从而主张开放“海禁”。穆宗接受了这一建议。东南海商取得海外贸易的合法地位之后，放弃了军事武装，倭寇由此逐渐绝迹。

“草地自在好过”

在东南沿海民众冲破一切阻挠，扬帆远洋的同时，北方边疆民众也不断逃入蒙古草原。与倭寇充满贬义，但其中的华人并非主要是为了挑战明朝的统治秩序，而是为了追求经济利益不同，进入草原的汉人虽然被客观地称作“板升”，但除了保障生存，确实还有挑战明朝统治秩序的政治追求。明前中期，蒙古高原便已有大量汉人，有的是被掠夺过来的，有的是主动到草原来的。正德时期，韦州长城边上的一段对话生动地刻画了逃入草原的汉人的价值观念。正德年间，陕西三边总制王琼命宁夏镇将粮食运往甘肃镇，边墙之外的蒙古部落听到边墙以内有不断运输的声音，便派遣部众前来侦察，而其中一人在与明军的对话中，承认自己本是宁夏镇韦州人，只是因为“韦州难过，草地自在好过”，才脱离明朝，北入草原。

这名进入草原的汉人，之所以说“韦州难过，草地自在好过”，是因为北方边疆长期处于明朝与蒙古交战之下，底层民众不仅要遭受兵乱之苦，还要承担非常沉重的赋役，生活十分困难。与之不同，加入蒙古部落后，可以跟随蒙古人抢掠，生活境遇发生了很大变化。这是大部分汉人主动进入草原的主要原因。

嘉靖时期，俺答汗统一了蒙古大部分地区，对明朝北部边疆形成全面压制之势，不断进攻明朝边境，北方社会动荡不安。大量汉人被掳掠或主动投奔俺答汗，在俺答汗盘踞的丰州川以南、山西长城以北之地种田盖屋。“明嘉靖初，中国叛人逃出边者，升板筑墙，盖屋以居，乃呼为板升。”之所以称为“板升”，是因为在蒙古语中，“板升”意为房屋或城。板升人数众多，形成了10多万人的定居社会。“有众十余万，南至边墙，北至青山，东至威宁海，西至黄河岸，南北四百里，东西千余里，一望平川，无山陂溪涧之险，耕种市廛，花柳蔬圃，与中国无异，各部长分统之。”板升将农业经济推广到了蒙古草原，促使当地经济方式从单一的游牧经济转变为农牧结合的复合经济，推动了明清时期蒙古高原的经济转型。

白莲教的政治诉求

板升中，大多数人是为了谋求生存，但也有少部分人意图凭借蒙古势力，实现自身的政治愿望。而白莲教徒充当了这些人的主体力量。朱元璋虽加入了宣扬白莲教的红巾军，但建国之后，鉴于这一民间宗教宣扬弥勒拯世等观念，具有强烈的颠覆现存秩序的价值取向，因此宣布禁止白莲教的传播。但唐宋以来，白莲教已在中原地区广泛传播，具有十分深厚的土壤，难以根绝。在官府的打压之下，北方地区的许多白莲教徒都有颠覆明朝的政治观念。蒙古作为明朝的敌对政权，便成为北方白莲教徒起事的幻想盟友。

嘉靖时期，在连绵战争造成社会动荡的背景下，北方地区的白莲教徒开始更为积极地与蒙古结成政治联盟。这一时期，不仅有“蔚州妖人阎浩等素以白莲教惑众，出入漠北，泄边情为患”，而且还有以吕明镇为首的白莲教徒在大同左卫（今大同左云）意图叛乱。叛乱被人告发之后，吕明镇被逮捕处死，徒众逃遁至蒙古草原，加入俺答汗的军队。

白莲教徒在俺答汗军队中的势力不断壮大，负责统辖、管理板升群体。其中赵全统辖的部众最多，所居之地被称为“大板升”。据赵全自称，所统部众有一万余名。但当时大同镇巡抚方逢时记载赵全统辖三万余名部众。仅次于赵全的李自馨与周元，所领部众有数千人。由于势力较大，赵全与李自馨被俺答汗“俱加为酋长”。赵全又被称为“驸马”，李自馨、周元又被称为“秀才”。“彼中称全为倘不郎，华言驸马也。李自馨、周元为必邪气，华言秀才也。”其他板升规模较小，“余各千人”。“小板升”有32处，由32名小头目分别管理。板升不仅加入蒙古军队，为蒙古进攻明朝积极出谋划策，“每大举进寇，俺达必先至板升，于全家置酒大会，计定而后进”，而且为蒙古贡献破解明军防御之法，推动蒙古军队战法进一步丰富。“（丘）富等先年皆以白莲教妖术诱虏，导之入寇，教以制钩杆、攻城堡之法，中国甚被其害。”嘉靖十六年（公元1537年），山西巡抚韩邦奇便指出蒙古作战方式与之前有所不同。“臣等载观近日敌之入寇，奸谋诡计，与昔不同。向也无甲胄，今则明盔明甲，势甚剽疾矣；向也短于下马，不敢攻挖城堡，今则整备锹镬，攻挖城堡矣；向也不知我之虚实夷险，虽或深入，不敢久留，今则从容久掠，按辔而归矣；向也群聚而入，群聚而出，忽若飘风，今则大举决于一处，分掠各边，使不暇应援矣；向也兵无纪律，乌合而来，星散而去，今则部伍严整，旗帜号令分明矣；向也不焚庐舍，今则放火焚烧矣。”在他看来，这一变化缘于大量明人甚至是明军逃入草原，将明军防御的底细透露给了蒙古。“其故何哉？有中国之人为之谋划，有中国之人为之向导，有中国之人为之奸细，有中国之人遗与之以铁器。况事变之时，投入敌中者，又皆惯战有勇之人也。”

而在草原政治生活中，板升竭力推广汉人政治体制。嘉靖后期，俺答汗已自立为蒙古可汗，板升集团又进一步鼓动其模仿汉制，登基称帝，国号为“金”。李漪云先生认为俺答汗在赵全等人的支持下，以丰州滩为中心，东起蓟辽边外，与兀良哈三卫、察哈尔部接界，西至甘肃边外，南至长城，北至漠北，与喀尔喀蒙古接界，在广大漠南地区建立了一个独立的、具有汉式统治体制的“金国”政权，并以赵全为把都儿汗，命其以“汗”的名义建开化府，统治板升汉人。

板升集团不仅拥立俺答汗称帝，而且建议其攻占、统治长城边疆，模仿五代时期石晋的故事，建立与明朝平分秋色的政权。“全与李自馨各又不合谋危社稷，日与俺答商说，分遣各虏攻取大同、宣府、蓟州一带，与南朝平分天下。”“赵全言于俺达曰：‘自此塞雁门，据云中，侵上谷，逼居庸。朵颜居云中而全据太原，效石晋故事，则南北之势成矣。’”胡钟达先生认为赵全等人此举，意在造成一个“南北朝”的局面。

优势下的倒退

在世界近代史开启之初，在亚欧大陆的其他文明积极扩张的同时，明朝采取了内敛的疆域政策，不仅官方未有开拓边疆的举动，而且禁止民间开展海外贸易，从而与“大航海时代”以后的全球经济早期一体化进程形成了背道而驰的局面。大量东南海商为反抗明朝的封锁，采取了武装化措施，并联合日本武士，酿成了明后期尤其是嘉靖时期东南沿海的严重“倭患”。而在北方边疆，明朝采取的相对保守的长城防御政策，使北方地区长期处于战乱与动荡中，大量民众或者为了谋求生存，或者为了实现政治目的，逃到长城以外的草原地区，一方面推动了蒙古高原的经济转型，另一方面加剧了明蒙之间的军事战争。

可见，在世界近代历史潮流下，与明朝政权的内敛与保守不同，民间长期具有朝外走的内在驱动力，远方对于他们不仅有充满诱惑的利益，而且有摆脱束缚的政治空间。在明朝民众的积极拼搏中，明代中国处于全球经济早期一体化的核心位置，是推动世界经济发展的发动机。但值得注意的是，明朝的这一经济优势并未被政权纳入政治视野，明朝一直实行传统的农业财政政策，不仅未将海外贸易的收入用于疆域开拓，导致长城边疆财政危机一直未能缓解，且愈来愈严重；而且对海外贸易本身也采取打击政策，为防御倭寇，形成了之前从未有过的海防问题。简单而言，如果说明朝有两只脚，那么经济的一只脚走在了世界前列，而政治的另一只脚却远远拖在了后面，明朝在经济、社会发展至顶峰时，政权却完成了自由落体式的迅速崩溃。

明代中国的历史命运，反映出在古代世界，决定历史发展的核心因素是军事与政治，而非经济与科技。马克思在工业革命如火如荼的年代，强调经济基础对于上层建筑的决定作用，强调生产方式在社会发展中的决定力量。但是在冷兵器时代，战争所需的财政成本远低于热兵器时代，以少胜多、以弱胜强是世界古代军事史上的普遍现象。而在资本主义尚未出现的古代社会，经济资源能够在多大程度上进入国家财政体系，并在政治领域拥有话语权，是一个不容忽视的问题。一场战争的胜负、一项政治决策，足以改变历史进程。明代中国虽处于全球经济早期一体化潮流中，但政治观念一直处于传统的藩篱中，仍在用传统的军事方式处理边疆问题，最终灭亡于作为军事重心的长城边疆的军民叛乱，实属情理之中的事情。

第九节　晚明中国的救亡图存与走向崩溃

小至一个微生物、一个人，大至一个国家、一个星球，乃至宇宙，都呈现出同样的生命历程，都要经历从诞生到发展，再到最后灭亡的过程。与人生轨迹有起有落一样，一个政权也会经历由盛而衰的历史变化。明朝同样不能例外。只是与之前的王朝相比，明朝由鼎盛走向衰落的历史变迁，除了本身生命体的逐渐衰弱之外，还更多地受到全球早期一体化的影响。而明朝在世界近代史开启之初，采取了内敛的疆域政策，最终收获了苦涩而悲剧化的命运。

张居正改革

隆庆以后的晚明中国，进入到内外交困的历史境地。此时的明朝不仅陷入了古代中国的传统困境，在内部，愈演愈烈的政治斗争逐渐侵蚀、瓦解了政治体系；在外部，“南倭北虏”对明朝的统治构成了严重威胁。与此同时，明朝还开始面对前所未有的西欧“大航海时代”催动下的世界挑战，不仅在东北亚面临日本扩张的野心，而且在西南边疆面临安南、缅甸的崛起与侵蚀，中华亚洲秩序开始动摇乃至崩裂。

为了解决“南倭北虏”问题，在阁臣高拱、张居正的主持下，明朝在东南沿海开放“海禁”，在北部边疆与俺答汗达成“隆庆和议”，从而大体解除了倭寇与蒙古的边疆威胁。解决了边疆问题之后，万历初年，张居正开始对明朝展开全方位改革。在这场史称“张居正改革”的政治运动中，张居正从官方立场出发，从加强中央集权的角度，尝试挽救明朝的国运。在政治上，张居正实行“考成法”，加强对官僚集团的选拔与考核，尤其是加强内阁在政治体系中的权威地位，以内阁考核六科，以六科考核六部，借此实现内阁对整个官僚体系的整体掌控。在经济上，张居正推行“一条鞭法”，将明中后期不断新增的各种赋役整体编入最新丈量出来的田地中，并且统一折收银两，从而扩大财政来源。在文化上，针对嘉靖以来王学中人掀起的讲学潮流，张居正认为士人议论政治，违反了朱元璋禁止生员议政的规定，于是禁毁天下书院，从而强化了对士大夫群体的控制。通过这种全方位的改革，张居正加强了中央权威，提升了经济实力，掌控了社会舆论。

但“张居正改革”触动了整个官僚体制框架。神宗亲政之后，为了报复张居正对自己管束过严，与整个官僚集团一起清算新政，“张居正改革”的措施都遭到破坏。即使如此，“张居正改革”仍然为万历朝廷积累了充足的国家财政，为万历政权解决此后30余年的边疆危机奠定了经济基础。

党争的兴起

张居正遭到清算之后，内阁借鉴其失败的教训，改变之前的强势做法，采取明哲保身的态度，以不出事为基本原则，混迹于官场之中，万历政治从而呈现出一盘散沙的局面，无人对越来越消极与涣散的政治局面负责。而神宗围绕太子人选问题，与士大夫集团长期斗气，养成了长期不上朝的习惯，经常“留中”、不批答奏疏，也不对缺官进行补充，明朝政治日益荒废。

有鉴于此，一些有识之士开始倡议整顿官场、拯救危亡，其中以东林党为代表。针对王学末流逐渐陷入空疏习气，无补于时局的情况，东林党人高举复兴程朱理学的大旗，严君子小人之辨，意图通过加强士大夫群体的政治修养，扭转晚明颓废的官场氛围，拯救晚明的危难国势。但激浊扬清、评议时政的东林党，与其他政治派别逐渐形成党争局面。伴随着政治交锋的日趋激烈，双方的争执焦点逐渐从政治立场之不同转为人事关系之纷争，晚明政治愈发不振。由此所引发的“梃击案”“红丸案”与“移宫案”，进一步使明末官僚集团呈现出严重的分裂局面，从而为天启年间魏忠贤拉拢部分馆员，打击东林党提供了便利条件。崇祯帝虽然一意振兴明朝，但乱世之下的盲目急躁与重典治国，对于挽救明朝并无用处。明朝官方通过整顿政治体系救亡图存的努力就此付诸东流。

边疆危机

明后期，西欧借助“大航海时代”开启以来所获得的巨额财富，极大地提升了自身的军事力量，不同国家之间的竞争与较量逐渐激烈。在这一时代背景下，火枪与火炮技术迅速发展，不仅成为西欧内部争雄的重要支撑，而且开始被西欧商人贩卖到世界其他地区，其中便包括中国及周边各国，比如缅甸、越南与日本。后三个国家借助引入的新式火器，不仅完成了国家统一，而且积极扩张。缅甸建立了强大的东吁王朝；安南向南吞并了占城，并积极向北扩张，与缅甸一起开始蚕食中国的西南边疆。面对这一局势，明朝在西南边疆采取多种措施，包括武力平叛，虽然最终大体保住了西南边疆，但仍有部分地区流入缅甸与越南。

在日本，织田信长借助火枪击败了北方的骑兵。追随织田信长的脚步，丰臣秀吉最终统一了日本列岛。统一日本之后，丰臣秀吉开始实行扩张政策，制订了以朝鲜为跳板，占领整个中国，从而颠覆以中国为中心的中华亚洲秩序的战争计划。万历二十年（公元1592年），丰臣秀吉发动对朝鲜半岛的战争，史称“壬辰倭乱”。由于朝鲜国内长期维持着和平局面，兵不习战，因此朝鲜在日本的进攻之下迅速瓦解，朝鲜国王宣祖李昖不得不向明朝求救。虽然明朝的大多数官员反对援助朝鲜，但神宗出于维护明朝的宗主国权威的考虑，决定出兵朝鲜。从公元1592年到公元1598年的七年时间里，明朝先后征调长城沿线、东南沿海、西南边疆的数十万精锐士兵，耗费近千万两白银，与朝鲜一起驱逐走了日本军队。明朝虽然取得了战争的胜利，但国内的财政危机因此进一步加剧，辽东精锐军队远征朝鲜半岛，兵员大量阵亡，削弱了明朝对辽东地区的控制，为建州女真的崛起提供了历史空间。

因此，虽然万历政权通过极大的努力维护了对广大边疆地区的统治，维持了以中国为核心与主宰的中华亚洲秩序，却付出了十分沉重的代价，为明朝最终的灭亡埋下了隐患。

1954年，历史学家霍布斯鲍姆提出了一个著名的概念——“17世纪危机”，此后这一概念在其他历史学家那里不断得到发展。简而言之，“17世纪危机”是指在17世纪，亚欧大陆的众多国家都出现了气候急剧变化、灾荒多发、瘟疫流行、人口大量死亡、社会叛乱、战争频发、边疆动乱等危机，最终导致政权的衰落、灭亡，甚至皇帝、国王的身死。

不同区域的人类社会交往时间之早、程度之深，远远超出我们的想象，但任何时期的区域社会交往，与近代300余年的历史相比，都大为逊色。“17世纪危机”之所以形成巨大影响，与这一时期世界属于全球早期一体化阶段，各种历史因素传播、交流、整合的程度与频率远超以往有直接关系。

女真崛起，明朝灭亡

明末时期，正是“17世纪危机”爆发之时。与其他文明一样，明朝也在各方面都面临着严重问题，尤以陕北军民叛乱与辽东女真叛乱最为严重。

金朝灭亡之后，女真后裔仍流徙于白山黑水之间，明朝依照他们与自己关系的亲密程度，将之划分为三大部族：建州女真、海西女真和野人女真。虽然三大部族都大体与明朝结成了羁縻或宗藩关系，但尤以辽河流域的建州女真距离明朝最近，与明朝的关系最为稳定，经济往来最为频繁。建州女真居于辽东长城外缘，负责为明朝“看边”，一方面抵御长城以北的女真部落南侵，另一方面阻止汉人越界逃逸。由于与明朝的关系十分密切，建州女真与明朝长期开展朝贡贸易，同时不断招徕汉人板升耕种土地，逐渐发展起来。万历后期，建州女真首领努尔哈赤以“七大恨”为号召，重新恢复“金”国号，掀起了反明战争。

万历朝廷为平灭女真叛乱，再次发动战争，但由于国家财政在之前的边疆战事中已被严重消耗，只能加赋，因为是用于辽东的军费，故名“辽饷”。赋税加派对已经灾荒频发的明朝社会来讲，影响很大；对灾荒程度尤重的陕北地区来讲，影响更大。在这种时代背景下，榆林南部、延安地区的军民群体，由于是延绥镇的外围构成，不仅待遇最先受到了削减，而且面临着严重的赋役负担，于是发动了叛乱，从而与后金一内一外，共同侵蚀、瓦解了明朝的统治肌体。

相对而言，明朝将军事重点放在对后金的战争上，不仅调遣精兵良将，而且徐光启、孙元化、毛文龙等人积极吸收西欧传来的军事技术与火器，并加以改良，运用到战场上。与这一时期的西欧相比，晚明的军事技术与武器装备丝毫不落下风，不仅鸟铳被普遍使用，而且经孙元化改良的火炮，射程远、耐高热，是当时世界上最先进的火炮。在我们的想象中，明清战争是刀枪弓箭的冷兵器战争，其实当时双方的战争模式已主要是现代的热兵器作战。

虽然严重的灾荒成为压垮明朝财政体系的最后一根稻草，但面对生态环境的挑战，明朝仍有一定的空间来加以应对。崇祯帝采取的对内、对外同时开战政策，严重削弱了明军集中打击的军事能力，往往是此处战争初有起色，军队便被调往另一战场。甚至在明末农民军已然席卷北方地区时，崇祯帝仍在明朝“以武立国”的军事光环下，在明朝“华夷之辨”的时代氛围中，拒绝像两宋那样，与后金讲和，致使最终完全陷于被动境地，无力回天。

而在明亡清兴的历史转折中，袁崇焕与毛文龙是备受关注的两个人物。天启时期，袁崇焕孤守宁远城，以火炮击伤努尔哈赤，致其死去，他因此成为明末抵御后金最著名的将帅。与之相比，毛文龙并无过硬的胜利，但他驻守皮岛（今朝鲜椵岛），借助海外贸易，获取了大量火器，成功牵制了后金的军事力量。由于孤悬海外，毛文龙经常不听命朝廷，游离于袁崇焕设计的复辽计划之外，因而被袁崇焕斩杀。袁崇焕死后，余部孔有德、尚可喜、耿精忠投降清朝，其携带过去的火炮，是当时明军最先进的火炮，转而成为清军进攻明朝城墙，统一中国的利器。

明朝灭亡后，各路藩王先后建立了弘光政权、鲁王政权、隆武政权、绍武政权、永历政权等。但由于明朝内部党争习气已经根深蒂固，政治向心力较差，大多数政权存在的时间很短。其中，永历政权之所以能够存在将近20年，一方面是因为得到了李定国农民军的坚定支持，另一方面是因为明朝对西南边疆的长期经营，为永历政权提供了十分广阔而相对稳定的地理空间。

总之，明朝内敛的疆域政策，促使明朝在边疆地区一直面对各种族群的挑战，尤其是在“大航海时代”以后，周边政权与族群借助新式火器，开始挑战以明朝为核心与主宰的中华亚洲秩序，使晚明朝廷一直处于严重的边疆危机中。虽然明朝不同势力希望努力挽救这一危局，开展了各种救亡图存运动，但在坚持了半个世纪之后，明朝最终还是走向了完全崩溃。

第四章

康乾时期的清代中国

刘凤云

第一节　关于“康乾盛世”

清朝康熙、雍正、乾隆三朝，政治、经济与文化繁荣，国力强盛，时人将这一时期誉为“康乾盛世”。但对于“康乾盛世”这个说法，学界是有争议的，或不认同盛世的存在，或将其称为“平庸的盛世”，甚至还有人说，称清朝为盛世是可耻的。主要原因是这一时期的闭关锁国、文字狱等政策的推行，延缓了中国历史的进程，导致中国在清朝时期远远落后于西方。尽管如此，我仍然认为，盛世并不代表一个社会尽善尽美，而清朝缔造的盛世在中国历史上也绝非“平庸”。

关于“康乾盛世”的起止时间，一种说法认为起于康熙二十年（公元1681年）平三藩之乱，止于嘉庆元年（公元1796年）川陕楚白莲教起义爆发，持续时间长达115年。另一种说法认为，“康乾盛世”起于康熙二十三年（公元1684年）统一台湾后开海禁，止于嘉庆四年（公元1799年）乾隆皇帝逝世，嘉庆皇帝亲政，持续时间也是115年。这个历经三朝、持续一个多世纪之久的盛世，无论是西汉的“文景之治”“汉武盛世”，还是盛唐的“贞观之治”“开元盛世”，抑或是明朝的“洪武之治”“永乐盛世”，都无法企及。

“康乾盛世”是以多民族国家统一、版图辽阔、国力强盛、经济发展、人口及耕地面积迅速增长、国家治理高效以及文化繁荣等为主要标志的。下面我们就详谈这几点。

多民族国家的统一与近代中国版图的奠定

国家统一是中国历史发展的主流，“大一统”是中国古代政治家追求的最高政治目标。而说起“大一统”，人们头脑中的第一反应便是广阔无垠的疆域和多民族一体的国家。

历史上，中国出现过几次大一统局面。西汉武帝时期无疑是一个开疆拓土的大一统时期，北伐匈奴，北部疆界至河套、阴山以北，通西域后设河西五郡；南部扩张到海南岛；西南边界推移到云南高黎贡山。但维持了不过百余年，西汉末期，疆域萎缩，王莽时回到了秦时的面积。唐朝时期是中国历史上第二个疆域辽阔的时期。唐太宗和唐高宗执政期间，不断对突厥、薛延陀、吐谷浑、西域诸国（高昌、龟兹等）用兵，并消灭了这些政权，由此逐渐控制了大漠南北及西域等地。唐太宗有“天可汗”的称号。但维持时间更短，武周时期突厥复国后，漠北及贝加尔湖等地区复归突厥，西域也被吐蕃逐渐占领，唐末西部疆域仅保有河套地区。

宋朝有南北之分，北部的疆域又先后有辽、金建国。接下来就是元朝。蒙古汗国拓地最广，成吉思汗的兵锋直抵欧洲、中亚，但元朝只限于中原及北部，对几个汗国并不具有实际管理权力。元朝对疆域的贡献主要是将云南、青藏高原纳入中国版图，并设置了宣政院等机构进行管理。明朝的疆土面积已大不如元朝。

那么，清朝的疆域呢？康熙年间完成对西藏、青海以及漠北喀尔喀蒙古的统一，中国的疆域拓地四万余里。乾隆朝统一新疆又辟地两万余里，奠定了近代中国的版图。这是清朝对中国历史的最大贡献。

对此，道光时的魏源说：“世咸知乾隆新疆辟地二万余里，然准、回二部东西六千余里，南北三千余里，径一围三，故得周二万余里。康熙中，收西藏，东西南北各五六千里，是已周二万余里。又收青海，收喀尔喀，青海东西南北各二千余里，喀部东西五千余里，南北三千余里，其周又逾二万里。是康熙中拓地已周四万余里，更廓于乾隆。”

漠南漠北蒙古、青藏高原以及新疆，当时都属于蒙古族、藏族等民族的居住地，对这些地区的统一都完成于清朝。在康乾时期，中国的总面积曾达到1300多万平方公里，成为当时世界上拥有最辽阔疆域的国家。而且还有一点很重要，清朝对统一的疆域都实行了有效的行政管辖。所以，嘉庆时人洪亮吉评价说：国家版图“广于唐汉，远过殷周”。

当然，这里有个国家认同的问题，需强调的一点是，清朝皇帝自己是认同自己为中国皇帝的。

盛世的繁荣，国力的雄厚

在传统社会，盛世通常是以土地垦殖数字与人口数字为标志的，而土地面积的增加是以为国家提供赋税为最终目的的。康乾时期，国家在耕地、赋税和人口增殖方面都达到了传统社会的顶峰。

耕地面积、赋税收入增长

清朝的耕地面积、田赋收入稳定增长，这里有这样一组数字：

顺治十八年（公元1661年），全国耕地面积549万余顷，赋银2157万余两。

康熙二十四年（公元1685年），全国耕地面积607万余顷，赋银2445万余两。

雍正二年（公元1724年），全国耕地面积683万余顷，赋银2636万余两。

乾隆三十一年（公元1766年），全国耕地面积741万余顷，赋银2991万余两。

这些数字告诉我们，在康乾时期，国家的耕地面积每30年左右增加50万～70万顷。还有学者研究提出，在康熙六十一年（公元1722年），全国的耕地面积已达到851万顷，突破了明朝最高耕地统计数字，而且直至鸦片战争前，清朝在全国的耕地面积都保持在这个范围内。

赋税收入也是处于持续增长的状态。在康熙至乾隆年间，户部储存的库银随着赋税收入的增加而增加。康熙四十八年（公元1709年），户部银库存银5000余万两，乾隆三十七年（公元1772年）增至7000余万两。

制造业占有重要地位

中国的制造业在整个世界经济中占有特殊的重要地位。当时，丝绸、茶叶、瓷器等属于中国的独有商品，不仅销往日本、南洋、中亚等国家和地区，而且远销欧美。这种状况一直持续到嘉庆年间。中国的制造业产量在世界制造业总产量中所占的份额一直领先，中国的国内生产总值（GDP）在世界总份额中占到将近三分之一的比重。对此，西方学界多有研究和评价。

英国经济学家安格斯·麦迪森对中国和欧洲历史上的各种经济指标做了估算，得出的结论是：在欧洲工业革命完成前，中国和欧洲是世界上排名前两位的两大经济体。康熙三十九年（公元1700年），中国和欧洲的国内生产总值在世界生产总值中所占的比重分别为23.1%和23.3%。嘉庆二十五年（公元1820年），中国占到33.4%，欧洲只占26.6%。

德国人贡德·弗兰克在《白银资本：重视经济全球化中的东方》中说：直到19世纪之前，"作为中央之国的中国，不仅是东亚纳贡贸易体系的中心，而且在整个世界经济中即使不是中心，也占据支配地位"。尽管弗兰克的观点在当时西方中心观的主流观念中属于另类，需要得到学术上的进一步求证，但是这来自西方的声音至少反映了学界对当时中国影响力的认识。

人口增长

"康乾盛世"社会经济发展的另一个标志是人口数量的增长。在以农业为主要产业的传统社会，由于生产技术低下，社会的经济能力可以通过养活人口的数量来反映。自康熙中后期至乾隆朝，清朝的人口数量在直线上升。

据《清实录》记载，康熙四十九年（公元1710年）的人口数为2331.22万余名口。乾隆五十七年（公元1792年）各省奏报人口数，达到30,746.72万余名口，是康熙年间的13倍多。

当然还有一个说法，清军入关前夕，中国人口为15,250万，到了康熙十七年（公元1678年），增至16,000万，但对乾隆时中国人口达到3亿多没有异议。

文化繁荣

康乾时期是文化繁荣的时期，康熙中后期，随着统治的巩固，康熙帝开始留意典籍，组织大型书籍的编纂，发挥文教兴国的作用。值得一说的有这样几部书：

第一部是《古今图书集成》。这部书是康熙四十年（公元1701年）由皇三子胤祉奉命组织内阁侍读学士陈梦雷等编纂的一部大型类书，前后历时六年，于康熙四十五年（公元1706年）修成，共一万卷，但没能立即刊印。雍正帝即位后，陈梦雷因牵涉储位之争被流放到黑龙江，雍正帝令户部尚书蒋廷锡重新编校已经成稿的《古今图书集成》，并去掉陈梦雷的名字，代以蒋廷锡，于雍正六年（公元1728年）刊行。

这部书由康熙帝钦定赐名，雍正帝作序，是仅次于明《永乐大典》的一部大型类书，被称为“古代百科全书”，与《永乐大典》《四库全书》并列为中国古代三部皇家巨作。后因同属类书的明《永乐大典》毁于八国联军的入侵战火中，现存不足4%，故《古今图书集成》成为现存规模最大、保存最完整的“类书之最”。

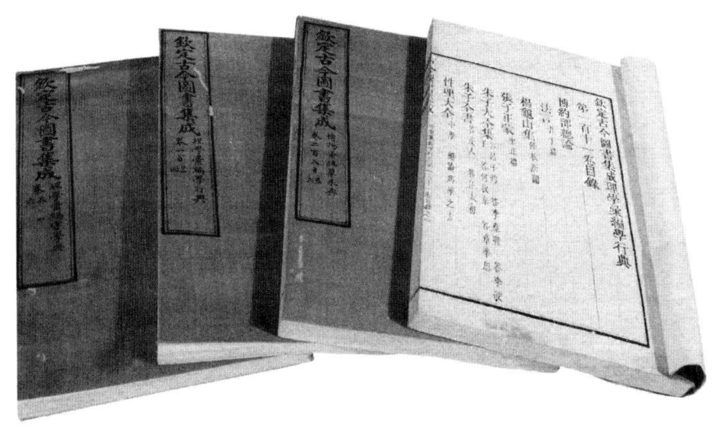

《钦定古今图书集成》

第二部是《皇舆全览图》。康熙帝为巩固国家统一，视疆域版图为帝业根基，对象征全国版图的舆图绘制尤为重视。《清史稿》中云：“国家抚有疆宇，谓之版图，版言乎其有民，图言乎其有地。”而对地图的重视，与康熙帝多次出巡与亲征的经历是分不开的。康熙二十八年（公元1689年），《尼布楚条约》签订后，法国传教士张诚曾向康熙帝进呈了一份来自欧洲的亚洲地图，但这份地图缺少中国详情。康熙帝从这份地图中受到启发，打算组织人力利用西方的测绘技术绘制一份全国地图。康熙四十七年（公元1708年），在康熙帝的倡导下，清朝开始了史无前例的大规模实地测绘，比例为四十万分之一。除西藏、天山南北外，测绘范围遍及15省，东北至库页岛，东南至台湾，西至伊犁河，北至北海（今贝加尔湖），南至崖州（今海南岛）。参与者除清人何国栋、索柱、明安图、白映棠、贡额等外，还有法国传教士雷孝恩、马国贤、白晋等。历时10年，至康熙五十七年（公元1718年）将实测结果汇成地图，即著名的康熙《皇舆全览图》。地图绘制之精确，不愧居亚洲之首，即使欧洲也不及。凡关门塞口、海汛江防、村堡戍台，虽细微亦皆绘入，为从来舆图所未见。图成之日，康熙帝感慨道："朕费三十余年心力，始得告成。"

在西藏和新疆归入版图后，乾隆帝两次派遣专人前往测绘，这幅地图最终得以补全。

第三部是《四库全书》。这部书是在乾隆帝的主持下，由纪昀等360多名官僚学者编撰，3800多人抄写而成的一部大型丛书，前后耗时10年，分经、史、子、集四部，故名《钦定四库全书》，简称《四库全书》。乾隆三十七年十一月，安徽学政朱筠提出《永乐大典》的辑佚问题，得到乾隆帝的认可，遂将编纂《四库全书》提上日程，于当年开始在全国征集图书，然后整理图书、抄写底本、校订。《四库全书》共收入图书3400多种，近8万卷，规模是《永乐大典》的3倍多，几乎囊括清乾隆朝以前中国古代所有重要的文化典籍。先后缮写7部，分别藏于紫禁城文渊阁、盛京文溯阁、圆明园文源阁、承德文津阁，以及江浙两省的扬州、镇江、杭州等地。但仅有两部完整传世，即今藏台湾的文渊阁本和今藏国家图书馆的文津阁本。

在编纂《四库全书》的过程中，还编了《四库全书荟要》《四库全书总目》《四库全书简明目录》《四库全书考证》《武英殿聚珍版丛书》等。这几部书可以看作《四库全书》的副产品，其中《四库全书荟要》是《四库全书》的精华，收书464种。

《四库全书》的编修过程也成为清朝实行文化专制的过程，清廷通过征书对全国各地进献的图书进行了检查，凡不利于清朝统治的文献一概被禁毁，甚至连前人涉及契丹、女真、蒙古的文字都被篡改。查缴禁书竟达3000多种、15万多部，总共焚毁图书超过70万部，禁毁书籍与《四库全书》所收书籍一样多。故吴晗曾说：“清人纂修《四库全书》而古书亡矣！”

除了上述这三部书，《御定全唐诗》《康熙字典》和满文辞典《清文鉴》也是这一时期编纂的重要典籍。

此外，还有两部个人撰写的巨著也出现在康乾时期，即吴敬梓的《儒林外史》与曹雪芹的《红楼梦》。

这些书籍的编纂卒可昭盛世的“同文之治”。

第二节　收复边疆与有效的行政管辖

中国辽阔疆域版图的最终奠定离不开武力的征服，但征服之后，有效的行政管辖更为重要，这直接关系到已征服版图的归属性。而有效的行政管辖的首要条件就是由国家设官建制。这一节我们将讲述清朝在东南台湾、东北黑龙江以及北部蒙古地区实行的有效行政管辖。

统一台湾与设置一府三县

我们常说台湾自古以来就是中国的领土，并有大量历史文献记载了古代中国人开发台湾的事迹。然而，最有力的证明还在于清朝在台湾设置了一府三县，并派官管理，这是清朝留给我们的历史遗产。

说到台湾的统一，当与两个人有关，一个是郑成功，另一个是施琅。

顺治十八年，时为南明延平王的郑成功率部进军台湾，至康熙元年（公元1662年）二月驱逐荷兰殖民者，收复了被荷兰人侵占了38年的中国台湾领土。仅凭这一点，郑成功可谓当之无愧的民族英雄。当年，他在给荷兰殖民者头目揆一的信中就义正词严地指出："然台湾者，早为中国人所经营，中国之土地也。"但是，在其子郑经的经营下，郑氏集团逐渐演变成一个与中原统一王朝长期对峙的独立王国，而且反对统一，使台湾与大陆形成长达20余年的分裂局面。

为消除分裂割据，实现国家的统一和安定，清政府起先是寻求和平解决台湾问题的途径，力争通过谈判实现统一。从康熙元年至康熙二十二年（公元1683年），清政府派人与台湾郑氏集团先后进行了10余次谈判交涉。而且，为实现和平统一，康熙帝做出重大让步，同意了郑氏集团"不登岸"的条件，允许其留驻台湾。但由于郑氏集团坚持"依朝鲜例，称臣纳贡"为首要条件和基本立场，也就是要清政府承认台湾为中国藩属国的地位，其结果必然是要将台湾从中国分裂出去。康熙帝明确指出："朝鲜系从来所有之外国，郑经乃中国之人。"所以，谈判没有成功。由此，武力统一台湾逐渐提上日程。

清军长于骑射而不善海战。康熙十六年（公元1677年），清政府恢复了福建水师建制。康熙十八年（公元1679年），康熙帝以擅长海战的万正色为福建水师提督，组建起有战船200余艘、官兵28,000人的水师。康熙二十年，郑经故逝，郑氏集团随后发生内讧，这为清政府统一台湾提供了契机。但由于万正色对统一台湾持消极态度，因此统一重任就落到了施琅身上。

施琅是福建晋江人，初为明总兵郑芝龙部下，后从其子郑成功。在与郑成功产生矛盾后，施琅降清，郑成功杀其父、弟及子侄数十人。施琅降清后，先后被任命为清军同安副将、同安总兵、福建水师提督等职。统一台湾是施琅一贯的主张，这其中有复仇的成分，但他也看到了统一台湾对国家安危的重要性。从康熙三年（公元1664年）开始，清朝接受施琅的提议，命他进军澎湖、台湾，使四海归一。但为飓风所阻，两次进军失败。康熙七年（公元1668年），清廷将施琅调往京城以内大臣闲职留用，前后长达13年之久。直到康熙二十年八月，经福建总督姚启圣和内阁学士李光地推荐，康熙帝再次任命施琅为福建水师提督，担当率领清军收复台湾的重任，随后又授予他全权指挥军队的"专征"之权，以保证海上战争的协调一致。

此时的台湾，郑经已死，其子郑克塽继立。施琅上任以后，经过近两年的准备，于康熙二十二年六月，一改北风南进的常规，提出于夏季出洋，乘南风进兵的主张。清军自铜山进泊八罩，经过七天激烈的海战，占领台湾门户澎湖，守将刘国轩逃往台湾，郑克塽的败局已定。这时施琅做了一个重要决定，他下令暂停军事进攻，休整部队，在澎湖禁止杀戮，厚待投降和被俘的郑军将士，稳定人心，并对刘国轩、冯锡范的部下郑重声明断不报仇。这对消除郑氏的恐惧与顾虑起到了重要作用。同时，施琅还建议朝廷"颁赦招抚"郑氏，以争取和平统一台湾。康熙帝同意了施琅的招抚建议，并及时向台湾郑氏集团颁布了赦罪诏书。

这时，郑氏集团人心惶惶，兵无斗志。特别是郑克塽见施琅无屠戮之意，于是上表请降。八月，施琅统兵由鹿耳门进至台湾。郑克塽率属剃发，迎于水次，缴延平王金印，从此台湾成为清朝疆域的一部分。这是继郑成功收复台湾之后，台湾再次回归国土的壮举。台湾告捷的消息传至京城，适逢中秋，康熙帝赋诗旌表施琅之功，授其靖海将军，封靖海侯，世袭罔替。

台湾初定，施琅请设官镇守，廷议未决。有谓宜迁其人、弃其地者，甚至连举荐施琅的李光地也主张"空其地，任夷人居之，而纳款通贡"。但施琅认为，台湾原属化外，土番杂处，未入版图。然其时中国之民潜往生聚，已不下万人，若弃其地、迁其人，非数年不能迁完。且有"红毛"乘隙复踞、窃窥内地的危险。台湾虽在外岛，关四省要害，断不可弃。大学士李霨也支持施琅，言："台湾孤悬海外，屏蔽闽疆。弃其地，恐为外国所据；迁其人，虑有奸宄生事。应如琅议。"

经过反复朝议，康熙帝采纳了施琅等人的意见，在台湾设立一府三县，即台湾府，下辖台湾（县治在今台南）、凤山、诸罗（县治在今嘉义）三县，隶属福建省；设总兵官一名，澎湖设副将一名，率兵驻守台湾。台湾首任知府蒋毓英在任期间，注意发展农业和教育，主持编纂了首部《台湾府志》，为后人了解台湾提供了重要的资料依据。

收复雅克萨与中俄《尼布楚条约》的签订

明末清初，中国东北与沙皇俄国接壤，而居住在黑龙江一带的是已经臣服于后金（清）的东海女真各部。据《圣武记》记载："初，俄罗斯东边接黑龙江，江者以外兴安岭为界。……而俄罗斯东部曰罗刹者，亦逾外兴安岭侵逼黑龙江北岸之雅克萨、尼布楚二地，树木城居之。……既又南向侵掠布拉特、乌梁海，夺四佐领。"崇德四年（公元1639年），时清军尚未入关，曾出兵黑龙江，毁罗刹所建木城，然未设兵戍守即返回。清军入关后，以盛京将军统辖整个东北，然国力未及北边。顺治十年（公元1653年）在宁古塔（新城在今黑龙江宁安）设立昂邦章京驻守，并负责派员向黑龙江下游地区的居民收受贡貂等税赋。顺治十五年（公元1658年）、十七年（公元1660年），镇守宁古塔的两任昂邦章京沙尔虎达、巴海父子先后率军击败了沙俄侵略军。康熙元年，清朝将宁古塔的昂邦章京升为宁古塔将军，康熙十五年（公元1676年）移驻吉林。

但在这期间，沙俄侵略者重占雅克萨和尼布楚，并建立城堡作为殖民据点，勒索附近居民贡赋，奴役中国百姓。清朝在多次交涉无果的情况下，于康熙二十二年调乌拉（今吉林市北）、宁古塔兵往黑龙江一带，于黑龙江瑷珲（今黑河）地筑城，增设黑龙江将军，并以宁古塔副都统萨布素为首任黑龙江将军。这表明此时的八旗驻防已经抵达黑龙江流域沿岸。

康熙二十四年四月，在都统彭春、黑龙江将军萨布素的带领下，清军趁冰解，水陆并进，攻克雅克萨城。然在清军撤出城后，俄军于康熙二十五年（公元1686年）正月重新占据雅克萨。三月，清军在雅克萨周围筑垒挖壕，长期严密围困。800多名俄军官兵大多战死病死，最后只剩60余人。正当雅克萨城旦夕可下时，俄国政府同意接受清朝的建议，遣使举行边界谈判。清朝答应所请，准许侵略军残部撤往尼布楚。

康熙二十八年七月，中俄使团在尼布楚正式举行边界谈判，清朝使团以国舅佟国纲、领侍卫内大臣索额图为首，俄国代表为戈洛文，双方进行了激烈的辩论。戈洛文提出以黑龙江为界的要求，被中方断然拒绝。但由于当时在西北地区，准噶尔部噶尔丹与沙俄都在对喀尔喀蒙古用兵侵扰，清朝拟出兵支持喀尔喀，为避免两线作战，集中打击准噶尔部，康熙帝指示谈判代表做出让步。俄国也因远征克里米亚失败，战线过长，竭力想保持既得权益。于是双方签订中俄《尼布楚条约》，规定两国东段边界以格尔必齐河、外兴安岭和额尔古纳河为分界线，南岸尽属中国，北岸尽属俄国。中国失去了尼布楚以东、额尔古纳河以西的广大地区，尼布楚城被划入俄国版图。但条约从法律上肯定了黑龙江和乌苏里江流域包括库页岛在内的广大地区属于中国领土。俄国拆除在雅克萨和额尔古纳河南岸修筑的据点后，撤出其军队。

黑龙江将军成为清朝在东北边疆设置的最高官员，将军衙门不久由瑷珲移至嫩江。康熙三十一年（公元1692年），清朝修建卜奎城（今齐齐哈尔）。康熙三十八年（公元1699年），将军衙门再移卜奎，直至清末。

驱逐准噶尔，与喀尔喀蒙古会盟多伦

清朝蒙古分为三大部：漠南蒙古（今内蒙古）、漠北蒙古（又称喀尔喀蒙古），还有漠西蒙古（又称厄鲁特蒙古）。崇德元年（公元1636年），漠南蒙古臣服清朝后，清朝对其实行盟旗制，编为六盟四十九旗，归中央的蒙古衙门管辖。崇德三年（公元1638年）改蒙古衙门为理藩院。而漠北喀尔喀蒙古在清朝初年已形成三部，分别由扎萨克图汗、土谢图汗、车臣汗统领。崇德三年，三大汗分别派使来盛京，向皇太极呈表称臣，献上“九白之贡”，即每年进贡白马八匹、白骆驼一头，与清朝结成朝贡关系。

康熙年间，喀尔喀三部之间发生纷争，扎萨克图汗被杀害，所统部众多归附土谢图汗，双方交战不休。康熙二十三年，扎萨克图新汗上疏清朝请求出面调解。康熙二十五年，康熙帝派出理藩院尚书阿喇尼和西藏达赖使者到土谢图汗部参加会盟。会盟是蒙古各旗定期集会，协商解决重大事件的一种制度。阿喇尼在会盟时，向与会蒙古王公传达了康熙帝的指示，令其不要互相火并，尽解前怨，并命土谢图汗将新归附人民归还给扎萨克图汗，所谓“令其和协，照旧安居”。至此，喀尔喀三部重归于好。但随达赖使者一同前来的还有漠西蒙古的噶尔丹族人多尔济扎布，他借故谩骂土谢图汗以激怒之，土谢图汗果然将其执杀。于是，噶尔丹乘机插手，于康熙二十七年（公元1688年）率三万精锐骑兵越过杭爱山，突袭土谢图汗大帐，土谢图汗仓促向东溃退。噶尔丹又接连攻破喀尔喀蒙古右翼的车臣汗游牧地与左翼的扎萨克图汗游牧地。于是，经哲布尊丹巴呼图克图倡议，喀尔喀三部数十万众投清，并于九月至漠南，康熙帝将其安置在科尔沁水草地游牧。康熙二十九年（公元1690年），噶尔丹以追击喀尔喀为名继续东进，于是有了康熙帝的三次亲征。

第一次亲征发生在康熙二十九年八月，康熙帝率军于乌兰布通重创噶尔丹的驼阵，噶尔丹拔营宵遁。

康熙三十年（公元1691年）五月，康熙帝为加强长城以北的边防和对喀尔喀蒙古的管理，銮驾出塞，于独石口外的多伦诺尔（今多伦）与内外蒙古各部王公会盟。康熙帝亲自主持会盟大会，包括土谢图汗、哲布尊丹巴呼图克图等都到会。康熙帝检阅了八旗兵，授册文和汗印于土谢图汗等，接受喀尔喀各汗及台吉朝拜，分喀尔喀三部为三十四旗，与漠南蒙古四十九旗一例编设，给地安插，设大宴厚

多伦诺尔会盟碑

赐之。

自此，喀尔喀蒙古与漠南蒙古一体，臣服于清朝。清朝在喀尔喀蒙古设乌里雅苏台将军（又称定边左副将军，驻扎在三音诺颜部的乌里雅苏台城），在科布多设参赞大臣，在库伦设办事大臣。此次会盟，确认了清王朝对漠北地区的有效行政管辖。

这一隶属关系直到宣统三年（公元1911年）才解除，当时以第八世哲布尊丹巴为首的蒙古王公和上层喇嘛，在俄罗斯帝国的策动下宣布“独立”，私自与俄罗斯帝国签订了非法的《俄蒙协约》（即《库伦条约》）。

第三节　西师与新疆、西藏的统一

新疆、西藏的统一过程与武力征服是分不开的，所谓“西师”，就是指清朝用兵西部的新疆和西藏。

在清朝，活跃在新疆地区的是蒙古三大部中最为强悍的漠西蒙古，也即厄鲁特蒙古，明朝称“瓦剌”。明正统年间，在土木堡俘虏过明英宗皇帝的就是厄鲁特蒙古的先祖瓦剌人。厄鲁特蒙古分为四部：以伊犁为中心的准噶尔部、以乌鲁木齐为中心的和硕特部、以雅尔（塔尔巴哈台）为中心的土尔扈特部，以及以额尔齐斯为中心的杜尔伯特部。明末，准噶尔部在巴图尔珲台吉时强大起来，因此和硕特部便迁到青海、西藏一带，土尔扈特部则迁徙至伏尔加河流域，其游牧地被辉特部所占，厄鲁特仍为四大部。

顺治三年（公元1646年），厄鲁特盟主和硕特首领固始汗与厄鲁特各部首领22人联名奉表贡，归顺清朝。清廷赐其甲胄弓矢，命其统辖诸部，确定了主权关系，青藏高原和新疆等地纳入清朝的主权版图。但在准噶尔部首领噶尔丹打败和硕特盟主鄂齐尔图汗，成为厄鲁特蒙古中最强大的一部后，厄鲁特改变了对清朝的态度。于是有了自康熙、雍正至乾隆朝方告成功的“西师”之役。

康熙帝三次亲征噶尔丹

噶尔丹是巴图尔珲台吉第六子，幼时在西藏从五世达赖学习，父死弑兄，于康熙十年（公元1671年）登上汗位。三藩反清时，他乘乱联合西藏上层集团出兵夹击和硕特部，派兵越过天山征服了南疆的回部，每年向回部强征六七万两的贡赋，并多次通使俄国，企图把自己的势力扩大到喀尔喀蒙古。康熙二十七年，噶尔丹越过杭爱山，突袭了土谢图汗并喀尔喀三部。接着，康熙二十八年，噶尔丹驻兵克鲁伦河，窥伺漠南蒙古。随后，进兵掠夺漠南蒙古乌珠穆沁部，在乌尔会河击败了清朝理藩院尚书阿喇尼率领的蒙古兵。

为使喀尔喀蒙古返回故土，实现边境地区的安定统一，康熙帝多次严谕噶尔丹敛兵，但噶尔丹不听。于是，康熙帝于康熙二十九年八月进行了第一次亲征，于乌兰布通重创噶尔丹构建的“驼城”。噶尔丹大败诈降，随后乘夜逃到科布多。这一役，清军虽未能乘胜追歼，但噶尔丹的实力大损，曾被其征服的回部、青海、哈萨克各部纷纷投降清军。

康熙三十四年（公元1695年），噶尔丹重新组织起三万余精骑出扰克鲁伦河北域，声言借俄国鸟枪兵六万准备大肆南攻。于是，康熙帝第二次亲征。康熙三十五年（公元1696年）六月，由费扬古率领的西路清军在昭莫多与噶尔丹军相遇，噶尔丹的骑兵甚锐，有记载曰，其冒矢铳鏖斗，人人如怒虎。清军以拒马木列于前，双方酣战多时，不分胜负。这时，费扬古见对方阵后军马不动，断定为妇幼、辎重，令伏兵直扑其阵后，噶尔丹顿时不能首尾相顾，率众北逃。次年，康熙帝又进行了第三次亲征，追击噶尔丹。噶尔丹势单力孤，在众叛亲离中病死。但准噶尔的问题并未因噶尔丹的死而得到彻底解决。

乌兰布通战役古画

三次进兵伊犁、平定回部与伊犁将军的设置

在雍正朝，清朝与准噶尔的战争有两次，双方打成平局，西北地区维持了20余年的和平。双方战事重启，缘于阿睦尔撒纳的投清。

阿睦尔撒纳是一个血亲关系极为复杂的人，他是势力强悍的准噶尔汗策妄阿拉布坦的外孙，又是和硕特部拉藏汗的孙子，在策妄阿拉布坦杀死拉藏汗及其长子丹衷（即阿睦尔撒纳的父亲）后，成为遗腹子，他母亲改嫁给辉特部台吉，故其长大后继任辉特部台吉。而此时的准噶尔部在噶尔丹策零死后发生了内乱，作为外姓之人的阿睦尔撒纳与血亲关系更近的达瓦齐争夺准部的统治权，结果是阿睦尔撒纳战败。他投清后，备陈准部可取之状。于是，在清朝没有粮草准备的情况下，乾隆帝力主出兵。

乾隆二十年（公元1755年）二月，清朝发兵五万，兵分两路，直捣伊犁。进兵异常顺利，途中，准噶尔大者数千户，小者数百户，纷纷归降，行数千里，无一人抵抗。达瓦齐一向纵酒又不设防，更没有料到清军会如此迅速地到来，部下不战而降使其阵脚大乱，仅带亲信70余人逃往天山以南投奔乌什，结果被乌什城阿奇木伯克霍集斯擒获，送交清军。达瓦齐被押送至北京后，乾隆帝鉴于达瓦齐本人对清朝并无恶意，免死加恩封其为亲王，入旗籍，赐地京师。这是第一次进兵伊犁。

清朝顺利统一西北后，论功封赏阿睦尔撒纳为双亲王，食双俸，并封为辉特汗。但阿睦尔撒纳是个有野心的人，他觊觎的是整个厄鲁特蒙古的汗位。当初归附清朝，也不过是为了利用清朝铲除对手达瓦齐。于是，阿睦尔撒纳在奉命回热河朝觐受封的途中逃跑，随后聚众叛乱，围攻伊犁。时伊犁守军不过500余人，守将班第、鄂容安战死（一说自尽）。

乾隆二十一年（公元1756年）春，清军由策楞、玉保统领，从巴里坤等地分路进击，攻势凌厉。叛军很快溃败，清军重占伊犁。这是第二次进兵伊犁。

阿睦尔撒纳兵败后，逃往哈萨克。乾隆帝以达尔党阿、哈达哈为统帅追击阿睦尔撒纳，却迟迟追不到踪影。准部诸台吉认为清军无能，再度叛清，阿睦尔撒纳闻讯后自哈萨克返回，与准部诸台吉会合。时定边右副将军兆惠以1500兵丁守伊犁，闻变后且战且退，经过两个月，于乾隆二十二年（公元1757年）春退至乌鲁木齐，历经数十至百余战阵，士兵步行冰雪中，鞋袜不裹，瘦驼疲马也将要吃完，只能结营自固。这时，清军援兵自巴里坤赶到。三月，清军重整兵丁，由定边左副将

军成衮扎布与定边右副将军兆惠统领，第三次进兵伊犁。

厄鲁特向不出痘，而这一年瘟疫流行，数十万户竟有十分之四先死于出痘。时阿睦尔撒纳已逃入俄罗斯境内，于九月出痘身亡。由于清政府的坚持，俄国最后交出了阿睦尔撒纳的尸体。清朝平定准噶尔的战争，至此取得了最终的胜利。需要说明的是，在国家统一的进程中，任何武力征服都会伴随着血腥的杀戮，乾隆帝平准也不例外。

平定伊犁后，清军挥师南疆。南疆为信奉伊斯兰教的叶尔羌汗国的故地，俗称回部。清军第一次平定伊犁后，解救了此前被囚于准噶尔部的回部首领大小和卓，大小和卓自策妄阿拉布坦时，即被强令率回人至伊犁种地贡租赋，被囚于地牢数年。获救后，清军派人护送大和卓波罗尼都回南疆叶尔羌（今莎车）继续统治旧部，留小和卓霍集占于伊犁治事。但小和卓霍集占参与了阿睦尔撒纳的叛乱，返回南疆后又自称巴图尔汗，杀害了清军副都统阿敏道等人，与大和卓联络反清，各部从者数十万人。乾隆二十三年（公元1758年），乾隆帝先是任命雅尔哈善为将军，率清军前往征剿。雅尔哈善在库车攻城未果，致小和卓等逃遁，于是改由兆惠统军南下追击。兆惠于叶尔羌黑水营与回部相持三个多月，大小和卓战败再次逃遁。清军追击至帕米尔高原的伊西洱库河谷，激战后，大小和卓再逃至巴达克山界（今阿富汗东北），被巴达克山汗擒杀，将其尸体送交清政府。叛乱至此被平定。

《平定准部回部得胜图》（局部）

乾隆二十五年（公元1760年）南疆平定后，清朝便开始讨论于新疆设兵驻守。但当时伊犁只有满洲、索伦、察哈尔兵800人，乌鲁木齐、巴里坤有屯田绿旗兵数千人。

直至乾隆三十七年，清朝在新疆正式施行军府制度，在伊犁设置将军，称伊犁将军，为新疆的最高军事行政长官，其职权是“节制南北两路，统辖外夷部落，操阅营伍，广辟屯田”。第一任伊犁将军是明瑞。伊犁将军下设都统、参赞大臣、办事大臣、领队大臣。乌鲁木齐设都统一员，伊犁（今霍城东南）、塔尔巴哈台（今塔城）、喀什噶尔（今喀什）各设参赞大臣一员，受命于将军，统辖全境驻防官兵，合称“四大镇”。伊犁一直是新疆通往中亚的重要通道，伊犁将军府旧址在霍城县惠远城内。

驱准保藏与驻藏大臣

在明末，统治整个西藏的是藏巴汗，但其在崇祯十五年（公元1642年）被来自青海的厄鲁特蒙古的和硕特固始汗推翻。固始汗是藏传佛教格鲁派的护法王，这个时候的西藏政权，军事上主要由固始汗及后来的汗王领导，宗教领袖是达赖喇嘛，行政官僚为第巴。在推翻藏巴汗后，固始汗与五世达赖、四世班禅共同派遣使者于崇德八年（公元1643年）到达盛京，清太宗皇太极立即率领亲王、贝勒、大臣等出城迎接。皇太极还对天行三跪九叩之礼，表达对西藏来人是得到上天护佑的感激。顺治三年，固始汗与厄鲁特各部首领22人联名奉表贡。顺治九年（公元1652年），五世达赖到达北京，顺治帝与其相见于南苑猎场。达赖因在京传法，被册封为西天大善自在佛达赖喇嘛。

康熙二十一年（公元1682年），五世达赖喇嘛去世，第巴桑结嘉措秘不发丧，诡称达赖闭关，长达15年之久。其间以达赖之名发号施令，暗中勾结准噶尔部，以对抗和硕特汗，并于康熙三十六年（公元1697年）立14岁的仓央嘉措为六世达赖，遣密使赴京请封。康熙四十年，和硕特拉藏汗继承汗位，与第巴桑结嘉措的矛盾日益尖锐。康熙四十四年（公元1705年），双方爆发了战争，第巴战败被杀。事后，拉藏汗奏闻康熙帝，并奏称六世达赖仓央嘉措不守清规（情歌诗人），是假达赖，请予“废立”。康熙帝准奏，命将仓央嘉措解送北京予以废黜，并于康熙四十八年派侍郎赫寿前往拉萨。此为清朝介入西藏事务的开始。但赫寿为临时派员，未成定制。

西藏的内乱，给一直窥伺其地的准噶尔提供了机会。康熙五十六年（公元1717年），准噶尔汗策妄阿拉布坦派策零敦多布攻入拉萨，杀死拉藏汗。康熙五十七年，清朝由青海出兵入藏，结果战败。康熙五十九年（公元1720年），康熙派十四子胤禵为抚远大将军，率青海、四川、云南兵二次入藏，赶走准噶尔军队，护送七世达赖喇嘛入藏坐床。清兵4000人留驻拉萨。

康熙五十八年（公元1719年），清朝废除第巴官，同时不再恢复和硕特汗王管理西藏的旧制，即终结了和硕特汗在西藏80余年的统治，封赏西藏有功贵族以爵位，设置噶伦数人集体负责西藏地方政务。不久，五个噶伦之间的矛盾日益明显。雍正五年（公元1727年），在五噶伦内讧平息后，清朝派遣驻藏大臣，设立驻藏大臣衙门，同时留兵千名驻藏。乾隆十六年（公元1751年），设噶厦地方政府，任命三俗一僧的四噶伦以分权。雍正帝要求驻藏大臣代表中央政府会同达赖、班禅共理西藏事务。至宣统三年，驻藏大臣历184年，共83任。

《钦定西藏善后章程》与“金瓶掣签”

《钦定西藏善后章程》的出台与廓尔喀的两次入侵有关。廓尔喀自古不通中国，是乌斯藏以西一大部，今尼泊尔。乾隆四十四年（公元1779年），六世班禅入觐至热河为乾隆皇帝庆贺七十大寿，却于次年染天花圆寂于北京西黄寺。他的金身及大量礼品被运回西藏扎什伦布寺后，由其兄仲巴呼图克图独占，另一兄沙玛尔巴因分文未得，遂唆使廓尔喀入侵。乾隆五十三年（公元1788年），廓尔喀以税重、食盐掺土等为由，派兵2000入侵西藏，清朝派理藩院侍郎巴忠、成都将军鄂辉带兵进藏援助，廓尔喀请求和解。巴忠等人贪功邀赏，私许每年元宝1000锭作为赔偿，为期三年，以换取廓尔喀退兵。乾隆五十六年（公元1791年），廓尔喀借索赔之名，第二次大举入侵西藏，洗劫扎什伦布寺。乾隆五十七年，清朝以福康安为统帅，率大军进藏，将廓尔喀军队全部驱逐出境。随后，福康安遵照乾隆帝的谕旨，偕孙士毅、惠龄、驻藏大臣和琳等与达赖、班禅议定《钦定西藏善后章程》二十九条（藏文本），于乾隆五十八年（公元1793年）正式颁行。规定驻藏大臣督办藏内事务，其地位与达赖喇嘛、班禅平等；设置“金奔巴瓶”掣签制。司法、军事、财政等都有相关规定。

其中金瓶掣签制度尤其具有重要意义，它对藏传佛教四大活佛的转世进行了约束。此前，四大活佛的转世多出现在贵族之家，贵族操纵政教大权，活佛如世袭爵位，不利于清朝对蒙藏地区的管理。金瓶掣签制度规定，各地呈报的达赖喇嘛、班禅的呼毕勒罕的姓名及出生日期，用满、汉、藏三种文字写在签上，放入清政府颁发的“金奔巴瓶”中，在驻藏大臣的监督下，当众在大昭寺宗喀巴像前掣签，确定呼毕勒罕，从而加强了清朝对西藏的掌控。

总之，清朝历经康、雍、乾100多年完成了对新疆和西藏的统一，又通过伊犁将军确立了在新疆的有效行政管辖；通过驻藏大臣及相关法规制度，确立了在西藏的政教合一的统治。

现今，新清史的学者往往都把康乾时期的军事征服说成“清帝国”的征服，我想我们还是尊重历史本身，乾隆帝在征服新疆的过程中，仅限于用兵先前已经奉过表贡的厄鲁特蒙古，并没有将已经臣服的哈萨克、布鲁特这些新疆周边的民族与部落收并进来，这表明乾隆帝的军事征服是有国家疆域和民族认同的，所以用“统一”这一说法更为合适。

第四节　朱批奏折与军机处

在学术界，有一种比较普遍的说法，朱批奏折与军机处是清朝中央集权或者说皇权高度发展的产物。仔细想想，这种说法并不完全正确，因为无论是朱批奏折还是军机处，都是清朝皇帝对统治危机研判后的产物，至少最初的集权目的没有那么强烈。

奏折与朱批

奏折制度说到底就是一种文书制度。清初的文书制度原本沿袭明朝，公事用题本，私事用奏本，而题奏本章都不能直达皇帝，须先送内阁由大学士阅览票拟提出意见后，再进呈皇帝裁夺，这样既费时又易泄密。而奏折制度则不同，它是清朝的独创。它最大的特点是，奏折只限于皇帝和上折者两人知晓，私密性很强。写好的奏折经具折官员的家人或随从亲自送达京城皇宫，由皇帝亲自开启，用红笔批示，所以又称“朱批奏折”。皇帝朱批后，再交来人或通过驿站发回上折者执行，中间不必经过任何机构或个人，既快速又私密。所以，在一定意义上，奏折还是官员给皇帝打的秘密报告。而且康熙帝多次要求一些武将出身的满洲官员亲自书写奏折，告之不要怕字写得难看。

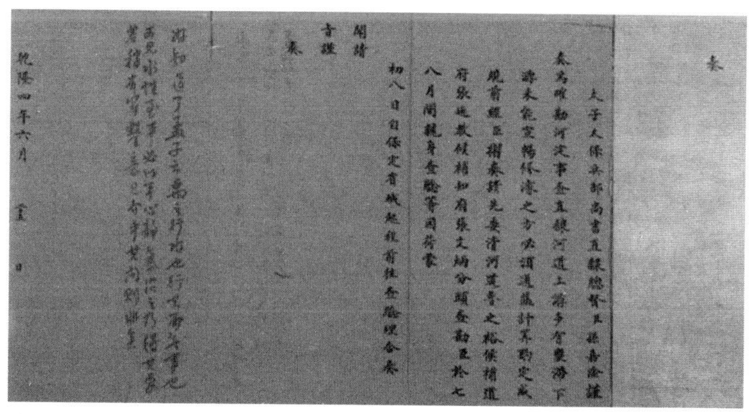

朱批奏折

奏折也称折子，最早的记载见于顺治十三年（公元1656年），因是孤证，而且实物至今尚未被发现，故史学界一致的看法是奏折始于康熙朝。从目前出版的康熙朝满文和汉文朱批奏折档案来看，康熙二十年之前的满文奏折不超过10件，最早的一件是康熙十二年（公元1673年）的；汉文奏折始于康熙二十八年。这一时期，清朝刚刚结束了平三藩的战事，反清的思潮尚存，尤其是在士大夫聚居的中心——江南。这群士大夫亲眼见证了清军入关的野蛮杀戮，“亡国亡天下”是他们心里的剧痛。因此，康熙帝急需对全国特别是江南地方的动向进行了解，他有强烈的危机意识，用他的话说，就是清朝的统治“素未孚洽”。所以，在平三藩后，康熙帝拒绝群臣给他上尊号，并开启了他的南巡之路，就是要切实体察江南的社会民情。

从奏折的内容以及有权上折子的人员来看，最初的奏折很像皇帝打探地方事务的一个渠道，如织造曹寅、李煦等作为上三旗包衣出身的人被派到江宁与苏州，他们有上折权，目的之一就是搜集江南地方的官风舆情。例如康熙三十六年，曹寅奏报押运赈灾米到江淮发放的情形以及地方米价等。康熙四十二年（公元1703年），李煦奏报苏州缺雨及高士奇病故。特别是康熙四十七年九月，康熙帝废太子。康熙四十八年三月，重新恢复废太子的储君身份。当时围绕储君之争，中央与地方均有不少官员涉入其中，所以康熙帝要李煦等人奏报江南的情形。同时，严厉告诫李煦："此话断不可叫人知道。若有人知道，尔即招祸矣。"他们上奏的内容与其官职并无多大关系，但他们与皇帝之间的主奴关系使得这种情报更具有可靠性。

此外，还有对官员的监督。康熙帝经常让官员相互监视，以此了解官员的能力、操守等。康熙四十年，山西巡抚噶礼在奏折中说："奉上谕，于山西所属道员以下官员内，若有清廉爱民者，著奴才具折开列送内阁。"康熙四十三年（公元1704年），康熙帝又问噶礼："新布政使何如？绰奇何如？走时说了什么？赵凤诏较前何如？"这种书写的口气更像二人之间的书信，可以有更多、更深内容的交流，特别是在请安折、谢恩折中，很容易拉近君臣之间的距离。

此外，奏折还是君臣之间商讨行政事务的一个平台。地方督抚如有重大举措，又拿不准可行与否，不知皇帝的意图如何，就会在折子的后面说上一句，以试探皇帝的口风，以此来降低自己的政治风险。而康熙帝也通过奏折对官员提出警告。康熙四十年，阿山继任两江总督后，多次荐举张四教。康熙帝的批示是："尔谓张四教居官好。据巡抚高承爵奏称：皇上南巡时，张四教派银十万余两。尔二人之言，为何迥然不同耶？妄行保举人，应多加谨慎。"

久而久之，奏折的便捷和机密使康熙帝感到了它的必要，成为他了解民间政风舆情、下达秘密指令的重要渠道，从而加强了皇权。他说："天下大矣，朕一人闻见岂能周知，若不令密奏，何由洞悉？"所以，任何制度的形成，都不完全是预先设计好的，而是在发展过程中按照需要逐渐完善的。

雍正帝即位以后，先将康熙朝在官员手中的奏折一律收缴，动机虽被说成对自己皇位合法性的担忧，但客观上却使这些奏折得以保留，是做了一件对还原历史有意义的事情。在雍正朝，奏折的使用范围进一步扩大，凡属机密或应速递上奏的国家庶政，都可以用密折先行奏闻。而且奏折涉及的内容也十分广泛，几乎涉及当时政治与社会的方方面面，作为机密文书的奏折逐渐演变成非机密文书，被普遍使用。此外，还建立了存档制度，即奏折经朱批后，先要由军机处抄录一份，以供有关衙门传抄和存档，称为"录副奏折"，然后再发还本人。个别机密之件，皇帝认为不宜公开，就留在宫中，不抄录，称"留中"。

在康、雍、乾三位皇帝中，雍正帝是利用奏折达到极致的一位皇帝。据记载，雍正帝白天接见廷臣，傍晚观览本章，灯下批阅奏折，每至二鼓、三鼓。他每晚批折少则20～30件，多则50～60件。在他执政的13年里，保存下来的朱批奏折有4万余件（汉文3.5万余件，满文6000余件）。而且雍正帝的朱批常常千言立就，数百字、数千字的朱批很多，还有很多是夹批。有人评价说，雍正帝对朱批运用得巧妙而有效，可谓前无古人了。的确，雍正帝不仅将皇帝的执政理念置于朱批中，且其中不乏嬉笑怒骂，将他与大臣们的关系及情感表露无遗。如雍正二年，川陕总督年羹尧上谢恩折，雍正帝有一很长的朱批，他告诉年羹尧，其长子年熙一直生病，他找人算命，说是因为年羹尧“克子”，所以做主将年熙过继给隆科多。他告诉年羹尧，隆科多对此事表示欣喜与感激，年羹尧之父也很“感喜”。雍正帝还反复强调“朕亦不曾欺你”“朕实不忍欺你”等。对于雍正帝朱批中充满深情的话，孟森先生曾评价说：“此批纽合年、隆，恳切竟非人所料，岂但从古君臣所无，家人父子间亦少此情话。”而雍正帝类似的批示非常多。相关研究，杨启樵先生较早就有成果，在此不再赘言。

乾隆朝，奏折成了国家的正式官文书。首先是上折者的资格，只有高级官员，如文官、京官三四品以上或翰詹科道官员，地方官按察使以上或负有特殊使命的钦差官员，以及武官总兵以上等人，方有资格用奏折奏事。其次是对公文程式、运转关系以及缮写的字体等都有严格的规定，违者会受到处分。

乾隆十三年（公元1748年），清廷又谕令停止奏本的使用，从而使奏折与题本并重，到光绪二十七年（公元1901年），最终取消题本而专用奏折。目前保存在中国第一历史档案馆及其他一些单位的70多万件朱批奏折和百万件录副奏折，已成为研究清朝历史最重要的原始资料。

奏折与朱批，作为清代皇帝处理国家事务的重要记录，也是国家行政部门的原始档案，表达的是没有修饰过的历史。它剖开的社会断面，可以“近距离”向我们展示当时的政治、经济等社会面貌，甚至带给人一种身临其境之感。它可以告诉我们，清朝的掌权者是怎样借助奏折与朱批实施政治方针的，又是怎样将整饬吏治、监察民情直接掌握在自己手中，从而达到集权目的的。

清朝在政治上的另一个独创——军机处

军机处通常是以中枢机构的职能为人所知的，它被认为是在明朝以内阁制度取代丞相制度之后，对传统中国国家中枢机构的最后一次变革，在中国传统政治制度变迁中具有专制政治顶峰的重要地位。自民国以来，凡关乎清朝政治制度的研究，必言及军机处。有一种结论在学界已达到很高的认知度，即军机处是封建专制主义中央集权高度发展的产物。

但军机处为何不出现在其他朝代而出现在清朝？这恐怕与满人的行政习惯有关。早期在关外，努尔哈赤、皇太极时期，有八王共议国政的传统，入关后又有被称为“国议”的议政王大臣会议。特别是康熙朝，凡属重大军事活动，皆由议政王大臣会议议定。而在议政王大臣会议有了“国议”的地位后，康熙帝在康熙十六年又在乾清宫内设南书房，最初只有两人，多的时候也不过十几人，主要职责是陪皇帝赋诗填词、写字作画。但其官员由于经常在皇帝身边，便得以不时参与机密谕旨的草拟，秉承皇帝的旨意办事。康熙二十七年，康熙帝为打压大学士明珠及其党羽，就授意入直南书房的徐乾学、高士奇等人去办。而从高士奇以六品官员入直南书房，到后来官员们对南书房趋之若鹜，正可说明南书房的非正式御用机构的作用及其变化。而南书房所具有的在宫禁之内及皇帝身边、人数少、不易泄密等特点，与后来的军机处多有相似之处。

但军机处产生的初衷并非为加强皇权，它是雍正时期边疆危机形势下备战需要的产物。

康熙帝平定噶尔丹叛乱之后，准噶尔部又接连出现了父子两代枭雄——策妄阿拉布坦与噶尔丹策零。策妄阿拉布坦曾派兵越过戈壁进入西藏，杀死拉藏汗，欲取而代之，于是有了康熙末年皇十四子为大将军统兵入藏之举。雍正元年（公元1723年），又有厄鲁特蒙古和硕特汗继承者罗卜藏丹津在青海的叛乱。雍正帝依靠年羹尧平定叛乱后，派使臣前往准部赐给噶尔丹策零“洪台吉”的称号，并希望他交出逃跑的罗卜藏丹津，接受中央政府的管理。但噶尔丹策零既拒绝交出罗卜藏丹津，也拒绝了雍正帝的封号。

因此，对雍正帝这样一位铁腕人物而言，弹压西北准部的分裂势力势在必行。于是，在完成对政敌的清算，确立自身统治的绝对权威之后，他便决定着手处理西北问题。于是，在雍正七年（公元1729年）就有了为办理西北军务而设的军机处，开始准备对准部的战争。随后在雍正九年（公元1731年）和雍正十年（公元1732年），清朝与准噶尔部打了两场大战，一场是在和通泊战败，另一场是在光显寺险胜，一胜一负打了个平手。

这期间，军机处展现了在保证皇权行使的有效和便捷方面的优越性，使雍正帝对它有了新的认识，随后便将其纳入行政中枢体系。

首先，可以入军机处的官僚完全由皇帝亲自选用，军机处仅设有军机大臣、军机章京二职。军机大臣人数无定额，多寡随皇帝所欲。最初仅3人，后增至4～8人，最多时达11人。主要在大学士中选用，六部尚书、侍郎以及院寺堂官中偶有当选者，属于特简，还有少数人是由军机章京升任的。

军机章京又称“小军机”，也称“军机司员”，最初人数无定额，至嘉庆四年定为满、汉各16人，分满、汉各8人为一班，专办文稿和记录档案。军机章京多在内阁中书中选用，六部主事、院寺司员中也可保送。

军机处所有的人都属于临时差遣，人在军机处办公，编制和官职仍在原有衙门。而且军机大臣、军机章京之下无属员。军机大臣与军机章京之间虽有一定的隶属关系，但又都直接对皇帝负责。这就是所谓的“有官而无吏”。

其次，军机处不是一个正式的国家机构，没有办公衙门，仅有值房。值房位于隆宗门内、乾清门外西偏小平房内。小平房原为板房，乾隆初年才改建为瓦屋。因地近宫廷，便于宣召，故有学者将其称为内廷机构。

综观军机处的全部活动，它的职能基本上可归纳为办理文牍、备顾问两项。办文牍，包括处理下行的皇帝谕旨和上行的官员奏折，下行的有明发上谕和寄信密旨。备顾问，包括对所有皇帝交议事件提出建议。其中大到施政方案、军事方略，小到官员任免、奖叙、参劾等事，甚至皇帝进住圆明园和热河避暑山庄，以及狩猎、出巡、祭祀等活动，亦必须令军机大臣扈从陪侍，以备顾问。可见，军机处更像一个咨询、顾问兼秘书机构。

军机处官员精干、年富力强，办事速捷。皇帝每日召见军机大臣共商国家大事，乾隆朝傅恒出任首席军机大臣后，又有所谓“晚面”，即在白天集体进见皇帝后，晚上再度奉召进见。这说明军机处的建立，并非为了强化皇帝的独裁统治，而是清朝皇帝在沿袭满洲传统时，无意中发现这种机构能行之有效又十分快捷地解决问题，不否认它在运行过程中对加强君权有重大作用，所以清朝皇帝有意识地去加强和发展了它。

另外，军机处建立之后，未被调到军机处的大学士在内阁主持工作，他们负责阅读中央和地方上达的题本，然后票拟出处理意见，皇帝认可后正式下达。由于军机处设立后，军国大政都由军机处处理，国家中枢亦偏重于此，所以有人说军机处设立后，内阁成为“闲曹”。其实不然。在乾隆朝，每年经由内阁票拟的各部院的题本多达6000余件，内阁处理的是国家的日常行政事务，是使国家机器得以正常运转的中央机构。军机处以处理重大军国事务为主，内阁与军机处只是皇帝指令下达的不同渠道而已。而且，军机处依然承担着某些西北边疆的行政事务，一些学者也正在对此展开进一步的深入研究。

总之，清朝对国家机构的建设，虽说承继了明制，但作为马上得天下的边疆少数民族，其统治者更倾向于高效、简捷的治国风格。

第五节　用人理念与风格

帝王治国依靠的是政府及其官僚，因而古代帝王向以“用人”“行政”为治国要务，而“用人”又是实现“行政”的必要保证。这一节，我们来讲讲康、雍、乾三帝的用人。他们有着共同的用人理念，却又形成了不同的用人风格。

何为康、雍、乾三帝共同的用人理念？就是传统政治理论中的“有治人，无治法”。

以往我们对“有治人，无治法”的理解，多为重人治而不要法治，其实不然。“有治人，无治法”一语出自先秦思想家荀子的著作。《荀子》中曰：“有乱君，无乱国；有治人，无治法。……故法不能独立，类不能自行，得其人则存，失其人则亡。法者，治之端也；君子者，法之原也。”在荀子之前，孔子说“人能弘道，非道弘人”，孟子说“徒法不能以自行”，讲的都是一个道理。在“治人”与“治法”两个权力要素中，“治人”是第一位的，无论任何“治法”，最终都要通过人来贯彻和落实。“有治人，无治法”就是要将“治人”，即有治理能力的人推到国家行政的首要位置。康、雍、乾三帝都十分重视并认同“有治人，无治法”的思想，认为“有治人，始有治法”，“治法”通过“治人”方能得到执行。康熙帝常说："从来有治人，无治法，为政全在得人。"雍正帝认为："天下事，有治人，无治法，得人办理，则无不允协……"乾隆帝同样认为："从来朝廷立政，有治人无治法。"重视并任用能够治理国家的"治人"，是他们共同的用人理念。

但由于康、雍、乾三位皇帝面临的是不同的国情，亟须解决的是不同的问题，即他们有不同的使命，因此三位皇帝形成了不同的用人风格。康熙帝面对国家统治稳固的危机，推崇清官，最终以守成兼创业的业绩开启盛世。雍正帝"承六十年生息之后，虑天下习于纵弛"，铁腕治国，大刀阔斧，用人不拘常格，偏重官员的能力，成继往开来之政治。乾隆帝"成两朝未竟之志……善继善述"，风格上更接近其父雍正帝，强调"实心实政"。

康熙朝的清官政治

康熙帝推崇并重用清官，缘于他在20岁的年纪就经历了"三藩反清"。这场历时8年的战乱，战火遍及云贵、四川、陕甘、两湖、两广、闽浙、江西十几个省，清朝几乎耗尽了国力，魏源将平定三藩比作"摧山"，可见清朝打胜这场战争的艰苦。可贵的是，康熙帝从这场战争中看到了国家治理的方向。在平定三藩之后，他总结说："当吴三桂初叛时，散布伪札，煽惑人心，各省兵民相率背叛，此皆德泽素未孚洽，吏治不能剔厘所致。"于是下令布宣德化，强调治国以廉洁为本，开始推行清官政治，以赢得广大民众主要是汉人的认同。

康熙帝选官是以"清慎勤"为本，而首重操守。他多次在诏谕中强调"吏治以操守为本"，坚持"大法小廉"。他常说，大臣守法，小官方能廉洁。因此，康熙帝十分注重考察地方大员督抚的操守问题。康熙二十三年六月，九卿会推江宁巡抚，正拟为翰林院学士孙在丰，陪拟为浙江布政使石琳，而康熙帝却钦点内阁学士汤斌，以汤斌"操守甚善"，令补江宁巡抚。康熙帝在京师风闻江宁知府于成龙"居官廉洁"，当年秋，康熙帝首次南巡，在江宁咨访为实，返京后，即超擢于成龙为安徽按察使，由从四品升到正三品。康熙二十五年，用为直隶巡抚。

由于清廉是康熙帝选任督抚的主要标准，所以康熙朝的督抚以清官辈出为主要特征，如于成龙、汤斌、范承勋、傅拉塔、彭鹏、陈鹏年、郭琇、张鹏翮、李光地、张伯行、赵申乔、陈瑸、施世纶等，广受称赞者就有十几位。他们大多由知县被荐至部院乃至封疆。

吏治关乎民生，对普通百姓而言，改朝换代远不及贪官酷吏的影响来得直接而深刻，清官政治无疑是康熙帝赢得民心，进而使清朝统治为社会基层民众所认同的重要举措。当然，康熙帝没有忘记“士为四民之首”，他在平三藩的后期便着手笼络士大夫阶层，实施开博学鸿词科、修明史等宽仁之政。

康熙帝倡导选官以操守为第一标准，并非他不重视官员的才能。客观地说，康熙朝不乏干练的督抚，但在清官与能吏的取舍上，康熙帝始终坚持“凡为臣子，必须才德兼全，若有才无德，不如有德无才也”。

到了晚年，“居官安静”成为康熙帝用人的又一考虑要素。他称赞山西巡抚苏克济、直隶巡抚赵弘燮、山东巡抚蒋陈锡，因未闻清名，亦无贪迹，而地方安静，此等便是好官；指责自己一手提拔的清官张伯行“偏执任性”“每苛刻富民”。可见，老年皇帝需要的是保持盛世社会的稳定秩序，而非政治上的进取。但在居官安静之下的宽松政治环境中，掩盖了“不作为”的隐患，成为腐败滋生的土壤。苏克济、蒋陈锡都亏空钱粮甚巨，且中饱私囊，成为雍正帝打击的对象。

雍正帝用能吏

雍正帝选用“治人”更多是看重官员的才能，这是基于他要扫清康熙末年的积弊，澄清政治的现实要求。为此，他需要一支振奋有为的官僚队伍。

相比之下，雍正朝人事变动频繁，微员骤升大吏、大吏突然降革的现象屡见不鲜。以雍正帝欣赏的三个模范督抚鄂尔泰、田文镜、李卫为例，他们在仕途上的“发迹”都属于这种直线上升。

如鄂尔泰，虽为举人出身，但直到康熙五十五年（公元1716年）仍为内务府员外郎，官不过从五品，而雍正元年却被超擢为江苏布政使，官至从二品。雍正三年（公元1725年）升广西巡抚，赴任途中命调云南巡抚管云贵总督事，雍正四年（公元1726年）实授云贵总督，从一品。田文镜在康熙二十二年由监生出任县丞，久淹州县官，康熙五十六年始为内阁侍读学士。雍正元年命署理山西布政使，雍正二年任河南布政使，旋升河南巡抚，雍正五年升河南总督，而河南向无总督之设，是为田文镜专设。李卫于康熙五十六年捐纳员外郎，两年后升郎中。雍正二年用为布政使，雍正三年升浙江巡抚，雍正五年授浙江总督管巡抚事，浙江总督也是为李卫专设。三人都是雍正帝即位后，由中下级官员超擢为封疆大吏。这显然不符合官吏考铨制度的常规方式，突出的是皇权的意志及其专断性。

对此，雍正帝有过这样的解释，他说："事无一定，又不可拘执，有时似若好翻前案，不知其中实有苦心，总欲归于至是，是故或一缺而屡易其人，或一人而忽用忽舍，前后顿异，盖朕随时转移，以求其当者，亦出乎不得已。"而后，他又对这种非常之举进一步解释说："朕现今用人之法，亦止堪暂行一时，将来自仍归于圣祖畴昔铨衡之成宪。朕缘目击官常懈弛，吏治因循，专以积累为劳，坐废濯磨之志，不得不大示鼓舞，以振作群工委靡之气。俟咸知奋勉，治行改观时，自另有裁处之道。"

雍正帝要扫清康熙末年的积弊，与这一政治方向相适应，确定了他的用人原则。官场舆论对他的做法颇有訾议，因为他的用人方式与常规的重用科举出身的读书人有相当大的偏差。田文镜尤以刻薄备受攻讦，而雍正帝仍坚持把田文镜称作"巡抚中之第一人"，让各省督抚都效仿他，其原因就在于田文镜真正实施了雍正帝的政治意图。雍正帝对田文镜盖棺论定："自简任督抚以来，府库不亏，仓储充足，察吏安民，惩贪除弊，殚竭心志，不辞劳苦，不避嫌怨，庶务俱举，四境肃然。"而这一切正是一个最高统治者所希冀的。雍正帝说："为朕所深信可托而不劳神照顾者，惟鄂尔泰、田文镜二人而已。""若各省督抚皆能如田文镜、鄂尔泰，则天下允称大治矣。"

可以看出，雍正帝用人的原则与康熙帝完全不同，他选用督抚，首重才，无能而沽名者不如忠厚老成之人，即小人有才亦可用。他在鄂尔泰的奏折中批复说："凡有才具之员，当惜之，教之。……卿等封疆大臣，只以留神用才为要，庸碌安分、洁己沽名之人，驾驭虽然省力，唯恐误事。但用才情之人，要费心力，方可操纵。若无能大员，转不如用忠厚老诚人。"正因如此，在雍正朝，有德无才的督抚是很难得到皇帝的重用与欣赏的。雍正帝在论巡抚的职责时说："巡抚一官，原极繁难，非勉能清、慎、勤三字便可谓胜任也。用人虽不求备，惟至督抚必须全才，方不有所贻误……"他对湖南巡抚王国栋的评价是："心有余而力不足，清慎勤三字朕皆许之，然不能扩充识见，毫无益于地方，殊不胜任。"因此革其巡抚职，召回京师用为侍郎。

雍正帝首重才能的用人原则，必然破坏定制。正如他自己所说："朕用人原只论才技，从不拘限成例。”为此，雍正帝必须超常使用手中的专制权力，去破坏那些已经形式化的常规和成例。他的做法也影响到了乾隆帝。

乾隆帝强调官员要“实心实政”

进入18世纪的中国，社会的发展以及经济的繁荣都迫切需要政府提供有治才的官员。在官员的选用上，乾隆帝注重官员的综合素质，要求官员“实心实政”，强调“务实”，这自然对官员提出了能力的要求。因此，乾隆帝将学问、操守皆优，却在巡抚任上并无治绩的魏廷珍革退，理由是“凡事推诿，不肯实心供职”。他对山东巡抚朱定元说：“巡抚之任，非但清之一字所能胜任而已也，必察吏安民，留心政务，移风易俗，使一省之民皆受其福，斯可称方面之责矣。”而他所用之督抚大吏，诸如孙嘉淦、陈宏谋、尹继善、方观承、朱轼、舒赫德、刘统勋等，都是有为并有经世思想的精英官僚。

乾隆朝的封疆大吏中，以尹继善与陈宏谋最得乾隆帝的重用。尹继善是满人中为数不多由进士出身的官员，释褐五年，不过30余岁就任封疆，但他“宽和敏达，临事恒若有余”，“遇纠纷盘错……靡不妥贴”。所以，尽管乾隆帝一再说他沾染汉人习气，喜沽名钓誉，但仍用他为封疆。故尹继善一督云贵，三督川陕，四督两江。在江南前后30年，时间最久，也最得民心。陈宏谋是汉人，崇尚程朱理学，以经世致用自勉，凡有关地方民生诸事，无不“劳心焦思，不遑夙夜”。陈宏谋也是外任督抚30余年，为官的行省达12省，历任督抚之职21任。

乾隆帝向称“宽猛相济”，但在用人上更多的是效法雍正帝，常常使出非常手段，或破格用人，在选官上颇为率意。或罚不当罪，使用各种权术，在对大员的处分上尤其毫无章法。如乾隆三十二年（公元1767年），湖南武陵知县冯其拓亏空案发，巡抚李因培因授意知州张宏燧代为弥补，以“瞻徇”“欺罔”罪被革职处以斩监候，秋后被处决。这种令人代赔钱粮以完补亏空的现象，无论是康雍两朝还是乾隆朝都非常普遍，往往革职官员后很快就起复原官，绝没有杀身之祸。一年前，即乾隆三十一年二月，江苏同知段成功受贿，巡抚庄有恭为袒护他，以纵役累民上劾，乾隆帝派钦差前往查实后，庄有恭亦以徇庇欺瞒罪被判斩监候。但在八月，乾隆帝便赦其罪，令补福建巡抚。那么，为何同罪不同罚呢？李因培被杀的原因，从乾隆帝对他的评价中便可以看出。乾隆帝说："因培能治事，学问亦优，但未免恃才，好居人上。"更主要的是，李因培对乾隆帝的屡屡戒谕置之不理，故而触碰了皇帝的底线，所以李因培是因为恃才倨傲，不顾皇权的至尊，被乾隆帝猜忌而获罪的。如果能迎合乾隆帝，即便犯有贪污之罪，也可免死且被升迁。云贵总督李侍尧就是典型代表。李侍尧是最早在关外投降后金的明朝抚顺守将李永芳（后封二等伯）的四世孙，其父李元亮官至户部尚书。李侍尧以荫生入仕，累官至封疆。乾隆四十五年（公元1780年），李侍尧因贪纵婪索被弹劾，大学士九卿随即按律议请正法，但乾隆帝以其"干力有为"，声称"不肯为已甚之事"，两度下令复议。于是，在乾隆帝的授意下，李侍尧被改判斩监候，并于次年用为陕甘总督。

总之，康、雍、乾三帝的共同用人理念就是用"治人"，但由于他们面临着不同的国情，需要解决的问题也不同，所以他们选择的"治人"不同，从而体现出三位皇帝不同的用人风格。如果没有康熙朝的清官政治赢得民意民心，使社会民众认同清朝，便不会有盛世的开启。如果没有雍正帝不拘常格起用"风力"干练的能吏，推行他的铁腕反腐与各项改革，就不会有盛世的继往开来。如果没有乾隆帝绍圣父祖，宽猛相济，把握住"实心实政"且有"实力"的用人治事原则，就不会有盛世治国的一脉相承。虽然他们用人各有弊端，但并不影响他们完成各自的使命。

第六节 惩贪与治吏

自古以来，贪腐必失民心，纵贪必至滋乱，因而惩贪也成为官僚政治中一个永恒的话题。

康熙失之宽纵，雍正铁腕反腐

清朝将“贪”作为官员八法处分中最为严厉的一项，规定但系贪官，一律革职，永不叙用。对于官员贪腐，清朝的皇帝都有深刻的认识。康熙帝明确指示：“凡别项人犯，尚可宽恕，贪官之罪，断不可宽。”为揭露更多的贪官，康熙帝允许御史“风闻言事”，就是允许御史根据坊间传闻弹劾贪黩的官员。但康熙治下的宽政还是容易导致腐败，虽然他也诛杀了一些贪官，比较有名的当属户部尚书赵申乔之子太原知府赵凤诏，二品以上大员有总督噶礼、步军统领托合齐等。噶礼与托合齐虽以贪墨被诛，背后的原因却与牵连太子党有关。所以，康熙帝惩贪终归还是失之宽纵，用雍正帝的话说就是“未曾将侵蚀国帑、贪取民财之人置之重典”，以致吏治因循废弛，弊端丛生。

雍正帝即位，面对的是国库亏空千余万，大小婪赃案不可胜计的局面。他深切地感到："朕若不加惩治，仍容此等贪官污吏拥厚资以长子孙，则将来天下有司皆以侵课纳贿为得计，其流弊何所底止。"所以，登基一个月，雍正帝宣布全面清理钱粮，谕令凡有亏空，限三年之内如数补足。如限满不完，定行从重治罪。可以说，雍正帝以清理国库钱粮为名，掀起的是一场整治官场贪腐的政治飓风，几乎将所有官员都卷入其中。而查处的结果，更是自督抚到州县，几乎无官不亏空。当时，对于亏空的原因，朝廷中不乏"因公挪用"的说法，因为清朝的地方财政拨款存在严重不足的情况。但是雍正帝并不认同，在他看来，亏空的原因主要在于官员借端侵渔，知县等官员直接侵蚀库银，然后行贿上司，一旦追查便开始挪移掩盖，受贿上司为其隐瞒，迫令新任官员接受亏空。新任官员又借此挟制上司，任意侵蚀，形成贪污钱粮的亏空链。

所以，雍正帝即位后，便将清理亏空和惩贪的重点放到了地方上。经过一段时间的清查，发现每一亏空案背后都能牵出一条利益集团的关系链，仅隆科多受贿案就牵扯赵世显、满保、苏克济、甘国璧、吴存礼、鄂海、佟国勷、李树德等8名督抚，而且他们自身都背负着巨额亏空。如山西巡抚苏克济是被康熙帝称作居官安静的"好官"。雍正元年，由潞安府知府裘章等诸多官员首告，苏克济以450万两巨额亏空被逮。随后，苏克济承认其借军需之名支取官员俸工银，然后婪入私囊，并收受年节礼品、生日贺礼，并5次大计考核官员、入京谒见等项，共侵吞425万余两的事实。又如，江苏亏空案是由巡抚尹继善等人查明的。尹继善用了3个月的时间，在雍正六年末查出，江苏本省亏空260余万两，外省咨追银共170余万两。前任江苏巡抚吴存礼一人亏空库银达40余万两，全部用于行贿。从吴存礼那里抄出一张行贿的单子，上面记着他行贿京城的王公贵族及大小官员名字，有大学士9人，部院尚书、侍郎30余人，王公贵戚十数人，而总人数达200余人。

山东巡抚李树德任内的钱粮，"无着银三十余万两，无着谷十二万五千余石"。被查审后，有一份"帮助借给族人亲友捐纳银两清册"，上有41员，"共计帮助借给捐助银五万一百两"，其中有他的族叔、族兄弟、堂叔、堂兄弟等。另据《雍正朝起居注册》记载，李树德"为伊亲戚捐纳有八十余人"。

对于巨额亏空，清查不过是发现问题，弥补亏空才是解决问题。在这一点上，雍正朝与康熙朝不同的是：一是亏空官员一律革职赔补（先前康熙朝允许革职留任赔补，官员可以利用在任的机会继续敛财）；二是落实失察上级分赔的政策，即实行连带责任制，所谓“州县力不能完，则上司有分赔之例”。康熙朝虽有此定例，但并未很好地执行。三是追缴家产更趋严厉，不仅将亏空官员本人监禁，抄没家产，而且追及子孙家人。

雍正帝惩贪、追赔有句名言：“务必严加议处。追到水尽山穷处，毕竟叫他子孙做个穷人，方符朕意。”发此狠话，既反映了雍正帝惩贪的坚决，也说明他对国情的认识。因为在他看来，官员贪污多是为家庭子孙谋利。所以，他对惩治贪官的要求是“籍没家产”“父债子偿”。在雍正帝看来，贪官婪取钱财都是“肥身家以长子孙”，必欲穷追，不惜严刑夹讯，且不吝功臣勋戚。

由于专制制度赋予了皇帝至上的权力，所以雍正帝的这些措施得以顺利实施。经过七年有余的严厉整顿，吏治与财政方面均见成效。在这个过程中，雍正帝不是孤立的，他起用了一批官员。具体做法是，在中央成立了直属于皇帝的独立审核机构——会考府，各省督抚大员，全部换成以“风力”著称的干练能臣。在不到半年的时间里，雍正帝更换了10个省的巡抚。如山西巡抚诺岷、江西巡抚迈柱、河南巡抚石文焯等，他们与地方亏空没有瓜葛。与巡抚同步更换的还有布政使。布政使的更换更是频繁，14个省在雍正元年进行了全面调整，其中山西、山东、安徽、湖南、湖北五省进行了两次以上的更换。这种对布政使和巡抚的频繁调动，明显是出于贯彻和推行清查亏空这一重大举措的人事考虑，也表达了雍正帝清理亏空的决心和力度。而在此过程中，雍正帝又实行了耗羡归公的财政改革与改变低俸的养廉银制度。

雍正帝整饬贪官，可谓铁腕反腐，横扫了官场的污浊之气，对官吏起到了警示作用。乾隆帝评价说：“我皇考临御以来，澄清吏治，凡此等官侵吏蚀之习，久已弊绝风清。”“虽满汉官员等用度不能充余，然无甚贫甚富之别，且不贻后日身家之患……”而时人也有评价说，雍正朝的官员人人都是清官。所以，经过雍正朝13年的统治，官员中以贪致富者基本得到整治。在乾隆帝接收的政治遗产中，官僚群体形成一个“无甚贫甚富之别”的阶级状态，这很似一个王朝创建伊始的状态。故有了乾隆初政崇尚宽大的现象。

但自乾隆六年（公元1741年），乾隆帝发现侵贪之案渐多。他指示尚书讷亲、来保，将乾隆元年（公元1736年）以来侵贪各案人员，实系贪婪入己，情罪较重者，查明后陆续发往军台效力，以为贪赃者之戒。对于贪官，乾隆帝与其父有着相同的认识。他曾说，贪官“甘陷重辟，忘身殖货，以为子孙”。他举例说：“云南省之戴朝冠直取库银，付原籍置产。且恃年逾七十，冀得瘐死了事。刘樵侵蚀多至累万，而伊子且携资捐纳。此等之人，尚使其肥身家而长子孙，将明罚敕法之谓何？”

在执政10余年后，随着各省贪污亏空案渐多，乾隆帝认识到，贪污者渐多，实缘于该管上司见皇帝办理诸事往往从宽，遂一以纵弛。于是，乾隆帝做出了由宽向严的政策转变，特别是在管官治吏方面，他继续采取雍正以来的风力作风和铁腕手段，严惩贪官。乾隆帝的做法是，凡因贪入狱的官员，原定死罪，在秋审时一旦限满不能完赃，就勾决处死，不再给以缓决。他解释之所以这样做，是因为向来完赃限满之后，不过继续监追，不判死罪，于是这些人侥幸于拖得久就会得到赦免，以致贪吏公然视国帑为私藏，任意花销侵蚀。

甘肃冒赈案

尽管如此，到了乾隆后期，被压制下去的贪污及亏空钱粮事件还是在各省悄然滋生了。最令人称奇的是乾隆四十六年（公元1781年）的甘肃捏灾冒赈案，揭出全省官员集体贪污。在这起案件中，自封疆大吏至州县牧令60余人以侵盗钱粮罪被处死，其余免死发配边疆者57人、抄家者165人。乾隆帝称之为“从来未有之奇贪异事”。接下来我们具体讲讲此案。

先是乾隆三十九年（公元1774年）二月，陕甘总督勒尔谨以甘肃省粮食储备不足，而现存库银又不足以买补为由，奏请在甘肃开纳粟捐监之例（许民人出钱买监生身份），户部议以本色（粮食）报捐，奉旨允行，并将浙江布政使王亶望调往甘肃主持捐监事宜。王亶望，山西临汾人，其父王师曾任江苏巡抚，出身官宦人家。初为举人，捐纳得知县，累官至布政使。王亶望到任甘肃后，将原定各州县捐监统归于首府兰州办理，布政司衙门也在兰州，从而掌控了全省的捐监事宜，并私自将征收本色粮食改为征收折色银两，随后串通全省官员将折色银两侵冒入己。为掩盖侵盗行为，他们谎报甘肃连年遭受旱灾，将上报的捐监银两数额以赈灾名义陆续奏销。

王亶望等在开捐半年之后即称报捐人数近2万，捐粮82万石，遂引起乾隆帝的怀疑。乾隆四十年（公元1775年）春，乾隆帝特派刑部尚书袁守侗前往甘肃查验，因事先得到通报，没有查出实情。乾隆四十二年（公元1777年）五月，王亶望升任浙江巡抚，宁夏道台王廷赞补授甘肃藩司，折监冒赈一如从前。乾隆四十六年，甘肃循化厅苏四十三率众起义围攻兰州，总督勒尔谨被革职，藩司王廷赞自请捐银4万两以助军饷，而王亶望在此前浙江海塘工程中也捐银50万两之多。王亶望、王廷赞等何以家计如此充裕？这又引起乾隆帝的怀疑，他断定其中必有侵欺之弊。

当年五月，乾隆帝派大学士阿桂为钦差大臣，与陕甘总督李侍尧前往甘肃严查。特别是在办理苏四十三一案时，阿桂等屡次奏报得雨，乾隆帝始获悉甘肃历年旱灾请赈全属虚报，又经李侍尧遍省访查，得知“通省粮石，尽属纸上空文”，即甘肃从未买过一粒粮食。至此，数年以来，将捐监的粮食改为银两，随后私分银两，以救灾冒销的奇贪大案终于水落石出。而如此大规模且持续六七年之久的贪赃，其直接后果不仅仅是吏治的全面败坏，更严重影响了国家的财政，这些贪官除了将捐监银两全部侵蚀之外，还侵吞了各州县的钱粮。

据李侍尧奏陈，兰州、巩秦、平庆、甘凉、西宁、宁夏、安肃等7个道的仓库，通共亏空银809,000余两，粮196,000石。皋兰等34厅州县仓库共少银888,000余两，亏空仓粮740,110余石。

贪腐何以难禁？

在乾隆后期，腐败并非个别情况，除了这起甘肃布政使王亶望主导的捐监冒赈案之外，还有山东巡抚国泰等婪赃营私案、两广总督富勒浑贪赃不法案，以及闽浙总督伍拉纳婪赃受贿案等，都是督抚大员的贪腐。而乾隆帝也从来不吝杀伐。乾隆一朝被诛杀的二品以上大员，共有20余人之多，贪纵枉法者如恒文、蒋洲、良卿、方世俊、王亶望、国泰、陈辉祖、郝硕、伍拉纳、浦霖等督抚大吏接连被乾隆帝处死。这种状况，不要说康熙朝未见，就是以严猛著称的雍正朝也是见不到的。但是，乾隆朝的吏治不要说不及雍正朝，甚至连康熙朝也赶不上。这又是为什么呢？问题在于乾隆帝在制度上贯彻不力。雍正年间的官员亏空分赔之例规定甚严，凡属掩饰，“朦混徇庇之该管各上司”，都逃不掉分赔的处分。乾隆元年虽沿袭了分赔的规定，但在实施“惇大之政”的过程中，分赔已不见了踪影。还有，乾隆帝处理贪官全凭其个人的好恶，如我们前面讲到的云贵总督李侍尧，本应以贪纵婪索之罪按律正法，但他在乾隆帝的庇护下，不仅保住了性命，第二年还被用为陕甘总督，而后始终在总督位上。乾嘉时期的大学士王杰指出，乾隆后期日益严重的腐败现象与乾隆帝的宠臣和珅有关。他说：“迨乾隆四十年以后，有擅作威福者，钳制中外，封圻大臣不能不为自全之计，而费无所出，遂以缺分之繁简，分贿赂之等差。馈送之外，上下又复肥己，久之习以为常。”

可见，在乾隆朝，法制规章常常被皇帝个人的意志取代，官僚大臣的赏罚生杀全在皇帝的一念之间，而面对乾隆帝的高压政治，官僚往往会寻求一种政治上的平衡，在官场上求得相安无事。于是，“上和下睦”、瞻徇袒护，成沾染日深、牢不可破之势。这在一定程度上说明，当专制权力毫不顾及常规的约束时，官员的秩序感便会被这种随意性搅乱，出于对皇权的畏惧，官员的盲从、官风的懈怠，乃至明哲保身、无所作为，便成了官僚政治颓靡的必然现象。

第七节　小政府，大职能

在通常的研究中，我们很少会谈及“政府”二字，总是以“皇帝”“国家”“朝廷”来代替“政府”。这或许是因为中国自秦以来就建立起君主专制的中央集权国家，皇帝和朝廷的国家形象深入人心。但是，就国家权力而言，君主专制从来就不曾真正是以帝王一家之力来完成的，它必须通过官僚机构的设置及有效运作来实现。换言之，伴随着秦以降的皇室与政府的逐步分离，君主权力的常态是将全国政事交付于官僚，官僚是国家行政的主体。王朝统治下，国家对社会与民众的控制从来都不曾离开过官僚群体。也正因如此，官僚政治应该包括国家政治和国家行政两个方面。现代行政管理学理论是将国家政治置于事务性领域之外的，虽然行政管理的任务是由政治加以确定的，但行政管理并不因此就是政治。在社会历史演变过程中，政府的作用是任何实体都无法取代的。在中国历史上，人们也一直希望能有一个好的政府出面包揽解决一切社会问题，而历朝历代的有为帝王也都在努力将国家的官僚机构打造成最强大的政府，用以缔造一个繁荣安定的社会。

康雍乾时期，中国是一个“小政府”发挥大职能的国家。

为什么说是“小政府”？

从康熙朝到乾隆朝，中国的人口增长到了3亿多，疆域达到了1300多万平方公里，是一个疆域辽阔、人口众多的国家。但此时的政府规模并没有扩大。

中央内阁下有吏、户、礼、兵、刑、工六部，还有都察院、理藩院、通政司等政务性的衙门，此外是翰林院、詹事府、太常寺、鸿胪寺、钦天监、国子监等非政务性衙门。在行政事务衙门中，六部官员自笔帖式至尚书，官员人数基本在百人左右，户部最多，有200多人。

根据记载，乾隆年间，清朝的行政建制大体固定下来，全国有18行省，各省设一巡抚，两省或三省设一总督，总督和巡抚都是行省的最高行政长官。两者的区别除了总督比巡抚级别高之外，总督还掌军权，而巡抚主要治民。总督、巡抚既无副职，也无下属办公人员。除总督、巡抚外，省级官僚还有主管财政的布政使和主管司法的按察使各一人。布政使属员有经历司经历、都事、照磨所照磨、理问所理问、库大使、仓大使各一人，总共6人。按察使属员有经历司经历、知事、照磨所照磨、司狱司司狱各一人，总共4人。

省下设府，府设知府一人，同知、通判无定员。知府属员有经历司经历、知事、照磨所照磨、司狱司司狱各一人。全国共215个府。

府下设州或县，州设知州一人，州同、州判无定员。知州属员有吏目一人。全国有直隶州76个，属州48个。

县设知县一人、县丞一人、典史一人，主簿无定员。计全国有县1358个。

此外，在府与布政司、按察司之间还有道员，分为守道、巡道，分别对应布、按两司。另外还有学官。

据时人记载，上述各衙门的官员，从中央到地方总共有两万余人，这个人数足以说明清朝的政府是个官员最精简的“小政府”。当然，这些官员需要依靠书吏、衙役以及幕僚、长随等非官员群体才能将政府的行政职能运转起来。但即便如此，也改变不了“小政府”的官员基数。

清朝的“小政府”与中国古代政府行政职能的简单有关，中央的吏、户、礼、兵、刑、工六部，对应县一级的吏、户、礼、兵、刑、工六房。而在地方行政中，与百姓关系密切的只有户部的钱粮事务（或者说征税）与刑部的刑名事务，这也决定了古代行政以司法行政为主干，“断案”成为地方各级政府的执政常态。所以，在地方上最抢手的、最贵的是刑名师爷，其次是钱粮师爷。刑名与钱粮构成各级政府行政的两项纵向的常规行政。但这种状况在康乾时期发生了变化。

清朝政府行政职能的扩大

康乾时期，中国人口迅速增长，边疆开拓，国计民生成为国家与政府必须面对的问题。于是，随着“养民”的思考，政府的行政职能逐渐扩大。

康熙帝认为，“国家所重，惟在养民”；雍正帝也强调“朝廷设官置吏，原以养民”；到了乾隆朝，更是明确提出“贮粟养民，乃国家第一要务”的理念。可见在清朝皇帝的政治话语中，其实包含着一个深层的隐喻，就是天下百姓需要由政府主动作为去养活，或者说，政府在养民问题上具有不可推卸的道义责任。而支撑起“盛世”的政府行为，也应该得益于“养民”“足民”“富民”等有关民生的重大政策的实施。那么，何为养民？何以养民？对农业大国而言，土地粮食的供给、满足百姓的生存需求是养民的基础。为此，统治者将政府的职能扩大到以下几个方面：

劝民垦荒

清朝从国家及政府的角度为养民做了种种努力，而每个时期又各有重点。康雍时期主要是劝民垦荒。垦荒是每个朝代在战后恢复生产必做的一件事情，但清朝垦荒持续了一个世纪之久，实为罕见。康熙年间，除了继续执行顺治年间制定的垦荒政策外，还将升科年限由6年延长至8年，加大了奖励开垦的力度，由政府组织进行土地清丈及限期上报未垦、隐垦土地等。至康熙末年，全国耕地面积新增1.7亿亩。

雍正年间，开垦继续被统治者提倡，而且出现了开垦高潮。雍正帝在上谕中说：“惟开垦一事，于百姓最有裨益。”仍然由州县官劝谕百姓开垦，自督抚至州县官，以开垦业绩准令官员议叙。各省由督抚主持，就本地情形由相关官员做出详细计划，并对情愿开垦而贫寒无力者，酌情动用存公粮食，借给口粮、种子及耕牛，俟土地成熟之后分年照数归还，五六年后按则起科。当然，雍正朝大力提倡垦殖也造成了官员谎报开垦政绩的弄虚作假之弊，但这是另外一个问题。特别值得一提的是，自清军入关后，辽东及东北的土地已经抛荒，在康熙初年还是“一望苍莽，风烈气肃，树木少植”的景象，就连辽阳这样的大城也仅有数百人。在政府推动移民垦荒后，不仅吸引了山东、河南等地的大量人口到东北垦殖，改变了东北地区的荒芜状况，也缓解了内地剩余人口的压力。

“贮粟养民”

养民需要充足的粮食。在粮食的生产、收储和流通等方面，清政府颁行了许多政令，如禁止商人囤积居奇、禁止民间以粮食造酒、开本色（粮食）捐监，以及进行人口统计和完善粮价呈报制度，等等。其中影响最大的莫过于放开收购余粮、大力度充实常平仓储等措施。

自古以来，国家备荒“实赖有积贮之政”。贮粟养民的做法，最早当出自南宋朱熹的“社仓法”，也称“常平仓”。清朝的仓储之设始于顺治末年，康熙朝形成制度，国家下令在各省设立常平仓，除了备荒之外，还用于平抑物价，于青黄不接时出粜给农民作为口粮和种子，故在制度上有存七粜三的规定，同时可将储存的粮食出陈易新。常平仓的粮食主要来自地方，由各省督抚责令各州县官员采买或由商贾等捐输，而采买余粮便成为地方各级政府非常重要的职责之一。雍正朝继续推行该做法，到了乾隆朝，在国家“一劳永逸”解决粮食问题的理想推动下，各级政府加大了充实常平仓储的力度，至乾隆十三年三月，各省常平仓实储已不下3000万石。这种打破存贮常规的努力，是在皇权的指令下将政府职能发挥到极致的表现，也是以往政府少有的对社会经济进行干预的状况，其目的在于实现“养民”的政治目标。但这项带有严重主观性的指令带来了不良后果，如引发粮价一度持续上涨，屯粮过多导致粮食发霉、腐烂等，所以国家又重新收缩常平仓的存粮数额。

这件事情说明，清朝将常平仓的积贮养民纳入了政府的行政职责。各级政府从督抚到州县官员是粮食储备的实际操作者与常平仓的管理者，他们不仅要处理粮政实施过程中发生的种种问题，还要提出应对问题的具体方案。换言之，政府从对粮食的征集、储备以及出粜等制度与措施方面付出了巨大努力。

推广种植高产作物

在人口增长代表经济繁荣的同时，人口问题也成为一种社会问题在康雍乾时期日益凸显出来。人口过快增长，使养民的压力逐渐显现出来，反过来成为盛世的隐忧。在传统中国，解决生存问题首先追求的方案便是开垦土地，但土地毕竟是一种有限的资源，人口的过度膨胀使得人与地之间的矛盾越来越突出，所谓“户口增而产米衹有此数”。而且，粮食供给不足，又导致物价飞涨。乾隆时以充当幕僚（师爷）知名的汪辉祖曾谈到乾隆年间物价飞涨的情况。他说，乾隆五十七年，“食米一斗，制钱二百八九十至三百十余文不等。忆十余岁时（乾隆初年），米价斗九十或一百文，间至一百二十文”，时人便感叹米贵。

所以，在解决人口压力的问题上，国家及政府官僚们的作用是不可忽视的，他们在儒家“惟足食为民生之本计”的思想指导下，致力于落实养民的各项具体政策。其中，明末开始引入的美洲番薯、玉米等新高产作物，在清朝由政府组织得到普遍种植。最初，番薯、玉米等作物多在南方、山区种植，正是在政府的极力提倡下，逐渐向北方推广。有这样一个例子，乾隆五十年（公元1785年），据福建巡抚富勒浑奏报，福建正采备一种小著藤薯种子，送往河南播种。有福建闽县监生陈世元找到地方官员，声称从前游历河南，曾经将这种小著藤薯在河南试栽成功，愿带领自己的子孙和仆人前往教种。随后陈世元由政府派人护送起程赶赴河南。乾隆帝闻奏后十分高兴，称赞“所办甚好。番薯既可充食，兼能耐旱”。随后命富勒浑在福建多采备种子，又命河南巡抚毕沅在陈世元到河南试种时给予关照配合，并照陈世元的种植法，令各级官员广为栽种，加以推广。同时，降旨表彰陈世元，如果教种有效，将赏给举人职衔。虽然80多岁的陈世元在由福建赶往河南的途中感染风寒病故，但乾隆帝还是赏赐陈世元国子监学正的职衔。由此可以看出国家及各级政府在解决人口吃饭问题上的积极态度和所做的不懈努力。

赈灾

中国是一个农业大国，水、旱、虫、雹等自然灾害实为常态。因此，在国家实力逐渐增强的康雍乾时期，赈灾也被纳入政府的职责范围。这一时期，对于灾害的勘察、赈灾物资的分配都有章法可循，凡遇歉收、物价高昂或饥荒之年，对流徙贫困人口的资助就成为政府例行的公事。地方一旦有灾情上达，朝廷便会发布指令，各级政府开始核实灾情，讨论赈济的方式，通常或准发官仓，或动常平仓平价出粜。若不足，再截留漕粮10万石乃至数十万石投入救灾，或发公帑数十万赈济。例如雍正二年，江浙各州县遭遇水患，清朝组织各省之间的救援赈灾，动拨湖北藩库银买米10万石，江西藩库银买米6万石，运交浙江巡抚平粜；动拨河南藩库银买米4万石，山东藩库银买米6万石，安徽藩库银买米5万石，运交苏州巡抚平粜。这种规模的赈灾不是地方乡绅凭借社会力量设置粥棚能够做到的。这需要相应的制度，需要组织人力，更需要权力综合资源进行调配。因此，法国著名汉学家魏丕信在《十八世纪中国的官僚制度与荒政》一书中指出，雍乾时期的政府与官僚都投入了大量的精力与财力去赈灾，社会团体的赈灾活动属于从属地位。他认为中国政府完成特殊任务的能力超过了同时期欧洲的国家。

兴修水利

在康雍乾时期，兴修水利也被纳入政府的行政职能。乾隆元年，登基不久的乾隆帝发布谕旨给江南督抚及河道总督，令管理水利河务各官及滨河州县各官查看河流浅阻之处，每年于农闲时募夫挑挖，定为章程，逐年进行。在沿河府县还设有专门负责水利的水利同知、水利通判等官职，专管河道闸坝，督率疏浚河道等。

在清朝诸多的水利工程中，江浙海塘工程最为著名。为防御海潮危害，江浙沿海地区修建了土塘、柴塘、石塘等工程，其中以防御钱塘江大潮侵袭的浙西海塘最为重要。康雍两朝，修筑海塘已开始受到国家的重视。乾隆帝进一步强调“海塘为越中第一保障”，他在南巡中数次亲临海宁阅视塘工，实地指授筑塘方略。在资金准备上，以捐监剩余银两作为岁修基本金，并动用正项钱粮，与前朝派征民夫的方式区别开来。政府将海塘修筑纳入日常工作程序，几乎所有的督抚都参与到修筑的方式、方法的讨论中，形成了一个又一个修筑方案。经过一个多世纪的努力，海宁一线原有的土塘、柴塘一律被改建成坚固整齐的鱼鳞大石塘，以往凭借民间力量兴修水利的“水利社会”的格局被改变。

第八节　经济家与精英官僚

在社会历史演变过程中，政府的作用是任何历史实体都无法取代的，在中国这种中央集权的国家，尤其如此。国家或者说君主对社会的控制，是依靠政府出台的政令、政策，直接或间接影响并改造着人们的日常生活，而行政官僚和技术官僚就是这中间的桥梁。换言之，国力的强盛、经济的繁荣离不开一个好的政府以及政府中的官僚。这一节我们来讲讲组成政府的一批官僚。

何为经济家？

在对康乾时期中国历史的重新审视中，我们观察到，清王朝是由一个规模不大、人数不过两万余人的“小政府”治理着，因此这个人数不多的“小政府”就更需要一批具备实务经验、阅历丰富，并在国家行政及社会经济领域掌握行政技能的管理型人才，我们把这些官员称为“经济家”或精英官僚。

那么，何为经济家呢？“经济家”的说法，出自近代知名学者兼官僚曾国藩与张之洞。曾国藩将原有的义理、辞章、考据三种学问改为四种，从义理中划出“经济”一类。张之洞则直接说，理学家之外别有“经济家”，又指出，如孙嘉淦、李绂、陈宏谋、朱轼、鄂尔泰、舒赫德、方观承、刘统勋等诸家皆为经济家之显著者。而上述被称为经济家的人恰恰都是生活在雍乾时期的官员，他们大都有官至封疆的经历，距曾国藩、张之洞生活的年代不过百年左右，评价的客观性当不容置疑。另外，被誉为近代经世学先驱的魏源，则将这一群体包括一些没有入仕当官的士大夫的奏疏与文章编辑成书，命名为《皇朝经世文编》。也就是说，这些经济家都是主张经世致用的学者官僚。他们不是现代意义上的“经济学家”，却是一群关注国计民生，为解决社会问题而提出改革方案并能身体力行的行政官僚，也是一群以经世致用为政治抱负的经世官僚。

提到经世学，有一种观点认为，17世纪的经世学产生于明清鼎革、国破家亡的历史环境中，19世纪的经世学面对的是西方殖民主义势力的入侵，而18世纪只有考据学一家独大。这一观点值得商榷。18世纪主要是雍乾时期，理学虽不占主导地位，但并没有销声匿迹，上述经济家中不乏推崇理学的学者，如李绂、陈宏谋、朱轼、刘统勋等。陈宏谋明确提出要“以醇儒之学术，发为名臣之经济”，“本经术以经世，言近而指远”，这是他们这一代学者官僚对理学与经世致用关系最直接的阐述，表达的是理学家以“修身、齐家、治国、平天下”为宗旨的胸怀。面对康乾时期人口增长的社会压力，他们以“肆力于学，务求实用”的积极入世精神，去解决诸多现实问题。所以，18世纪经世学的倡导者不再是一些文人学者，而是身体力行的行政官僚。

雍乾时期的经世学在变化中得以延续，精英官僚利用传统儒学自身的能量和张力，将政府维护及关注民生的政治诉求激发了出来，波及上层精英集团，特别是那些负有封疆职责的督抚。他们作为地方的最高行政官僚，除了为保护自身的利益而与皇帝周旋外，也会发生角色的转变，即在贯彻君权意志的同时，将自己政治抱负的内在自觉性在付诸实践的过程中释放出来，从而在管理及解决民生问题方面使自己成为专家或者时人所说的“经济家”。

所以，那些被称为经济家的精英官僚不仅代表政府进行决策，以实现政府乃至国家意图，还将目光放远至关系社稷长治久安的民生问题，其作为更多地表现在农业、粮食、赈灾、河工、水利、漕运、采矿、钱法等经济建设领域，针对制度与政策的缺陷采取了一些有创建性的措施。官僚的职责已由传统的钱粮与刑名事务延伸到经济事务中。我们不妨以他们中的一两个人为例进行分析。

孙嘉淦

孙嘉淦，山西兴县人，康熙五十二年（公元1713年）进士。他之所以能以“骨鲠敢言”闻名，只因他做了两件事。一是雍正帝即位，上疏陈三事：请亲骨肉，停捐纳，罢西兵。此时他不过是个七品翰林官。二是13年后，乾隆帝登基，又上《三习一弊疏》，借指称时弊，提醒新帝。所以，孙嘉淦以“有胆”被朝野共知，以至后来有人指责朝政，便借孙嘉淦之名上书，即“伪孙嘉淦奏稿”一案。我们对孙嘉淦的了解更多的是停留在他“有胆”上，然而他的价值更在于“有识”。

乾隆三年（公元1738年），孙嘉淦由吏部尚书授直隶总督。他上任后做的第一件事就是针对当时因违反严厉的禁酒令而被关进狱中的成百上千的民众，提出弛禁。清朝实行酒禁，是为了保证民众的粮食所需。“时畿辅酒禁甚严，罹法者众”，孙嘉淦指出，“酒禁之行，无论适以扰民，而实终不能禁”，并说只有酿黄酒必用小麦，烧酒则用高粱，佐以豆皮等，高粱不是主要粮食，而豆皮等原属弃物，杂而成酒，可以得价，酒糟可饲养六畜，化无用为有用，是有益的事情。而且他的话中还有现代意义的价值杠杆及市场调节的理论。他说：“烧锅禁则酒必少，酒少则价必贵，价贵而私烧之利什倍于昔。什倍之利所在，民必性命争焉。……本为民生计，而滋扰乃至此，则立法不可不慎也。”他的奏疏上达后，乾隆帝接受了他的意见，下诏弛禁。

孙嘉淦做的另一件事是修治永定河。时朝廷命孙嘉淦以直隶总督兼管直隶河工，于是他提议修治永定河。初至官，即在金门闸上下多建草坝，使河流渐复故道。随后，乾隆四年（公元1739年）正月又引永定河经天津归海。但问题是，如果河水在归海中途梗阻，必更加漫溢为患。若海口开深，又恐潮水倒灌。于是，孙嘉淦率领众官员实地勘察通省水道，“凡众河交会及入淀、入海之路，有急宜修浚者，即于今夏兴修”。历时一年九个月，基本疏通境内大小河道，又引永定河改归故道。乾隆帝十分满意。但随后出现了因永定河经理未善，固安、良乡、涿州、雄县、霸州各州县田亩被淹的事情，乾隆帝却仅以孙嘉淦失计责备之，并未治其罪。

陈宏谋

陈宏谋，广西临桂人，雍正元年恩科进士，翰林院检讨出身，是一位外任30

余年、历官12省的资深行政官僚。他做官无论时间长短，必关注人心风俗之得失，及民间利病当兴当革者，次第进行。他将诸州县村庄河道绘图挂在墙上，反复审视，据此决定举措。每官一处，皆有实政。

例如官扬州，正值水灾，他奏请遣送饥民回籍，将其补入赈济册，使其享受赈济之米。

在天津，他多次乘小舟咨访水利，找到放淤法，并将沙沉土高之处改造成沃壤良田。

在江西，遇饥荒，他协调邻省，自湖广运粮出粜。江西多水，他组织民力修圩田堤坝，为解决劳力问题，实施以工代赈的方法。

在陕西，高原苦旱，他劝民种山薯及杂树，凿井28,000余口，造水车，教民用以灌溉。陕西无水道，他令疏凿水道，等等。

特别是随着国家政策的重心由全面增加土地垦殖向桑麻并重等多种经营的转移，陈宏谋把江南的纺织业带到了陕西，他招募江浙人到陕西教民养蚕，开始全力启动种桑养蚕的副业生产。

陈宏谋曾先后四次任职陕西。乾隆十六年（公元1751年），他第一次出任陕西巡抚，发布了《劝种桑树檄》，在省城西安设立蚕局，买桑养蚕，发给工本，并命凤翔府等处一体养蚕。同时设织局，招集南方机匠将丝织成秦缎。六年后，即乾隆二十二年，陈宏谋再次任职陕西时，便见到了蚕政渐次振兴的景象。于是，他又发布了《倡种桑树檄》，将桑蚕养殖在渭水流域的西安、凤翔、同州三府各州县进行普及。特别值得一提的是，陈宏谋以陕西山地中槲叶最盛，宜养山蚕，便将山东养殖山蚕的成法带到陕西，印成书籍，分发通省进行宣传，并在《广行山蚕檄》的官样文书中开列出宜养山蚕的树木，如槲树、橡树、青杠树、柞树、椿树等种类及样态，其技术指导堪称细致而专业。

解决社会问题的精英官僚

除了这些被称为经济家的官僚之外，康雍乾时期还有很多精英官僚致力于解决社会问题。民以食为天，人口不断增加使得吃饭问题成为最大的问题。乾隆初年，尹会一任河南巡抚时，有《敬陈农桑四务疏》，要求地方百姓乘天时，尽人力，广树艺，勤女工。云南巡抚张允随有《劝农三策疏》，指导各官如何劝课农桑。杨锡绂在广西巡抚任上，劝导百姓种植杂粮，责成知府督率各州县实力奉行。其间或有缺乏籽种者，令府州县等酌量捐给，并从省里的藩司库中支取部分银两，买种子分给各府州县倡种。

与农业相提并论的当是河工、水利，所谓“养民莫大于水利”，河道不浚，则河水失归，泛滥为害。特别是河工关系到水利、漕运以及河水泛溢后给百姓带来的灾害，因此备受统治者关注。自康熙帝将“治河”列为三大政之一，两江三省的督抚便开始了对河工的参与，在职任上也被赋予了相应的河工职责。随着地方督抚兼任河道总督的体制在雍正朝形成，乾隆帝又在官制上予以完善。而两江总督由参与治河决策，到在河工方面形成自己独到的见解并具备技术水平，这一过程也主要在乾隆中后期完成，以至出现了两江总督大多为治河专家的现象。其中具代表性的人物有那苏图、尹继善、高晋等，他们都有以两江总督或巡抚的身份兼任河督的经历，在这一意义上，我将他们称为“技术官僚”。

此外，云贵总督张允随对金沙江通川河道的开浚，也是体现康雍乾时期“技术官僚”价值的典型事例。自康熙末年，清政府实行“官给铜本”，将云南采铜纳入国家行政体制以后，铜政便在地方督抚的经理下迅速发展起来，采铜量由雍正初年的年产八九十万斤，到乾隆中期增加到一千二百数十万斤，户、工两局及江南、江西、浙江、福建、陕西、湖北、广东、广西、贵州九路，都由云南的铜供给，滇铜的发展达到了极盛，从而使清朝完全摆脱了此前依赖日本洋铜进口的局面。而滇铜得以发展的重要原因，除了云南巡抚实施对民间采铜“宽给价”即加价收铜等措施外，关键是水路运输航道的开辟。

云南群山环绕，陆路往往无从接济，素有商贾罕至之说，历任官员皆以办解京铜为难事。为解决运输难题，自雍正朝便有总督鄂尔泰、庆复、张允随等先后倡议开浚金沙江河道，至乾隆五年（公元1740年），终于由张允随奏准兴工。张允随自康熙末年即出任楚雄知府，历任粮储道、布政使、巡抚、总督等职，是一位有着30余年任职云南经历的行政官僚。他熟知“郡国利病，山川险要，苗夷情状”，主持设计了金沙江通川开浚工程的施工方案。按照他的设计，工程因地制宜，在水落江平之际或修纤路，或疏凿水下阻船巨石，或筑逼水长坝，根据水下地形的不同采取不同的工程技术，甚至连工程经费如何使用也考虑在内。而且张允随不时查看在工大小官员，以使工期不误，帑项不糜，所用经费也较原来估算为少。所以，无论从管理的角度还是工程技术的设计方案来看，都堪称专业。

可以说，康乾时期，精英官僚整体上保持了一种努力应对民生问题的积极倾向，在提高土地利用率、推广优良作物品种、发展多种经营、兴修水利、稳定地方社会等各方面扮演着重要角色。他们的业务技能来自官僚生涯的历练，从他们身上，我们看到了“政务”与“技术”的统一。也正是这样一个精英群体，将康乾时期的中国推向了盛世。能解决人口持续增长所带来的粮食问题就是一个明显的例证，它客观地证明，经济家或者说精英官僚并非有名无实，他们对康乾盛世的出现有着特殊的贡献。

第九节　文字狱和闭关锁国

文字狱是清朝实施的文化专制，它钳制了人们的思想和进步因素。闭关锁国造成中国在18世纪看不到世界的发展，远远落后于西方，这在学术界几乎是一个不争的事实。那么，清朝的皇帝究竟要负怎样的责任呢？为什么在康乾时期，圣明的君主实施了如此让人诟病的政策呢？这是我们本节要讨论的问题。

文字狱概述

在中国历史上，思想文化专制由来已久，远至秦朝的焚书坑儒、西汉的“罢黜百家，独尊儒术”等。相比之下，清朝的文字狱打击面更广，杀戮更为惨烈。纵观清朝的文字狱，以康、雍、乾三朝最多，从康熙到雍正再到乾隆，文字狱愈演愈烈。有人统计过，康、雍、乾三朝的文字狱有200余起，其中乾隆一朝就有130余起，且愈演愈严酷。不论为官为民，亦不论满人汉人，甚至已死去几十年的祖先所写的诗文，一旦与文字“悖逆”沾上边，便会惹上杀身之祸，株连九族。在涉案严重而有名的案例中，修史获罪的，有庄廷鑨的《明史》案、戴名世的《南山集》案、汪景祺的《西征随笔》案；治经获罪的，有吕留良的《四书讲义》案；诗文获罪的，有胡中藻的《坚磨生诗钞》案、徐述夔的《一柱楼诗》案等。还有以科场试题获罪的查嗣庭案，等等。

清朝以少数民族入主中原，对自身统治稳固性的高度关注，对汉族特别是知识分子的刻意防范，无疑是清朝文字狱多的原因之一。但有些文字狱完全是望文生义，欲加之罪，这就是帝王以实现专制统治为目的所采取的驭官驭民的权术。我们不妨试举一两个例子来加以解读。

先说康熙朝的《明史》案。顺治年间，浙江乌程南浔镇富户庄廷鑨双目失明，想效仿左丘明以盲人著史成为史学家，于是买来明朝大学士朱国祯的《明史》遗稿，延揽江南一带的才子吴炎、潘柽章等16人修史。书中尊奉明朝年号，不承认清朝的正统，还提到了明末建州女真旧事，直呼努尔哈赤为“奴酋”、清兵为“建夷”等。由于归安知县吴之荣的告发，康熙二年（公元1663年），清廷兴文字大狱。是案牵连千余人，凡作序、校阅、刻书、卖书及藏书者，均被处死，被杀者70余人。时庄廷鑨已死，被掘墓焚骨，庄氏全族获罪。杭州将军松奎、浙江巡抚朱昌祚以下所有失察官员，革职查办。不难看出，康熙朝的这起文字狱是由江浙士大夫的反清意识引发的。

望文生义

雍正时期的文字狱有20多起，初期多与朋党政敌有关。到了乾隆朝，文字狱越发密集，且多为望文生义。有影响且有代表性的文字狱要数《字贯》案。

乾隆四十二年，有江西新昌县民王泷南检举举人王锡侯，称其删改《康熙字典》，另刻《字贯》。《字贯》序中有称《康熙字典》“穿贯之难也”的句子，王泷南认为此乃悖逆之语，请求将王锡侯治罪。经巡抚海成审问，王锡侯交代，“穿贯之难”并非指《康熙字典》，而是指学者理解之难，王泷南与其有私怨，乃挟仇报复。海成认为，王锡侯书中虽无悖逆之句，但仍有指责《康熙字典》收字过多、理解不易的意思，实为狂妄不法，请革去其举人身份。但当乾隆帝看到海成送上来的《字贯》凡例中直书孔子及康、雍、乾三帝名讳时，顿时大怒，认为“此实大逆不法”，应照大逆律问罪，并责备海成仅革去王锡侯举人身份的处罚实大错谬。随即命海成作速亲往王锡侯家中搜查，同时选派大员，将王锡侯锁拿押解京城，交刑部严审治罪。该案的处置结果是，王锡侯照大逆罪斩立决，三个儿子、四个孙子斩监候，秋后处决，其他人发配边疆为奴。巡抚海成斩监候，发往乌什效力，布政使、按察使革职，两江总督降一级留任。

《字贯》案发生时，正值清朝清查禁书，各省督抚对查禁并不卖力，王锡侯刚好是一个杀鸡儆猴的例子。虽然王锡侯出于文人立言的心愿，作《字贯》不过是要按照字义将汉字各归其类，便于查找，但他没有避讳，后来感觉到不妥，做了些补救。乾隆帝自己也说过“避名之典，乃文字末节，无关大义”之类的话，经常标榜自己“不为已甚”。但这次清廷还是要重惩王锡侯，不惜诛杀其子孙，就是要向敢于著书立说的士大夫立威，不许他们有丝毫不利于朝廷的言行，鼓励告发，并借此警告办事不力的官员。《字贯》案树立起一个恶劣的样板，文字狱由此接二连三地发生。第二年，江苏东台县便有监生呈控徐述夔的《一柱楼诗》有悖逆之词。是案发生后，乾隆帝再次从严处罚，株连甚广，失察的布政使死于狱中。其后文字狱更是发展到近乎疯狂的程度，各省诘告者不绝，官员明知情况不实也要从重治罪，造成人人自危的局面。乾隆帝也达到了控制文化、钳制思想的目的。

乾隆朝密集的文字狱并非孤立的现象，乾隆帝先是将降清的汉人一律以“贰臣”入史传，又修《四库全书》，再实行禁书。禁书期间，制造了蛛网般密集而又不合逻辑的文字狱，这正是乾隆帝的独断个性及皇权意识作用于专制国家的最直接的表现，也是他帝王生涯中最大的败笔。

考据学由何兴起？

这里还要质疑一个说法，就是文字狱是考据学的成因。梁启超在《清代学术概论》中说：“文字狱频兴，学者渐惴惴不自保，凡学术之触时讳者，不敢相讲习。”鲁迅也说：“为了文字狱，使士子不敢治史，尤不敢言近代事。”在这种文化专制恐怖主义之下，曹雪芹在写《红楼梦》时不得不声明此书大旨言情，都是“假语村言”，其良苦用心就是躲避残酷的文网。所以，他们认为清人从事考据学是为了逃避文字狱的迫害而躲入故纸堆中。持这种观点的还有章太炎、孟森、萧一山以及中华人民共和国成立初期的老一辈史学家。文字狱为考据学成因这一说法几成定论。

但在20世纪80年代，有学者开始对上述说法提出质疑，认为清代考据学兴起与文字狱没有必然的联系，它们之间并不存在因果关系。清政府对一些纯学术的“异端”思想是有所容忍的，士大夫转向考据学，是受家学、师友和社会风气的影响。我通读清朝学人传记，也有同感。在那个信息不通、交流困难的年代，可以获得的书籍、知识是有限的，外界的影响也是有限的，学者的成长受家庭及师友的影响更多一些。考据学或者说汉学在当时有如一种治学的时尚为读书人所推崇，并形成潮流，被追随者推动。考据学兴盛的原因，从根本上说在于其本身所具有的生命力和吸引力。而且乾嘉学人并非学术专制下的懦弱者，在他们身上看不出遭受文字狱打击之后的世故，一些学者照样具有鲜明的个性和反叛精神，如戴震等。

闭关锁国，故步自封

闭关锁国也叫作闭关自守，就是国家在政治、经济、文化等各个方面都不与外界有任何联系。那么，清朝为什么要闭关呢？事实上，清朝闭关经历了“三闭三开”，每个时期闭、开的原因都不尽相同。

清初，沿袭明朝成规，不许外国商船进入广州，只准于澳门交易。随后，由于东南海上郑成功抗清力量的存在，清廷严行出海之禁。闭关的目的主要在于隔绝大陆民众与郑氏抗清武装的联系，防范反清势力集聚海上。于是，顺治十三年有了对东南沿海省份“无许片帆入海”，违者立置重典的“禁海令”。顺治十八年，朝廷进一步下达“迁海令”，以保证“禁海令”的施行，强迫海岛和沿海居民内迁30~50里，设界不得逾越。又在法律上规定：凡将牛马、军需、铁货、铜钱、布匹等出界贸易及下海者，杖一百；护送人口、军器出界下海者，处绞；将情报泄密者，处斩。“禁海令”和“迁海令”使沿海居民流离失所，并严重影响了沿海地区的经济发展。

尽管规定如此严厉，禁海期间，沿海官民仍在进行走私贸易。康熙初年，赴日商船平均每年有30艘左右。平三藩后，福建巡抚吴兴祚奏请开海禁，但廷议没有通过，主要是台湾郑氏尚未降附。康熙二十二年，统一台湾，随后康熙帝派出钦差考察广东、福建。康熙二十三年，清廷正式宣布开海禁，在江、浙、闽、粤四省设置江海关、浙海关、闽海关和粤海关，开启了清朝历史上的四口通商贸易。这时的海上贸易有若干具体规定，如海上贸易船只载重量限500石以下，严禁将硫黄、军器等物私载出洋贸易等。与清朝进行海外贸易的国家主要是日本和东南亚诸国。四口开通后，欧洲国家，首先是荷兰，接着是英、法等国相继与清朝建立贸易关系。但与西方的贸易主要限制在广东、福建两省，如康熙二十三年在厦门设立洋行，康熙二十五年在广州设立十三行，分别经营进出口贸易，并代收税银。清廷允许英、法等国商船以澳门作为停泊地与中转贸易地。

当时，海外贸易的输出商品主要是生丝和丝织品，其次是茶叶、瓷器、药材、皮革、白糖、纸张、书籍等。在输入商品中，日本铜是清朝铸钱必需的原料，其次是海产品。从东南亚输入的商品，主要是胡椒、香料、牛角等。西方的商船载运大量白银，到中国购买生丝、绸缎、茶叶、瓷器等。康熙五十五年全年到达广州的外国商船总共有11艘，载白银100余万两。在18世纪的百年中，清朝在海外贸易中一直处于出超的有利地位，世界白银流向中国。

但是，开海禁后出现了令清政府不安的现象。原来，每年造船出海贸易者多至千余，而返回者不过十之五六，不少人留居南洋。统治者因此认为“数千人聚集海上，不可不加意防范”，并认为南洋各国历来是“海贼之渊薮”。于是，在康熙五十六年宣布“南洋海禁”，这也是第二次海禁，严禁中国商船到欧洲人控制下的南洋地区进行贸易，严令沿海炮台拦截前往的船只，命水师各营沿海巡查。

南洋海禁之后，一度繁荣的对外贸易迅速萎缩，沿海经济日趋萧条，对当地居民造成严重影响，甚至有用四五千金建造的大船，因不能出海而朽烂于港口。而生活无着的穷民，被迫逃亡海上，或铤而走险。为此，朝廷中不乏开禁的呼吁者。

雍正五年，即南洋海禁10年后，清政府重开南洋贸易，限令出洋贸易之人3年内回国，否则不许回籍。但持续不过30年，清政府再次限制对外贸易。

起因是乾隆初年，英国人为了向外推销其纺织品并接近产茶、产丝地区，力图在广州以北扩张海口。英国通事洪任辉率英国武装商船多次驶入浙江定海、宁波，这引起了清朝的重视。乾隆二十二年，清朝明确下达禁令，夷船此后只许在广州停泊贸易，不得再赴浙江海口。这是清朝对外贸易政策的一大转折，即针对外国势力北上而厉行闭关政策，只准在广州一口贸易。这是第三次闭关。

此后，清朝在对外贸易中又实行商行制度，即广州十三行的延续，以进行垄断，只允许少数富商设立“公行”，负责与外商开展进出口贸易，并代表清政府与外商交涉。乾隆二十四年（公元1759年），两广总督李侍尧奏请制定《防范夷商规条》，规定“防夷五事”：一是永行禁止外国商人在广州过冬，必须冬住者只准在澳门居住；二是外商到广东，“令寓居行商管束稽查”；三是禁止中国商人借领外商资本及外商雇汉人为佣工；四是严禁外商雇人传递消息；五是在外国商船停泊处以军队稽查。“防夷五事”对对外贸易严加管理，使闭关政策成为制度。

清朝实行闭关政策，是传统经济的产物，故而国家在政治上自然闭关自守。乾隆帝在其《敕谕英吉利国王书》中说：“天朝物产丰盛，无所不有，原不借外夷货物以通有无。”此外，满洲统治者对汉人防范甚严，他们惧怕外国人支持汉人反抗清朝的活动。乾隆帝曾说“民俗易嚣，洋商杂处，必致滋事”，所以清政府一再严申“华夷之别”，制定各种防范夷人章程，就是要隔绝中国人与外国人的任何交往。

清政府实行闭关政策，构筑了一道隔绝中外的堤墙，阻碍了中国社会的前进。清廷对出海贸易横加限制，也严重影响了经济的发展。同时，也使中国人民与世界潮流隔绝，不明世界大势，而清朝的统治者更是闭目塞听，其结果正如魏源所说：“以通事二百年之国，竟莫知其方位，莫悉其离合。”

公元1840年，英国侵略者终于用大炮轰开了中国的大门，这就是第三次开关。清政府对自身经济实力和政治实力的盲目自大，使其失去了看世界的机会。

清朝康雍乾时期给我们留下的遗产，有实实在在的国土与疆域，也有历史的经验与教训。

第五章

四组关系中的近代中国

马勇

第一节　超稳定中国的崩溃

近代中国的四组关系

相信很多人都听过这样一种说法：自晚清以来，中国遭遇了“三千年未有之大变局”。可以说到了清末，煌煌中华曾经的辉煌和灿烂都不复存在了。

近百年来，中国经历了诸多巨变，从丧权辱国的割地赔款，到废除帝制、走向共和，最终形成了现在的中华人民共和国。100多年中，中国从农业文明走向工业文明，从乡村型经济架构走向现代城市化架构，也从帝制时代走向了社会主义新时代。

这100多年的中国历史中，有太多的关键词：传统、现代、东方、西方、救亡、启蒙、帝制、共和……我们该如何看待这100多年的变化？又该如何理解近代中国历史？在这里，我要强调的观点是，要理解近代中国历史，就必须基于东方与西方、传统与现代、改良与革命、启蒙与救亡这四组关系。

“超稳定”结构

前面我们提到“三千年未有之大变局”，这句话反过来理解就是：中国的稳定起码持续了3000年。纵观从夏、商、周到宋、元、明、清的整个历史进程，我们可以发现，中国历史不是一个跨越性的发展进程，而是王朝的循环，除此之外，并无其他发展变化，甚至连革命也不是频繁发生。虽然每次革命都会催生一个新的王朝，但社会的结构几乎是不变的。正是这种“不变”，被金观涛先生称为“超稳定”结构，而这种“超稳定”结构的社会，也被认为是东方社会的停滞性的表现。

五四时期的许多思想家，例如梁漱溟、陈独秀，都认同中国是处于“超稳定”结构中的。他们都认为，如果近代中国没有西方势力的侵入，没有来自西方的刺激，中国文明可能就会持续地保持不变。从这个意义上说，中国近代史一开始就处于东方与西方交织的背景中，可以被称为一部回应西方刺激的历史。

在传统中国的超稳定历史中，曾有过很好的政治体系，其优点可以归纳为两点：分权制衡和卓越的文官制度。

首先是分权制衡。在传统中国，皇权之下的各个权力系统是相互制约的。例如，三公九卿的架构就体现了权力之间的分工、协作、制衡。尤其是中国古代所形成的完备的监察制度，从秦初到清末，监察系统都是非常严密的。

其次是卓越的文官制度。自孔子之后，中国形成了一套具有自身特点的传统文化。15世纪，中西文化开始正面接触，当然这并不意味着在15世纪以前，中西方就没有交流。很多历史故事中都提到秦朝与罗马帝国有过接触，丝绸之路也表明了东西方之间有所往来。但总体而言，在15、16世纪，自大航海时代以来，东西方才开启了全面的接触，西方人才可以便捷地来到东方。特别是到了公元1583年以后，西方传教士（利玛窦、罗明坚等人）历经艰辛来到中国，真正开启了中国文明和西方文明的接触，迄今已有400多年的历史。

所以，400多年前的中国文明其实是一个逻辑自洽、成就非凡的文明系统，而且基本满足了农耕社会对文明的需求。

那么，是什么促使了农业文明的形成呢？我认为，地缘因素和血缘因素是农业文明形成的主要原因。中国中西部，从甘肃到青海一带，包括安徽皖南山区、贵州山区，这些地区目前仍然处于农耕状态，并且具备以血缘、地缘为主的熟人社会的基本特征。在农耕社会的形态中，必定会产生适合它的中国传统。

过去我们批判被君主专制、帝王专制、阶级划分、男权主义等贬义词包裹的中国传统，认为中国文明在过去的批判话语系统中，总是呈现出一种“不良”面貌。今天看来，中国传统虽然有很多糟粕，但客观地从历史角度来讲，中国传统文明确实满足了当时农业文明的需求：简单。

这种简单，体现在治理模式上，就是“不扰民”，如何最大限度地以最小代价去处理社会问题，构建一个最廉洁有效的政治体制。

16世纪，利玛窦来到中国。此后200年，西方对中国始终持一种仰视的态度。如果我们去读《利玛窦中国札记》，会发现利玛窦不论走到哪儿，遇到的都是彬彬有礼的中国官僚，无论是总督还是知县。这是因为当时的官僚自小就被严格训练，必须饱读诗书，才有可能在科举体系中成为秀才、举人、进士，然后当七品芝麻官——知县。

这批饱读诗书的官员，在任职期满后遵循“告老还乡”的传统，将满腹学识和史书典籍带回民间故土，成为一名乡绅，成为传统中国的知识生产者和传播者，使得中国传统社会留下了大量的典籍。

这就是中国古代的乡绅治理体制。

在这个卓越的文官制度下，知识生产者们读书、从政、积累家产，退休后回到故乡，再影响地方。很多研究表明，一个进士可以对方圆五十里的区域造成影响，起到督促学习和缓解乡邻矛盾的作用。这就是中国古代良好的政治传统下形成的社会治理秩序。

错过的机会

同时，这种超稳定的社会也对西方造成了许多影响。在16—18世纪，西方人一直在向中国学习，东西方这种友好促进的关系，一直持续到乾隆中期。乾隆中期是中国经济最发达的时期，而那时英国正在进行工业革命，需要财富、资源和市场，中国恰好满足了所有条件。如果当时中英之间按照英国政府的期待，建立了外交往来，中国用自身的财富与英国进行交流、接轨，那就意味着在1793年左右，中国就已经进入了近代社会。如果当时中国依靠英国的工业革命，完成了自己的技术革新，实现了工业化，那么后来的历史将被完全改写。

但是，历史的遗恨就在于没有“如果”。1793年，英国政府派马戛尔尼来华访问，但在访华的前四年，英国的邻居法国发生了一件大事。这件大事的发生，是历史的宿命。

1789年，世界闻名的法国大革命爆发。法国大革命把近代资产阶级革命推向了高峰，自由资本主义从那时开始大发展。经过漫长的一两百年的混乱，法国从帝制走向共和，形成了西方民主底色。但是，对法国大革命的这种正面评价，是一种“后知”之知，因为当时的中国人可不这么想。法国国王被推上断头台，法国大革命的消息也隐隐传到了中国，但并未引起中国人的重视，人们只觉得“法兰西离我们远着呢”。

法国国王路易十六被推上断头台

四年后，马戛尔尼使团来华访问，在彼此交流的过程中，中国人了解到法国大革命的情况，感到十分惶恐，便停止了和英国的建交。所以，1793年马戛尔尼使团访华任务失败，最主要的原因就是中国对法国大革命感到恐慌。这种恐慌，甚至使清帝国决定中止与外部世界的往来，关上大门，先保证自己的安全。这就是历史的宿命，东方错过了工业革命，失去了提前进入近代社会的机会；而西方世界在经历了一次次革命的阵痛后，反而生发出巨大的活力。

东西方的冲突不是文明的冲突

在儒学理论中，有一个很超前的预测。儒家经典《礼记》的《礼运》篇中说："大道之行也，天下为公。"这种"天下为公"的思想，就是对人类最终要走向一体化和一致性的预测。而这种一致性，其实就是今天的全球化。

在中国这种超稳定的结构中，社会并不是一成不变的。在过去几千年的历史中，人类最初面对困难时，由于无法单独解决，便开始结成一个小的共同体，形成一个村庄，来应对野兽的伤害。但这样还是无法应对另外一个大群体的伤害，于是慢慢形成了一个社区。从一个社区慢慢整合，到了商周时期，便形成了几百个、上千个国家。在一次次的冲突和融合中，这些国家继续合并。人类就是这样不断地从一个小的共同体合并到一个更大的共同体中。人类文明的共同体也是不断地从小往大过渡，这一趋势是不会发生改变的。因此，如果从这个意义上来理解，东方和西方仅仅是一个历史性的名词。

但是，从清代中晚期开始，准确地说，从中国近代开始，东方与西方的关系呈现出不仅是东西之争，更是古今之争的特点。

在过去几百年中，一提及"东方"与"西方"，人们会明显有一种身份性的自觉，"我是东方的，他是西方的"。但是当我们面对另外一个星球的文明时，这种自觉就会转化成一种地球人的自觉，这说明人类的共同体如滚雪球般在不断地扩大。从这个意义上理解，可以说东方和西方有变，也有不变。回望近代，我们会发现东西方冲突其实并不是文明之间的冲突。因为从传统中国的历史来看，对于任何先进文明的成就，中国从来都是来者不拒，所以东西方冲突的根本不在于文明层面的冲突。

第二节　水土不服的传统与现代

在近代史上，东西方的冲突和矛盾并不是文明的对立。但是，这两种文明虽然不对立，也总是有一些水土不服。

举一个最简单的例子，中国人有喝热水的习惯，到美国去旅游，早上起来也要先烧一壶开水。我们在网上也看到这样的段子，女生总责怪男朋友不关心她，就是因为男朋友总说“多喝热水”。这种“多喝热水”的责怪，肯定只会出现在中国文明的地区，因为美国人没有喝热水的传统，他们会笑笑说：“我们只有热咖啡。”当然，这并不算文明的对立，但这里面的确存在文明的水土不服。

先儒与后儒

在近代，西方文明的进入使中国发生了急剧的变化。在这次变化中，中国首先应对的是西方文明的刺激，产生的第一个应激反应就是开始审视、反观自己的文明传统。

16世纪，利玛窦来到中国之后，很快就发现了一个问题：在中国的儒家传统、儒家观念中，所指的儒家是哪一个儒家？是孔子的儒家、董仲舒的儒家、朱熹的儒家，还是王阳明的儒家？

因为董仲舒、朱熹、王阳明、陆九渊这些拥有儒家知识分子身份的人物，对孔子思想的解读都是不一样的。我们今天习惯用叠加式的方式来谈传统，但事实上，传统具有强大的多样性，简单叠加是不妥当的。

具体到利玛窦的问题上，利玛窦当年与中国学者探讨了先儒和后儒的区别。从孔子的原始儒家到王阳明的儒家，再到王阳明后学的儒家，这些儒家之间其实有着很大的不同。

清朝初年，满洲人入关。清朝在面对关内万里河山的同时，也面对着大批明朝的遗民。明朝遗民大多不愿意接受满洲人的统治，不愿意臣服于满洲人。因此这批明朝遗民大多选择了隐逸，要么做学问，要么当个村夫野老。当然，这批具有很高学术水平的明朝遗民在闲居乡野的时候，总是要思考：为什么我们引以为傲的明王朝会灭亡？对此，他们有一个共同的想法：明王朝灭亡，阳明后学应该负很大的责任。

简言之，阳明后学就是王阳明学问的继承者们推展、扩充出来的一个学派。王阳明是一个实践派，兼有理论与实践。我们现在学习王阳明的《传习录》，会觉得王阳明是一个不得了的伟大人物。近几年也出现了一股“阳明学热”，这是因为王阳明的思想深刻影响了曾国藩、孙中山、蒋介石、毛泽东等这些对后世有重要影响的政治家。

王阳明强调人的主观能动性，将内心的强大发挥到了极致，他认为世界的存在是基于人的思维，我思故我在。这种对于人的主观性的强调，使得主观诉求成为一切行为的核心。中国后来发生革命，包括日本明治维新后的一系列社会变化，都与王阳明的哲学思想有莫大的关系。而在明末清初检讨阳明后学的声浪中，顾炎武、黄宗羲等这批从明朝走过来的大思想家，认为王阳明的弟子们对儒家的解读不如王阳明。

在明朝遗民看来，阳明后学坐而论道，空谈天道人性，面对危险只能“临危一死报君王”。但不论是阳明后学，还是阳明学，肯定都与孔子的儒学、董仲舒的儒学有很大不同。那么，王阳明的儒学和孔子的儒学有什么关系呢？虽然都是儒家系统中的重要派别，但是双方的观点千差万别。所以，利玛窦认为，要看到中国传统内部先儒和后儒之间的差别，这是非常重要的。

每个时代都有自己独特的思想架构，无论这个架构是否适应这个时代，但对于思想的评价，都只能放到特定时代的时间轴中去讨论。所以，从利玛窦的问题中，我们会发现，中西方之间的不同，不是文明的对立，而是文明的冲突；不是中西之别，而是古今之争。

有工人，无工业

当然，到了100多年后的今天，我们终于能将这个古今之争看明白了：古今之争更多的是农业文明和工业文明的冲突。自古以来，中国虽然强调士、农、工、商，承认“工”这个阶级，但中国的“工”一直构不成产业工人，没有形成工业产业。

中国的手工业一直很发达，墨子就是手工业者的祖师。即使是在今天的乡村，依然存在着许多不需要土地的手工业劳动者，比如木匠、花匠、泥水匠等等。

在中国的四民社会结构中，“工”在第三层，这说明各个行业对“工”的需求还是很大的，但这种“工”并不能构成工业产业。中国的工业产业是到了工业革命真正发生之后，受到西方的影响、引导，才开始形成的。因此，中国工业产业的形成是在两次鸦片战争之后，1860年才开始工业化运动，比西方迟了100年。中国的工业化是从零开始的，所以每当讲到晚清的历史，大家都习惯认为晚清一片黑暗，但我认为晚清一片光明。晚清的历史不是往下走的，而是逐渐往上走的。中国的工业化自晚清从零开始，到清帝国灭亡结束。1911年的时候，中国的工业产值已经在整个国民收入中占相当高的比例了，从1860年到1911年，大概50年的时间，中国的工业产业得到了迅猛发展。上海、广州、福州、武汉、天津等重要的经济中心，已经成为世界经济的重要组成部分。

我可以从一个历史学者的立场严肃地说，清末中国的经济国际化程度比今天要高很多。之所以说国际化程度高，是因为1895年的条约规定，外国资本在中国可以自由投资、自由进出，没有外汇管制。

在这种状态下，东西之间、中外之间的冲突不是一种平行的地域冲突，而是一种纵向的中国古代和现代之间的冲突，是中国的传统和现代的冲突，是传统的帝国与现代民族国家之间的冲突。

伦理价值观的冲突

这种冲突，并不是因为中国传统一成不变，不能适应，而是因为中国并没有一以贯之的传统。中国传统如此多样，绝对可以适应工业文明。那么，在古今问题上，在农业文明和工业文明的冲突问题上，到底哪里出现了矛盾呢？说到底，这是一种伦理价值观的转换。如果将这种伦理价值观的转换放到儒家的讨论体系中，也不是问题。儒家体系中接受价值观的转换，孔子最早提出的是随移的变通法，我们也推崇识时务者为俊杰，这都是儒家的根本原则。儒家的原则强调，一定要和时代吻合，不要和时代背离，所以儒家是一个很广义的文明体系。那么，这种价值观的冲突，既然不是来自知识体系和观念的不同，就只能从文明的背景上去寻找原因。在农业文明背景下，人基本被束缚在土地上，地缘政治决定了人的交往方式，地缘政治导致的结果就是重视熟人社会，重视血缘关系。这种农业文明背景下的思维形式和行为方式，甚至在今天的中国也屡见不鲜，也因为如此，中国至今还没有完成工业化的改造，还没有真正走向工业化和城市化，还是由原来的农业文明状态、地缘政治、血缘政治主导。

由此看来，在农业文明背景下，人际关系必须重视血缘、亲缘，这就是梁漱溟所说的伦理本位。在农业文明状态下，伦理本位就是一切。为什么西方国家并非如此呢？因为西方完全和农业文明脱离，已经走出了熟人社会，当无法再依靠熟人来解决问题的时候，就必须去建构一种新的伦理关系。

工业文明背景下的社会就是一个陌生人社会，没有熟人，没有血缘，每一个人都是孤立的。因此我们讨论传统和现代的冲突，主要是在讨论伦理价值观。传统社会形成的价值观不能很好地适应现代社会。陈独秀曾经说孔孟之道不合乎当时的生活，认为儒家伦理和现代社会格格不入，是对立的两极，不可兼容。

对于这个看法，我们不能否认它有一定的道理。中国具有悠久的历史传统，这种悠久的传统是不是拖了现代化的后腿呢？当然不能这样说。但中国文明在古代和近代的差别，使得人们在近代面对外部文化的时候，需要有比较的视野，在比较中与西、传统与现代的背景中，不断维新自己的传统。这是我们今天了解近代史的意义，也是中国思想的一个根源。

中国的思想根源，其实一直在强调一种维新的进步。维新进步的根本不是颠覆，中国文明的基本路径是温和、渐进的变化，这才是中国文明的本原。

第三节　价值观的大作战

中国在传统与现代激烈冲突下的水土不服，其实就是一种价值观的冲突。

近代史上，这种价值观的大作战也体现在中西方的知识差别上。西方的知识体系是一种近代的知识架构，与中国传统的知识体系完全不同。西方近代的知识架构重视地理、物理、化学等“声光电化”知识，但中国一直沿用科举知识体系，如经史子集等。到了1860年，清廷的士大夫已经意识到要学习西方，也确实开始学习西方了。但是，在张之洞等人倡导中体西用30年后，在19世纪90年代，中国竟然在甲午战争中失败了。中国作为一个大帝国，经过了30年的学习，却还是被日本打得一败涂地。于是，很大一部分知识、政治精英认为：中国必须向自己的敌人学习，不仅要学西方，还得学东方；不仅要学欧美，还得学日本。

在这样的历史背景下，价值观的战争便开始了。例如，帝师徐桐就不认可这种做法。虽然帝师并非都是有远见者，但徐桐作为大学士，经过了长期的历史考验，肯定是相当有学识的。但这样一位帝师，却是一个彻底的排外主义者。举个例子，徐桐家住东交民巷，东交民巷从1860年开始就是外国使馆所在地，几个大国的使馆都在这里，现在依然可窥其貌。徐桐居于此地，并在自家大门上贴了这样一副对联：“望洋兴叹，与鬼为邻。”怀有这种情感的人不止徐桐一个，许多人都有这样的心态，1900年义和团运动的兴起，与徐桐这类彻底排外者的煽动不无关系。

当然，在价值观的作战中，除了徐桐这样的彻底排外者，也有其他作战对手，如拖着长辫子在北大上课的辜鸿铭。据说辜鸿铭当年在北大上课，拖着一根长长的辫子，遭到学生们的耻笑，笑他食古不化。辜鸿铭倒是很轻松，一直一言不发。有一天，他上完课，竟然有学生当场挑衅：“先生，你怎么还拖着清朝的辫子？”辜鸿铭轻松地笑笑，说：“我头上的辫子倒是有，但是我心里的辫子早就没有了。你们头上的辫子剪掉了，但是你们心里的辫子也剪掉了吗？”

从这个故事中，我们可以看出，辜鸿铭即使留着辫子，在价值观的作战中，他的态度肯定也是开化的，认为中国传统可以向现代转化。辜鸿铭认为，要应对西方世界的思想，就必须对中国传统思想进行改造，中国的保守主义太严重了，要打破原来的传统，就应该向现代国家转型。

辜鸿铭是张之洞的幕僚，学识深厚，且人脉广泛。他在张之洞的班子中工作了几十年，留下了两部重要著作：《春秋大义》和《清流传》。《春秋大义》又名《中国人的精神》，核心是讲中国的儒家文明不仅合乎中国古代，而且合乎现代，甚至应该成为人类未来的引导。辜鸿铭对传统有一个新的解读，他认为儒家道理的普遍性是可以转化的。《清流传》则主要向大家解读了辜鸿铭当时所经历的晚清故事，虽然这本书几乎没有得到传播，但它是一部非常重要的史料，可以让人了解那段历史的真相。

辜鸿铭的故事很多，流传最广的是他提出了一个茶壶与茶杯的理论。他用一个茶壶要配几个茶杯来说明男人为什么要娶三妻四妾。而这种故事的流传，可能使人们更加熟悉辜鸿铭的幽默，而忽视了他的学问。在《清流传》一书中，他对晚清提出了一些不一样的观点，他和康有为传递给我们的晚清故事是完全不一样的。过去学历史，我们所了解到的晚清故事就是改革与保守之间的冲突、慈禧太后与光绪皇帝之间的冲突、康有为与袁世凯之间的冲突，都是一系列冲突。

但辜鸿铭的描述并非如此，他描述了晚清变革中的非康有为因素，即没有康有为的晚清变革史。由此再去看慈禧太后和光绪皇帝，他们没有冲突，而是有亲情，是一个完全不一样的画面；再去看张之洞、李鸿章和南北洋大臣的合作共事，看中国朝野各界的互动。这和我们今天讲康有为、梁启超的叙事方式完全不一样。

民国建立之后，第一次世界大战爆发。这对中国人是一个巨大的震撼，使中国的价值观方向发生了逆转。当时最著名的引导中国学习西方的知识分子是严复。严复从1895年开始，一再告诫中国人要学习西方，但是到了1918年，经过了20多年，严复的观点发生了天翻地覆的变化。

严复与《天演论》

严复论及300年来资本主义的发展，只做到了八个字："利己杀人，寡廉鲜耻。"1914年之前，严复大谈西方如何伟大。到了1914年，第一次世界大战爆发，在他眼里，西方完全换了一副面孔。而自1918年第一次世界大战结束，一直到1923年，中国出现了一种反传统主义的质疑。到了这个时候，价值观的作战更为激烈了。

我们在上一节中提到过陈独秀等人的观点，他认为中国不仅应该学习西方的伦理观，更应该学习西方的价值观，比如科学、民主、自由、平等、博爱等。但随着第一次世界大战的爆发，严复的思想发生了逆转。第一次世界大战结束后，梁启超亲自到欧洲考察，回来后写了一本《欧游心影录》，他说第一次世界大战中，欧洲战场上死了好几千万人，这难道也是我们要学习的吗？这些知识分子开始思考，中国学习西方，可能是不对的。这种逻辑，今天仍然存在。2008年发生金融危机的时候，中国知识界也有很多人指出，中国不该学习西方的金融和贸易制度，不该跟世界接轨，这不是把祸水引到中国来吗？这几年甚至有人在说，幸亏中国没有开放金融业，否则中国的金融体系就会在这几次全球性的金融危机中垮掉。这种逻辑，和梁启超当年的逻辑一模一样。

回到近代，当时梁启超、严复这些伟大的人物，在面对西方遭遇工业革命之后的大惨剧时，也认为中国不应该学习西方了。在他们的影响下，梁漱溟、张君劢、张东荪、蒋百里等20世纪20年代的一大批知识精英都异口同声地说，我们要走出一条东方道路来，我们要回归中国原来的传统。

其中，最有特点的是张君劢。1923年发生了科学与玄学的论战，张君劢在论战中说，西方的科学不能解决人生问题，要解决人生问题，还得靠东方的玄学。第一次世界大战结束之后，西方人开始检讨自己，连罗素都在检讨西方文明可能出问题了，那么东方也要检讨。

因此，这种徘徊在古今传统间、纠缠在东西文明间的价值观大作战所引发的最大思考是：中国该如何往下走？这也是中国近代史上的有识之士所面对的最大难题。对于“中国该如何往下走”这个问题，中国人回答了100年，直到今天还在进行讨论。

但是，在近代以来的价值观大作战的历史中，我们可以确定的一点是：传统和现代之间的确存在着紧张关系，这是事实。而要消化传统与现代之间的紧张感，需要时间的咀嚼。

在很长的时间里，中国都在历史发展的进程中进行着自我调整。中国的工业化也仍在向前发展。即便当时梁启超、张君劢等人开始质疑学习西方，中国的工业化进程依然没有停止，反而趁着第一次世界大战这个机会迅猛发展。在欧洲国家都加入战争的时候，西方国家的工业受到了极大的影响，而中国的民族工业在此时趁势而起。

这意味着在全球化背景下，中国已经成为世界市场中特别重要的一环。当西方出现问题时，中国如果调整得当，就可以获得民族资本发展的增长点。在历史视野中，第一次、第二次世界大战时都是如此，特别是第一次世界大战。1895年，中国的民族资本家才开始出现，到了1914年大战爆发，中国的民族资产阶级迅猛成长。其中得到最大发展的是纺织业和面粉业。第一次世界大战爆发时，西方缺乏生产动力，中国的纺织业就在此时得到了迅速发展。在20世纪30年代，中国的纺纱出口量是世界上最大的。

在此过程中，中国的知识界不断调整着自己的看法。熊十力、冯友兰、贺麟等知识分子的出现，带来了中国能不能促使传统发生现代化转变的思考。这些思想家思考的问题一直延续到20世纪60年代、70年代、80年代直到今天，徐复观、牟宗三、杜维明等新儒家的代表人物都认为，中国的传统完全可以发生创造性的转变。这种创造性的转变体现在哪里？徐复观在其作品中表示，要挖掘中国传统中的民主政治。在他看来，中国政治中有专制的一面，但也有民主的一面，在与西方交流的时候，应该去芜存菁，以中国历史上的民主架构、民主传统为主。

另外，还有一个重要的知识分子——钱穆，他一直强调，在走向现代国家的过程中，传统不应该成为中国的障碍，我们完全可以通过重新解读传统，寻找和现代国家对接的路径。在《国史大纲》中，钱穆认为中国没有专制主义，中国的皇帝中，除了个别的是霸道无知的极端专制主义者外，都是像唐太宗、朱元璋这样的开明者。

什么时候我们提倡了传统，什么时候我们又反传统，什么时候我们学习西方，什么时候我们又质疑西方，这些翻来覆去的思考，都与近代史上的重要节点有莫大关系。

第四节　革命是中国的传统吗?

在东西方之间、传统与现代之间，近代中国在亦步亦趋地前进。而近代史上最具特色的关键词，则是“革命”。

革命，熟悉还是新鲜?

革命对今天的中国人来说，是一个既熟悉又陌生的词，我们仿佛已经在革命的浪潮中生活了很久。

但是，对古代中国来说，革命却是一个新鲜词。自古代以来，中国实际上希冀一种温和的变革。《诗经》中说“周虽旧邦，其命维新”，这句话实际上就是一种宣示：事物一直处于渐变的过程中，每一次变化都是对上一次的打破和添改。一方面，我们要破坏它；另一方面，我们却要继承它。

学古代史的人都会注意到“汉承秦制”，研究到近代，我们会发现中国历史上总是出现后一个政权对前一个政权有所继承的现象。即便是近代最激烈的辛亥革命，也是如此，推翻帝制，建立中华民国，看似完全脱离了“前朝”，但其实并非如此。

中华民国在政治架构上，在许多律令的设计上，依然遵从了前清的体制。袁世凯当年甚至下过一道命令，要求在新法令制定出来之前，一律采用大清的法律。当然，到了1901年之后，清朝本身的改革力度也是前所未有的。袁世凯所继承的前清法律，也早已不是康熙、乾隆时期的法令了。但无论如何，中国历史上从来就不强调急剧的革命，而是希望通过缓慢的变化来进行调整，这是中国历史发展的常态。

躲不过的工业化

中国在古典状态下发生的变革基本上都是王朝的更迭，也就是说王朝的更迭并没有涉及社会根本性质的变化。我们在前面讲过，近代中国最根本的变化不是权力的更迭和武力的变化，而是工业化。而工业化的结果在于终止了王朝更迭。

那么，当中国面对工业化、面对一个全新的社会架构时，选择是什么呢？我们在前面讲过，清朝中期，当中国人知道法兰西大革命，知道法国国王被送上断头台的时候，大家开始恐惧，选择闭上眼睛，采取“鸵鸟政策”，闭关锁国。这一方面说明中国在不了解西方的时候，采取了不接纳的态度；另一方面也说明，至少在清朝中期，中国还有拒绝的资格，有底气闭关锁国。

但是，到了近代，到了晚清，当中国人看到西方如此不同的帝国面貌的时候，就无法继续采取不接纳的态度了。到了中国在事实面前不得不变化的时候，到了面对现代化、面对工业化的时候，其实中国人选择的是“变”。很多人一直认为晚清以来的中国人最保守、最狭隘，其实这是不对的。

晚清时期，当中国不得不面对强大西方的工业文明时，一方面是不适应，在不适应中有许多看起来保守、落后的措施；另一方面，中国也看到了工业文明的好处。所以，中国还是选择了变化。

所以，1860年《北京条约》签订，英法联军撤走以后，中国面对的最大问题就是该何去何从。虽然英法联军撤走了，但清政府依然有一个心腹之患，就是坚持了近10年之久、导致国家动荡不安的太平天国运动。太平军在1851年起义，并于1853年占领了金陵，也就是南京，到1860年的时候，已经坚持斗争了近10年时间。此时清帝国的东南部，清朝最主要的税收来源地区，都快被太平军占领。因此，这个时候清政府面对的最大问题就是如何解决太平天国带来的麻烦。

了解曾国藩的读者可能会注意到，他最大的难处就在于攻不下金陵。金陵有长江屏障，需要有水师才能打到金陵。洪秀全采取了和李自成完全不一样的战略。作为流寇，李自成打下了北京，却坐不了天下，无法建立一个王朝。所以，洪秀全吸取了这样的教训，主打阵地战。占领金陵之后，洪秀全就死守金陵，派遣部队在外围掠夺安徽、浙江、福建等地的物资以供金陵使用，这样清军自然就攻不进去。当然，清军自身的能力也有欠缺，自1644年到1850年，已有近200年不打仗了。清军入关时八旗子弟的凶悍作战风格，已经荡然无存。清军如此没有作战能力，让一批有了功名的士大夫有机会来训练民兵。

就是在这种时局下，曾国藩、李鸿章、左宗棠等人开始在训练民兵的风潮中崛起。正是在平定太平天国的过程中，朝廷允许团练发展，湘军、淮军才得以训练、发展、壮大，走上了向西方学习的道路。这就是魏源所说的“师夷长技以制夷”，中国开始承认西方武器的厉害。

撕裂的思想背景

在这样一种历史情境下，中国对西方的态度从敌对转向学习，这样的转变令当时的许多人很费解。这与改革开放初期的时候类似，当时也有各种声音、各种理论。在这种撕裂的思想背景中，1860年前后，清朝的各种人物、各种声音、各种力量都在互相较劲。

一方面是曾国藩、李鸿章、恭亲王等朝廷大臣，在艰难地推动国家前进；另一方面，保守者认为，为什么要学习西方？19世纪60年代到90年代，也就是从1860年到1894年的30多年时间里，这两种观点的冲突越发激烈。喜欢读历史书的读者会发现有这样一种说法：所有的保守都是统治者自己造成的。为什么呢？因为一直都是单向输出，从“自己好”到“向别人学习”，既然好，为什么还要改革呢？

这就是晚清时改良所遇到的阻力。

中国的确有一种优越感。中国文明是文明的高峰，所有外邦都是蛮夷。中国认为自己是朝贡体系的中心，把越南、朝鲜等周边国家看作蛮夷。1860年欧美国家打进北京，清廷也是将其作为蛮夷看待。

1793年，马戛尔尼来中国没有实现平等外交。1816年，阿美士德来中国，依然没有实现。1842年《南京条约》签订之后，中国和西方的来往也是不平等的。真正和西方国家实现平等来往要到1873年。这一年，同治皇帝在接见外国使臣时，允许外使不行三跪九叩之礼，改行鞠躬礼。中国到这个时候才和西方国家平等地、正面地打交道。之前就是因为要求三跪九叩，外国使臣根本不愿来中国。

1860年的战争之所以爆发，英法联军打进北京，毁了圆明园，就是因为1858年清政府被迫签订了《天津条约》，已经同意和这几个国家建交，并且在北京设立使馆，但条约签订后，咸丰皇帝不同意公使驻京。

圆明园遗址

总之，当中国开始向西方学习的时候，国人的意识形态中的确存在一种拒绝学习西方的意识。中国是有几千年传统的文明古国，有深厚的历史文化积淀。当时资本主义还处于早期阶段，我一直强调，资本主义发展到第一次世界大战的时候，确实不值得学。因为第一次世界大战的时候，资本主义的贪婪是我们今天不可想象的。

今天我们觉得西方的资本主义国家，不论是德国、美国还是英国，都是温文尔雅的，是一种文明的面貌。但是我们去读第一次世界大战到第二次世界大战之间的历史，就会看到资本主义经历了一次脱胎换骨的改变。一战之前，正如列宁在《帝国主义论》中所分析的那样，资本主义社会是贪婪的，少数人占有财富，榨取所有的利润。

因此，晚清中国向西方学习的时候，最多只学西方的技术，不学西方的道德、价值观等文化，继续保持尊老爱幼、温文尔雅的文明古国形象。

所以，在1860年之后，当张之洞等人提出“中学为体，西学为用”时，这种渐进式的改变主要还是集中在对西方技术的学习上。在1860年到1890年的30年间，经过这种渐进式的改变，中国的经济确实得到了巨大发展。可以说，这已经是没有革命传统的中国在自我改进的过程中所能取得的最大成效了。

革命不是古代中国的传统。直到1890年，晚清中国也没有采取革命的方式进行自我更新。然而，在非革命的自我更新下，晚清中国也并非没有进步。那么，为什么在一切看起来都还不错的时候，情况却急转直下了呢？

第五节　改革是不是革命之母？

革命不是中国的传统，但事实上，中国近代就是走的革命这条路。那么，革命是怎么产生的呢？那些本来不愿意革命的人，为什么最后都卷入了革命浪潮呢？这一节我们来讲讲晚清改革的发展模式与历史际遇，以及清末革命思想的萌发。

城市化进程

晚清的现代化改革肇始于19世纪60年代的洋务运动。1860年之前，中国没有一艘远洋轮船，也没有一条铁路。当然，也没有银行和融资。晚清的现代化改革就是在这样的环境下艰难起步的。但是在1860年踏上向西方学习的道路之后，中国的城市化在短短30年里获得了迅速发展。南方，对外开放了整个长江口岸；北方，开放了天津、牛庄（营口）、登州（烟台）三个通商口岸。从南部沿海、东部沿海，一直到东北地区，沿着海岸边界，一个大的城市群开始构建起来。

按照当时的发展趋势，如果20世纪中国没有发生民族主义革命，那么中国沿海一线可能会在建立起50多个甚至更多的城市。但20世纪上半叶的民族主义运动把中国的城市化进程打断了，使得全球资本流动的趋势发生了逆转。多年前，我在研究这个问题时，受到美国奥巴马政府“重返亚太”战略的启发。美国提出重回亚洲政策，意味着西方曾到亚洲来过。为了开拓新市场、扩大产品销量，19世纪与洋务运动同期的全球资本强烈渴望到东方来，到中国、越南、缅甸、朝鲜来，因此在19世纪出现了全球资本东移的国际格局。

资本涌入

1895年《马关条约》的签订让中国的大门进一步打开，其中一个条款规定日本臣民可以到中国通商口岸自由办厂，这个条款使得国际资本得以自由进出中国。资本进出意味着什么呢？经历了40年的改革开放，我们明白，资本的进入意味着对当地政治秩序的高度信任，而资本的退出则意味着不信任。1895年之后，外国资本大规模地流入中国，意味着全球资本对当时中国未来20年的经济发展前景抱有非常乐观的预期，认为中国在未来会迅猛发展。而处在这个历史进程中的中国也确实抓住了机遇，迅速调整政策，很多意识形态上的障碍开始被突破。要知道，突破意识形态上的障碍是一件非常艰难的事情。

中国从1860年开始通过逐渐调整的改革方式走向世界，跟随西方加入全球化的进程。我认为这个发展方向是正确的，是温和的。一开始就要求中国发生根本性的改变，是不现实的。

军事进步

中国在学习西方进行改革的过程中，获得了巨大的收益。其中最值得一提的就是军事力量的提升。我们知道，洋务运动中进行了军事改革。在这之前，中国还处于落后的冷兵器时代，中国军队还没有现代国防军的观念。也就是说，军队设置的基本目的并不是与外国人作战，而是替统治阶级镇压百姓。清政府晚期设置的北洋军队，体制也是如此。

但是，1860年洋务运动之后，中国在现代化改革方面所取得的最大进步，就是构建了强大的现代化军队，尤其是海军。这在中国历史上是一件很了不起的事情，直到现在为止，都无法超越。北洋海军是1860年开始建设的，1888年正式宣布成军，当时的北洋海军已经可以实现全球巡航。虽然当时中国的经济力量并没有达到可以实行全球扩张的程度，但中国海军已经可以在全球范围内去行使自己的权利。1891年，中国海军的世界排名是第六位，但之后的100多年里，中国不进反退。

北洋海军军舰

由此可见，在发展洋务的过程中，中国没有去追求革命性的变化，而是沿着一条渐进发展的轨道进行改革。我认为这样的做法是有效的，中国的现代化改革就应该这样循序渐进。

中日差异

但最终，渐进的改革被激进的革命取代。问题究竟出在哪里呢？从1860年开始，到1890年，一直到如今的21世纪，变革总要不断地深入下去。历史给予了中国机会与时间，在实现经济增长的同时，应该去推动与经济增长相适应的其他变革。以今日的观点来看，当时需要变革的东西太多了。因为中国进入了工业化的进程中，工业化社会要求伦理观念、社会结构、政府组织方式、教育事业等诸多方面都要与之相适应。如果国家没能实现与之相适应的变革，发展就一定会滞后。

相较中国这种渐进的改革，日本则是“毕其功于一役”，一次性实现根本变革。明治维新就是“毕其功于一役”，把政治变革、社会变革、教育变革、经济增长等统统纳入一次运动。因此，日本从1868年到19世纪90年代，在这30多年的时间里实现了脱胎换骨，从传统东方文明国家蜕变成现代西方文明国家。

反观中国，采取的是一种单向发展的改革方式。1860年，当时的主政者认为应该心无旁骛，办好洋务；邓小平改革的时候，指出发展经济才是硬道理。在100多年的时间里，我们只考虑单方面的改革，缺少一次综合性的、整体性的变革。

以教育事业为例，日本人在面对西方时就知道，未来的社会将是一个新的工业文明社会，需要与工业文明配套的教育架构。因此在19世纪60年代明治维新之前，日本的思想家和政治家就提出，日本的教育要采取西方的发展模式。

到了今天，我们当然已经明确认识了现代教育的发展模式。但中国历史上是没有教育的。为什么这么说呢？原因要追溯到周朝，孔子之后，中国的政治家便笃信“学在民间”，也就是说只有让民间的教育发达起来，王朝才会有力量。因此，中国的民间教育非常发达，稍微富裕一些的家庭或者说有产阶级，一定会让孩子去读书，经过几代人的奋斗，可能就会出现一个大人物。当然，古代人有一个优势是现代人不具备的，那就是多子。古代实行一夫多妻制，一个家庭生的孩子可能多达几十个。据说袁世凯有30多个孩子，30多个孩子间的淘汰和现在独生子女间的淘汰肯定是不一样的。

因此，中国历史上形成了科举制度，但要注意的是，科举制度的作用不是教育人才，而是筛选人才。科举就是一种考试，是为国家选取需要的人才而设置的考试，相当于现在的公务员考试。不仅是管理人才，技术人才也是通过考试选出来的，而非通过教育培养出来的。这种制度，在农业文明状态下是可行的，但进入工业文明阶段，便行不通了。因为工业文明的发展需要人们具有大量的自然科学知识，而知识的获取需要很多条件，仅依靠民间教育是不行的，因此“学在民间”便行不通了。

19世纪60年代，日本就开始实行全国性的现代教育制度，但是中国方面另有考虑。晚清的主政者认为，全国普遍性地实行现代教育制度太扰民，老百姓的财力无法承担，政府也没钱资助，如果每个县都设立一所小学校和一所高等大学，那么财政负担将会大大增加，老百姓的生活将无法得到保障。

因此，1860年之后，中国采取改革科举制度的举措，主要是改革考试内容。当时的考试命题是：英国是怎么变革的？日本是怎么发展的？法国是怎么强盛的？通过改革考试内容的方式来改革科举制度。

随着洋务运动的逐步深入，到了19世纪70年代、80年代，中国已经制造出了枪炮、轮船，开通了电报线路，这个时候，人们突然发现没有新学堂是无法支撑这些现代化事业的。于是，朝野开始争论要不要办新学堂；要办的话，应该怎么办。从19世纪70年代争论到90年代，争论了20年，还是没有办成。到了1898年戊戌维新的时候，才兴办了京师大学堂。八国联军入侵期间，京师大学堂遭到破坏，直到1902年才得以恢复，而此时已经比日本全面兴办高等教育晚了40年。因此，中国在实现教育现代化方面，比日本晚了大约半个世纪。日本原来是中国的学生，现在变成了中国的老师。

走向革命

由此可见，历史给中国提供了巨大的机会，但是中国把这个机会放弃了。中国未能在实现经济增长的同时，组织社会调整，组织其他方面的改革。这对中国来说是一个很大的教训。

就是在这种单向的渐进改革中，革命的因素开始萌生。这是为什么呢？因为单向改革浪费了巨大的机会，没能把中国引到一个健康发展的轨道上。所以，当甲午战争打响，孙中山的革命思想便开始觉醒。在孙中山主张革命之前，清朝已经统治中国200多年了，当时已经没有人想去推翻清朝。在清朝早期，人们还有一种从明朝遗留下来的反抗意识，但是到了康熙即位的时候，汉人基本已经接纳了满洲人，不再抗争。那么，为什么到了甲午战争时期，孙中山却产生了革命思想呢？孙中山最大的不满在于占据统治地位的满洲人无法带领中国走向现代化，在孙中山眼里，满洲人很愚昧、很自私。因此，孙中山提出的口号就是“驱除鞑虏，恢复中华”。这便是革命思想萌芽的一个重要原因。

历史曾给过清朝统治者实行改革的机会，但他们未能让中国实现完整的变革。于是，革命思想就在这样的环境中诞生了。当年，孙中山的革命思想觉醒时，他是非常孤独的，因为没有人认为他是对的。满洲人带领中国走向辉煌，为什么要推翻满洲人，推翻清帝国呢？但孙中山确实很厉害，他的厉害之处在于革命思想的觉醒和一以贯之的坚持，从而将革命事业越做越大，最终以个人的觉醒颠覆了整个王朝。

第六节　清末民初革命与改良的角力

从萌发革命思想到付诸行动，中间有很长的路要走。萌发出革命思想，并将其贯彻到个人的具体行为中，再赌上自己的身家性命去行动，这需要极大的历史机遇和个人勇气。这一节我们来讲讲革命与改良的较量，在这样的较量中，最终革命获得了胜利。

革命的制造厂

孙中山的革命活动能够成功，和清政府的严酷镇压有很大关系。清政府作为统治者，面对革命思想的萌芽，应该反省革命思想里提出了哪些问题，为什么会出现这种质疑统治者合法性的声音？孙中山认为满洲统治集团不能领导中国走向全面的变革，满洲人成了一个贵族利益集团，属于特权利益阶层，他们不可能自动放弃或分享权力。所以，只能推翻清朝政权，除此之外，没有第二条路可走。

关于孙中山的革命思想，我不认为他所说的都有道理。因为在研究中我发现，清朝并非如孙中山攻击的那样，不论是慈禧太后还是光绪皇帝，都没有孙中山指责的那样自私。清政府的问题在于他们不去思考孙中山思想的合理性，而是采取严酷镇压的措施。如果清政府能够把孙中山抓住处死，革命也就被扼杀了。但历史就是这样富有戏剧性，1896年清政府在伦敦抓捕了孙中山，抓捕的结果却是把孙中山从一个小反抗者变成了一个大英雄，一个世界级的革命领袖。孙中山被抓住后，偷偷将消息传给了他在英国的老师康德黎，之后康德黎就去向英国政府抗议，把孙中山救了出来。这件事情使孙中山名气暴涨，如果清政府这时候实行变革，把孙中山吸纳到体制中来，革命活动也不会发展成后来的样子。但清政府仍然实行镇压，这样便把孙中山彻底逼到了反抗的道路上。

青年孙中山

因此可以说，清政府是革命的制造厂，革命家的声望基本都是清政府一手制造出来的。孙中山每被清政府追杀一次，名气便高涨一次。孙中山越是受到追杀，追捧他的人就越多。宋氏姐妹都非常喜欢孙中山，这其实就是一种对英雄的崇拜。

革命和改良的赛跑

一般来说，面对反抗者，政府应该采取接纳反抗者意见的策略。但是在晚清的历史环境下，这样做变得相当艰难。在清政府的极力镇压下，反抗的声音不消反涨。1900年义和团事件之后，清政府处理问题漏洞连连，国民反抗的声音越发普遍，义和团事件几乎把中国拖进了深渊，中国境内从南到北都出现了革命的情势。在上海，容闳、严复、章太炎等人成立了中国国会，意图建立一个新政府。地方督抚李鸿章、张之洞等人在这个时候也有要离开清廷的动态。当然，当清政府最后向八国联军妥协后，所有革命都失败了。虽然庚子事变时期的革命没有成功，但反抗清政府的声音越来越大，革命的气势也越来越大。

从1903年开始，革命的声音就很大了。革命党人集中在上海张园整天讨论如何能够推翻清廷，如何能够引导中国变革。当时还发生了著名的“苏报案”，《苏报》原是一家商业报纸，发行量很小，后来报社老板请了章士钊来当主笔，想要提高报纸的发行量。章士钊采取了打擦边球的办报策略，在报纸上大量刊发反政府的言论。这使得《苏报》在东南地区的影响力迅速扩大。面对革命的声音，清政府没有反省自己，而是愚蠢地实行镇压，逮捕了章太炎等革命分子，查封了《苏报》。出狱后，章太炎也从一个小文人一下子成为世界级的大革命家，并被接到日本，主办革命党的机关报——《民报》。

由此可见，革命和改良到了20世纪早期，已经处在一种赛跑的状态。革命和改良谁跑得快，谁就有更大的号召力。在当时许多关心中国命运的年轻人心里，革命和改良没有严格的边界。如果革命的力量强大了，改良就会受到冷落。如果政府开始改革了，他们就会认为革命终归牺牲太大，而且革命要从头做起，太困难。清朝最后的五六年里，革命与改良的竞争呈现出这样一种此伏彼起的状态。

革命倒逼改良

1905年俄国被日本打败之后，中国流亡海外的革命者在日本东京集结，把东京当作革命圣地。光复会、兴中会等团体在东京集会，讨论共同成立一个影子政府，随时准备回中国建立一个新政府。1905年同盟会在东京的成立并非偶然，它的架构完全可以说是一个影子政府的架构，其成立的目的就是准备回来接管中国。1905年的革命出现了一个高潮，这个时候革命开始发挥它的重大作用——倒逼改良。

那么，清政府在革命倒逼的情况下有没有长进呢？日俄战争与1905年俄国的改革，不仅让革命党人振奋，也对清政府产生了相当大的触动。特别是俄国的改革极大地影响了中国，清政府开始认识到制度所具有的巨大力量。当时的外交官们也向清政府提出建议，中国要想进入国际主流社会，就应该进行改革，只有进行政治改革，才能将自身改造成一个对国际社会、对国民负责任的现代国家。外交官们还建议派遣考察团去欧美国家进行考察，学习这些国家的制度。1905年，慈禧太后派五大臣出洋考察，五大臣刚走到前门火车站，就被革命党人吴樾扔了几颗炸弹，结果吴樾自己被炸死，五大臣只是受伤。清政府本来不是真心要变革，结果这几颗炸弹给了清政府临门一脚，让清政府感觉到变革势在必行。所以后来清政府考虑实行宪政的三个目的之一就是消弭革命，这样做不仅可以赢得国际社会的尊重，还可以让革命不再发生。

事实也确实如此，五大臣出洋考察回来后，国内上下都建立起实行宪政的共识。此后革命浪潮就迅速消落，到1907年，革命跌至谷底。日本也认为清政府已经宣布实行宪政改革了，反清革命也就没有意义了，因此不再包庇流亡日本的革命党人。革命党内部也因为清政府的改革急剧分化，各个派系刚团结起来，此时又出现了分裂。

1907年之后，清政府改革的信心越来越足。1908年，清政府颁布《钦定宪法大纲》，规划用九年的时间将中国变成一个像日本一样的宪政国家，同时成立责任政府，公开选举议员，各省实行地方自治，可以拥有更多的权力。《钦定宪法大纲》颁布之后，全国各地的商人自发地举行纪念活动，他们发自内心地认为中国也和西方国家一样，要成为一个宪政国家了。

立宪进程的加快

1908年底，中国突然发生了巨大的变故——光绪皇帝与慈禧太后在12小时内相继去世。他们去世之后，光绪皇帝的亲弟弟载沣成为摄政王。摄政王载沣和隆裕太后，再加上载沣的儿子溥仪，成为最高统治者。这个三人组和1860年恭亲王、慈禧太后、同治皇帝组成的三人组相似，而且这个三人组比1860年的三人组年龄还大一点，但他们面对局势，竟无法应付。

载沣与溥仪、溥杰

另外，中国周边局势的发展也刺激了中国人的内心。1909年，东北亚开始出现危机。甲午战争之后，朝鲜脱离了中国的控制，与日本亲近。到1909年，日本和朝鲜开始谈判合邦问题。合邦即合为一个国家，从朝鲜人的观点来看，这是很正常的事情，但这对当时的中国人来说却是亡国大难。

亡国的悲观情绪从朝鲜渗透到中国，中国的商人、实业家开始对迟缓的改革步伐感到不满。因为光绪皇帝和慈禧太后都去世了，而小皇帝才三岁，立宪还要九年时间才能真正实行。宪政主义者和一些年轻的政治家指出，朝鲜快被日本灭亡了，朝鲜一旦灭亡，中国也会很危险，因此应该加快立宪的进程。

从1909年到1910年，立宪派人士发起了四次国会请愿运动，要求尽量缩短立宪、召开国会的时间。在这种情势下，如果当年制定时间表的慈禧太后和光绪皇帝还在，我想这两个老派的政治家会遵循原来达成的协议，继续往前走，应该不至于出大问题。但老的政治家已经不在了，而年轻的载沣是当时的摄政王。载沣在当时被认为是一个对世界颇有了解，又对宪政思想充满同情的政治家。他是晚清王爷中第一个，甚至是当时唯一正儿八经到西方国家考察过的人。1901年，德国驻华公使在义和团运动中被杀害，载沣代表中国政府出访德国，向德国赔礼道歉。

要求尽量缩短立宪、召开国会的时间的国会请愿运动深刻地影响了摄政王载沣。在一次与立宪派的谈话中，载沣表示实行宪政是国家未来的方向，无论是按照原来的规划在1917年实行宪政，还是立刻就实行宪政，他都不会反对，但他不能一个人决定这件事情。当时已经有了资政院，这是一个新设的准议会机构，如果资政院不反对，那他也不会反对。在中国威权体制下，最高领导者摄政王载沣一松口，资政院当天就通过了提前立宪的决议。这样一来，中国的改革一下子就进入了加速状态，实行立宪的步伐大大加快。到1911年，似乎已经能够看到中国的美好前景。

1911年4月27日爆发的黄花岗起义，一直被称为革命的高潮，但我认为其并非革命的高潮，而是革命党人的绝望一搏。因为这个时候，整个宪政的牌局已经展现出来了，5月8日清廷宣布责任政府成立，这就意味着清廷的宪政改革已经完成了一半，另外一半是把资政院改成国会，这样中央层面的立宪就相当于完成了，接下来就是如何运转的问题了。当然，立宪体制的运转肯定会经历一段磨合期，更遑论中国这样的大国，但起码方向是正确的。

皇族内阁，铁路国有

1911年5月8日，责任内阁宣布成立，之后出现了一个很大的麻烦。实际上，责任内阁的成立是中国历史上的一次巨大变动，晚清政府的政治体制改革最本质的内容是行政制度改革，意味着政治权力的重新分配，这要求建立一个责任政府。

从史料上来看，19世纪90年代就开始出现建立责任政府的呼声，如果政府不能追责，那么决策就无法溯源。当时军机处是作为决策机构存在的，但无法实现责任政府的职能。成立责任内阁依旧有不小的阻力，恭亲王极力反对责任政府制，认为成立责任政府就是“谋我军机，夺我大清”。所以，责任政府的成立在当时确实是一个重大突破，多少年来军机处一直无法被废除，责任内阁一成立，军机处自然就没有存在的必要了。

但是，就在这个关节上，出了一个大问题。我们从内阁成员名单中可以看到，13个阁员中，有9个是皇室成员或满洲贵族，只有4个是汉人。对此，群众肯定不满意，责任内阁一下子便被骂作“皇族内阁”“权贵内阁”。

后来清政府又宣布了一项政策，把全国的铁路收归国有。1895年外国的资本自由进入中国之后，全国的铁路迅速发展起来，要建一条铁路，马上审批通过，但都是外国资本兴建的。1903年之后，国内资本也开始投入到铁路兴建上，民间绅商们也开始参与铁路的兴建。但新责任政府上台后改变了这个局面，新责任政府宣布铁路干线收归国有之后，把没收的所有国内资本按照铁路股权兑换给投资者。对民间来说，这有种政府与民间争利的意味在里面，政府形象和信誉大跌。

这两件事情使社会陷入了一个大动荡的局面，革命和改良本来是处在一个此伏彼起的状态，但在这之后，中国的改革之路被完全堵死，进而走向了依靠革命手段解决问题的道路。这就是历史的奇妙选择。

第七节　走出帝制是历史的偶然

这一节我们来谈谈走出帝制的问题，走出帝制是否真如教科书上所说，是历史的必然呢？

帝制的合理性

回顾中国近代史，我们会发现历史上的人们总是会觉得当下正在做的事情很伟大、很厉害，但事后往往就会开始反思其中为什么会有那么多问题。

在我看来，产生这种迷思的原因可能在于：中国从走出农业文明的那一刻起到现在，始终缺少一场真正的思想启蒙运动。中国没有经历过欧洲中世纪时期的黑暗，虽然我们一直在讲封建主义的专制与霸道，但如果你学习了中国各个朝代的历史，你就会发现封建主义是否真的黑暗、霸道，还真不好说。封建讲究分封建制，2000多年来，中国的政治肯定不是一团黑暗，其实大多数朝代都有权力的制衡。中国的社会也并非暗无天日，而是以一种民间形态进行着自我调节，在“皇权不下县”的模式下，地方治理和中央政权一直以一种均衡和良性的方式进行着互动。

从这个意义上说，中国虽然经历了2000多年的“封建时代”，但并没有经历欧洲中世纪时期的黑暗。中国古典文明的自我调节能力太强了。主要靠什么调节？农民起义。中国历史上帝王暴政十分严重的时候，就会爆发农民起义，农民一旦起义，统治者就会让步。

在中国历史上，统治阶级的让步政策是屡见不鲜的，统治者和民众之间的博弈往往就体现在这里。中国的政治不是议会政治，一旦发生问题，不是在议会中由代理人去博弈、讨论。中国社会如果矛盾激化，通常民众就会起义，与政府抗争。这里反映出的问题是，帝制架构必然有其正当性和合理性。

走出帝制是偶然

一直以来，我们在讲到辛亥革命的历史性贡献时，会强调一点：辛亥革命推翻了延续了2000多年的帝制，使民主共和的观念深入人心。我们将推翻帝制定义成了2000多年来中国最伟大的事件。但将来我们可能不会这样去想，因为现在我们可以看到，从帝制体制下走向现代化的国家比比皆是。现代化强调的是人民的权利，皇帝的存在和废除与是否进入了现代化无关。

这是近些年来我们开始思考的问题。

当然，辛亥革命那代人后来也思考过推翻帝制是否正确。推翻帝制其实并非中国政治变革中的应有之义。我这些年来在强调一个概念：走出帝制是历史的偶然。因为中国的变革，从19世纪晚期的变革到1900年之后的变革，其中从来没有推翻帝制的预案。

1901年，梁启超发表了一篇名为《立宪法议》的文章，这篇文章提出了中国未来10年改革的基本方向。梁启超认为当时世界上有三种政治架构：第一种是中国正在实行的皇权专制；第二种是美国式的民主共和架构；第三种是君主立宪架构，这个架构强调君主的权力是有边界的。

梁启超在这篇文章中讲道，中国应该选择皇权有边界的君主立宪架构，而不是民主共和这样的架构。因为任何制度的设计都必须根据国情做出判断。当时中国国民普遍处于蒙昧状态，国民识字率很低，看不懂报纸、书籍。所以，如果不顾国情走向民主共和，可能会引发激烈的冲突。因此，梁启超认为皇帝还是要有的，但要对皇帝的权力划定边界。

其实，在中国古典政治中，皇帝的权力也是有边界的。董仲舒的《春秋繁露》中提到了皇帝权力的架构控制也是很严的，其中有一个说法是，皇帝是天子，天子就是天之子。对于“天”的解释，董仲舒说老百姓就是天，但老百姓是无法发声的，因为他们不认识字，所以中国社会阶级中的士大夫阶级就是“天的发言人”，因此皇帝要听士大夫的话。

总之，梁启超认为中国应该寻找一条稳健的、君主立宪的变革之路。所以，在晚清的政治变革中，帝制的退出不是历史的必然。甚至1912年建立的共和架构，也并非一个深思熟虑的结果。

仓促随意的共和

我曾写文章对此进行过讨论。章太炎在1921年的时候，就认为当时建构共和体制不谨慎。作为民国时期最著名的思想家，章太炎认为中国实行民主共和与美国建构共和制不同，没有经过系统的思考去讨论制定宪法。在辛亥革命十周年的时候，章太炎感叹当年为什么匆忙让14省独立？14省独立后，派代表到上海去谈判，为什么没有谈出一部新宪法？有时候，只有经历过才能有所认识。

所以，民国初年的共和架构有很大的随意性。这就导致从1912年到1928年，后帝制时代的中华民国始终处在动荡中。

1912年，短暂的温馨

如果一定要说中华民国有哪一年比较稳定，那就是1912年。这一年，辛亥革命没有把清朝皇帝送上断头台，民国政府承诺每年拨给皇帝400万两白银，把紫禁城划给清朝皇室，圆明园、颐和园全是皇家财产，还给皇帝请了英语老师。之后民国的官僚对清朝皇室礼遇有加，逢年过节都要去送礼、拜年。民国有什么大事，清朝皇室也会发贺信。

设在紫禁城太和殿的隆裕皇太后的灵堂

1913年，隆裕皇太后去世，时任民国总统的袁世凯下令举国哀悼，副总统黎元洪称她是“女中尧舜”。隆裕皇太后确实是中国历史上一个很伟大的人物，她的伟大之处在于，在最后时刻下定决心用和平的方式与南方谈判，没有让南北双方打到鱼死网破。当年整个中国都很感激隆裕皇太后，如果她主张打，臣僚可能会有人打，但是她说既然人民都希望实行共和，那就实行共和吧。

所以1912年的时候，中国还是很温馨的。

孙中山是一个反清意识很强的人，但他1912年来到北方，还与清廷的高官会谈，一笑泯恩仇。他与袁世凯会谈了好几次，两个人互相佩服。孙中山夸袁世凯有新思想，还有旧手腕，由他来领导中国是最好的选择。袁世凯则夸孙中山是很重要的共和先驱。

可以看到，1912年的中国看上去很和谐，但是这个共和的早春非常短暂。1913年，宋教仁案一爆发，立马就出现了大问题。从中我们可以反思的是，在民国的政治架构中，权力的设计带有随意性，没有经过审慎的考虑。

因人改制

这种随意性体现在哪里呢？举例来说，不论是孙中山的政治架构还是袁世凯的政治架构，他们都是要追求美国的体制。美国的体制是总统行政权力至上。同时，总统的权力受到议会的制约，也受到司法体制的制约。孙中山和袁世凯都觉得美国的体制是中国应该学的。

大概从19世纪70年代开始，中国学者就认为美国的政治架构可能是当前世界上最好的。19世纪90年代，李鸿章出访美国，把美国描绘得十分美好，说好像看不出美国有什么缺点。1882年，他劝朝鲜人跟美国建交时就表达了这样的观点，他说美国从建国到现在没有占过其他国家一寸土地，美国的目标就是自由经商、自由贸易。

由此可见，中国人对美国的政治架构颇为向往。在南京成立的中华民国临时政府，一开始实行的就是美国的总统制，孙中山就主张要建构总统制。南京临时政府成立时，孙中山就任临时大总统，尽管他任职的时间很短，只有三个月。南北双方谈判妥协之后，孙中山提出将总统制改成内阁制，因为这个时候已经定下来由袁世凯接替他出任大总统。这其实是因人而改制，因为现在大总统变成袁世凯了，所以要改成内阁制。也就是说大总统无权，内阁有权，大总统只能在内阁同意的情况下行使自己的权力。

民国初年权力设计的随意性导致了之后的一系列问题，比如民国初年发生的两次帝制复辟。不论是1915年底、1916年初的袁世凯复辟，还是1917年的张勋复辟，本身都有其正当性。在当时的情况下，中央权力流失，大国很难向现代国家转型，所以时人依靠复辟来重塑国家权力。但是，重塑国家权力是否一定要回归旧制？这是我们今天要思考的问题。

黑格尔曾说，一定要借鉴历史的经验教训，不要重蹈历史的覆辙。但这是历史学家的观点，政治家从来不管这一套，他们仍然会让历史上出现过的问题重演。这是因为政治家和历史学家的观察不一样。所以我们可以看到，有时候历史在不断重复着一些错误。

我们拍案称奇地说走出帝制是历史的偶然，但无论如何偶然，历史从来不会呈现出温情脉脉的姿态。

第八节　近代史上的思想启蒙

当时的中国人对复辟帝制怎么看？这关系到近代中国的思想启蒙运动。

近代中国崛起的三个阶段

历史学界将近代中国的崛起划分为三个阶段：

首先是器物阶段。中国从1860年开始学习西方的声光电化知识和坚船利炮的制造技术，到1895年，学有所成，拉开了中国工业化和现代化的序幕。

其次是制度阶段。人们发现仅有器物性的变化是不行的，还应该有制度性的变革。所以，从1898年戊戌变法开始，一直到1915年底、1916年初洪宪王朝建立，中国都想在制度上寻求突破：究竟应该建构一种什么样的制度，既能够适应中国的国情，又能够适应世界的发展？但是，两次帝制复辟让中国人很灰心。

我曾写过一篇文章说陈独秀在1915年护国运动之后回国，感到非常气馁，牺牲的结果竟然是帝制复辟，难道就没有其他办法了吗？于是他转而思考中国为什么会出现这样的问题，他认为中国缺少一次思想启蒙运动。

恩格斯在《德意志意识形态》里说，西方国家基本都遵循先有思想变革，然后才有政治、社会变革的逻辑。比如18世纪，法国先有启蒙运动，才有后来的法国大革命。而中国近代的变革刚好与之相反，不是思想变革在前，社会变革在后，而是彻底翻转。

中国开始和西方接触之后，一直缺少整体性的思想启蒙。如今，马克思主义史学家对明末清初的思想启蒙思潮做了很多研究，发现明末清初的思想启蒙思潮只是自发性的启蒙思潮，是发生在黄宗羲、顾炎武等思想家内部的思想启蒙，并没有形成整体性的民众思想启蒙运动。因此陈独秀认为，中国必须在这方面下功夫，要提高国人的思想境界，所以他发起了新文化运动。

最后是思想文化阶段。1915年陈独秀的思想觉醒确实引发了很大的变化。同年9月，陈独秀创办了《青年杂志》，第二年改名为《新青年》。《新青年》又引发了后来的新文化运动、五四运动、中国共产党的成立等一系列变化，这都是从“想明白”开始的。

陈独秀与《青年杂志》

何为启蒙运动？

无论是对中国还是对西方来说，启蒙运动的意义都是从农业文明向工业文明，或者更准确地说，是从前工业社会向工业社会转型的思想解放运动。那么，启蒙运动的本质是什么呢？就是要解决人的权利问题、责任问题。作为工业社会中的独立个体，每个人如何在社会中维持自己的权利？遇到事情，如何保护自己？这就是思想启蒙的本质，引发每个人的思想觉醒，让人意识到自己存在的意义和价值。

胡适当年说，只有每个人都成为有担当的、独立的个人，国家才是有希望的。不是我们现在所说的只有国家好了，个人才能好，而是只有个人好了，才会有国家、有未来。因此，启蒙运动就是要解决个人权利的问题，这也是前工业文明向工业文明转变的先决条件。

中国在漫长的工业化过程中，并没有发生真正意义上的启蒙运动。中国从19世纪60年代开始发展工业文明，到1895年《马关条约》签订之后，中间没有经历启蒙运动。但《马关条约》签订之后，中国的资产阶级出现，这个阶级的权利意识变得非常强烈。举个例子，张謇在1894年成为科举状元，本可以留在北京当官。结果，就在工业化大潮的影响下，在《马关条约》签订之后，张謇离开北京，回到南通老家经商。中国的资产阶级走向了一个自觉的阶段，之后张謇等人就开始研究、翻译日本的宪法。

因为日本宪法中规定了商人的权利，张謇就开始和江浙一带的汤寿潜等商人研究日本的宪政架构。他们研究的重点是中国在发展资本主义的过程中，如何借鉴日本的宪政架构来保护资产阶级的利益。而张謇等人的行为也让中国走上了资本主义的发展轨道。

个人权利的觉醒

1895年之后，中国在发展资本主义的过程中，是受到这样一种指引的。但是，其中也有大问题，当个人权利觉醒的时候，国家的权力肯定会受到遏制。就是说个人和社会、个人和国家是处在权力的两极，它们之间存在着张力。当个人权利扩张的时候，国家的权力一定会受到削弱。国家的权力受到削弱，又会导致国家在面对重大危机的时候没有力量。

所以，第一次世界大战爆发时，袁世凯复辟，其中一个很重要的原因就是国家没有力量。这当然和个人权利的诉求有关系，不再是统一皇权下的做法，只听一种声音。

第一次世界大战本来和中国没有关系，塞尔维亚发生一起皇储被刺案，和中国有什么关系呢？但那是奥匈帝国的皇储，而德国与奥匈帝国是同盟，这就和中国发生关系了，因为德国帮助过中国的革命党。德国这个时候在和英国交战，英国和日本是盟国，因此日本就要帮英国打德国。但日本不是到欧洲去打，而是要打青岛，因为青岛被德国人租去了。于是德国就跟中国谈判，想归还青岛。但中国的决策者和外交官考虑到日本的威胁，不敢接收。就在两国还在为青岛问题协商时，日本已经占领了青岛，中国就陷入了被动。

其实，日本打青岛的时候，中国政府还是帮忙的。袁世凯给日本划出了一条路来，令其按照这条路去打青岛，不许扩大战争地盘。他是效仿10年前日俄战争时的做法。日俄战争也是在中国境内打，当时清政府划定出交战区，将这块地盘让给双方打，中国军民都撤走。10年之后，袁世凯采取了相同的做法。

日本占领青岛后，于1915年初提出了“二十一条”。“二十一条”共分为五大文件，其中第五号文件提出中国未来的改革应该参考日本的经验，应该优先聘请日本的顾问。这些条款被袁世凯抓住，他认为这是中国主权问题，日本这是干涉中国的内政。日本人只得将第五号文件撤回不议。

在青岛危机引发的中日交涉中，袁世凯感到缺少一个坚强的后盾。而且在1914年第一次世界大战刚刚爆发的时候，关于是否加入战争，中国内部的分化也很严重。我们从今天留存下来的一些档案中得知，当时孙中山等革命党人接受了德国的金钱资助，反对中国参战。不仅是革命党，中国政府中也有一批官员受到德国在华外交官的贿赂，他们联合中国其他各派政治势力反对中国参战。

袁世凯不知道这些细节，他感觉到国家没有力量，因此他开始提出要救亡，要维持国家的存在。所以，针对“二十一条”，袁世凯与日本进行了几个月的谈判。日本在1915年5月7日向中国发出最后通牒。5月9日，袁世凯接受了日本的最后通牒，于5月25日和日本签订了《民四条约》。

袁世凯表示国耻难忘，一定要复仇。其实他强调民族危机、国家危机，是为他后面的体制性调整做铺垫。就在这个时候，杨度给袁世凯呈上了一篇叫《君宪救国论》的文章，文章中说国家从大清走到民国，为什么没有力量被人欺负？就是因为背离了君主立宪的原则，只有实行君主立宪才能使国家有力量。君主立宪有三个

“有利于”：有利于国家富强，有利于赢得世界各国尊重，有利于消弭革命。

“二十一条”签订现场

因为背离了君主立宪的原则，所以国家弱小，被列强欺凌。对于杨度的建议，袁世凯欣然接受，并称其为“旷代逸才”。

杨度建议袁世凯推行君主立宪，于是袁世凯咨询了当时的英国驻华公使朱尔典，对方表示英国的宪政是最好的架构。恢复旧制需要人民的同意，当时已经是民国四年了，肯定无法恢复旧制了。但为了逢迎袁世凯，很多人伪造了民意。

虽然民意在很大程度上不能代表历史的方向，但是在1916年，确实出现了历史性的大颠覆、大动荡。我们从袁世凯的材料中可以看到（他的全集现在已经出版），他也一直在检讨，表示自己做错了，寻找补救的办法，退位、让权等各种办法都想到了，但如果他当时立马让权，可能会引起中国的分裂。结果，谁都没想到，就在这个时候，袁世凯病死了。

袁世凯病死，消除了中国走向帝制这个最大的隐患，但同时也使中国的问题复杂化，因为在袁世凯原来设计的架构中，没有一个真正有力量的接班人。

袁世凯去世之后，顺位的接班人就是黎元洪。黎元洪在民国时期的政治家中，属于比较好的政治家。骂遍晚清民国政治家的章太炎，唯独赞扬黎元洪。黎元洪就是一个“好好先生”，他上任的第二年，又发生帝制复辟。

20世纪初期，中国进入一个民族国家建构的进程中，这条路究竟应该怎么走？民族权力和个人权利、国家权力和个人权利之间，究竟应该怎么平衡？在这个时候，全球发生了一场民族主义运动。

第九节　救亡压倒启蒙

中华民国死了

了解世界史的读者，应该会注意到，20世纪初，全球发生了普遍的民族主义运动。中国的民族主义运动也是在这个过程中被激荡起来的。国家和国家之间不愿意通过温和的谈判、友好的交涉去达成目的，而是采取冲突、战争的方式。在这样的状态下，中国的民族主义开始崛起。袁世凯时期之后，亡国的意识一直深刻地影响着中国人，所以中国人的基本价值倾向从没有完成的启蒙运动一下子过渡到救亡运动。这就是李泽厚所说的“救亡压倒启蒙”，这是中国近代史上一个尴尬的现象，也给后来的中国留下了很多隐患。

救亡和启蒙之间其实是一种此伏彼起的关系。20世纪初期，中国的民族主义崛起。北伐战争期间，发生了济南惨案。济南惨案就是民族主义冲突的集中体现，而这也导致了中华民国的终结（虽然北洋政府被推翻，成立了南京国民政府，还采用民国纪年，但其实中华民国已经不存在了）。

所以章太炎说，中华民国死了，他自称中华民国遗民。鲁迅也说自己是民国遗民，于是他跑到南方租界去了。这导致中国的政治体制发生了一个根本性的变革，从自由资本主义状态下不完美的共和立宪架构，转变成国民党一党独裁的党国体制。这其中除了有日本刺激下的国人民族主义因素，还有共产国际的因素。

这个时期，在民族主义冲突下，国家主义压倒一切，南京国民政府成立之后，国民党走向一党独裁。训政开始，人民的自由权利统统被剥夺。据说鲁迅之所以有那么多笔名，是因为他当时骂国民党最狠，笔名不停地被封。正是在这种状态下，民国进入了一个陈独秀、鲁迅都骂的时期。

民主才能救中国

1931年，蒋介石正儿八经地声称要建设一个“法西斯中国”，“法西斯”成为一个正面的词语。同年9月，九一八事变爆发，民族危机达到了极点，日本占领东三省，国家陷入最危急的状态。这个时候，中国就必须展开救亡运动。但到底该怎么救？胡绳认为，一定要让国民党放弃一党独裁，一定要建设宪政国家才能救亡，有民主才能抗战，没有民主就没法抗战。从1931年到1937年的六年里，中国大踏步地从国家主义、民族主义往个人权利诉求的方向走。国民党的法庭当时审判陈独秀，陈独秀在法庭上慷慨陈词，他的辩护律师章士钊也慷慨陈词。我们可以看到，民族危机严重的时候，一种自由主义的思想、启蒙的理念就又出现了。

日本展示了柳条湖事件的所谓证据，紧接着，民族危机继续加深。1937年，日本全面侵华。这个时候，中国的民族解放运动开始推动中国的政治民主化。我曾写过抗战时期中国思想界的有关文章，可以说，中国共产党在1931年到1945年对中国的民主和思想启蒙的贡献非常大。

共产党在当时就批判国民党的一党独裁，批判国民党政府的专制。在当时的共产党看来，未来中国应该是一个多党派的、各种声音都能够自由表达的宪政国家。

浴火重生

在各种力量的推动下，中国在经历了抗日战争这么一个灾难性的、惨痛的过程后，发生了脱胎换骨的变化。从两个方面可以证明：

一是内部的民主意识的提升，这符合宪政国家的建构。我们注意到，在抗战基本进入毛泽东所说的相持阶段之后，延安、重庆和华东地区、北平地区基本都不再有战争，这些地区的民众基本处在一个过日子的状态。这使得中国的民主建设在这几个地区都有所推动。

二是经过抗日战争，中国解决了和外部世界的关系问题。中国和外国在某个阶段发生的外交冲突，并不能构成中外之间的长时期的矛盾。中外双方在漫长的100多年的交往中，心理上的不适应是事实。但是我们注意到，在抗日战争的过程中，中国解决了和世界的关系问题。

太平洋战争爆发，是外交官胡适在美国辛苦做了几年工作的结果，不是激怒日本去打美国，而是促使美国在中日问题上站在中国一方。珍珠港事件发生的前一天，日本人还在美国做工作，要把美国拉到他们这边。胡适作为中华民国驻美大使，也在做美国人的工作，要求美国和中华民国站在一起。

1941年底，珍珠港事件发生之后，美国参战，中美结为盟国。从1942年到战争结束，三四年的时间，中国人的价值观和对外部世界的看法改变了。1945年，联合国开始构建，中国在美国的帮助下成为联合国的创始国，成为世界四强之一、联合国五常之一。在1945年构建联合国，恢复战后秩序时，中国对世界的关切、责任和担当上升到一个前所未有的高度。

总而言之，中国确实摆脱了当时内部和外部的困境，开始进入世界舞台。一直以来，人们都认为近代中国的发展是一个悲剧的过程，外国人打进来之后，中国就开始衰弱，沦为半殖民地半封建社会。但是，我们也应该看到，虽然中国的国家权力受到了削弱，但整个国家的精神和情怀在1860年之后就开始回升，等到第一次世界大战结束，中国就借由巴黎和会重回世界中心。第二次世界大战结束时，中国不仅重回世界中心，而且可以决定世界重大事情的走向了。

苦戰八年最後勝利終於到臨！

日本無條件投降

刊登日本无条件投降消息的报纸

在这个时期，历史的契机终于到来了，中国终于完成了自我蜕变，走出了“三千年未有之变局”，走向民族国家的发展道路。

图书在版编目（CIP）数据

中国通史大师课. 3 / 邓小南等著. -- 长沙：岳麓书社，2019.10

ISBN 978-7-5538-1157-4

Ⅰ. ①中… Ⅱ. ①邓… Ⅲ. ①中国历史—通俗读物 Ⅳ. ①K209

中国版本图书馆 CIP 数据核字（2019）第 146449 号

ZHONGGUO TONGSHI DASHI KE. 3
中国通史大师课. 3

作　　者：邓小南 等
责任编辑：奉懿梓　陆荣斌
监　　制：于向勇　秦　青
特约策划：张　卉
特约编辑：郑　荃
营销编辑：刘　迪　初　晨　王　凤
版式设计：李　洁
封面设计：格局视觉 Gervision
岳麓书社出版
地址：湖南省长沙市爱民路 47 号
直销电话：0731-88804152　88885616
邮编：410006
2019 年 10 月第 1 版　2019 年 10 月第 1 次印刷
开本：700×995　1/16
印张：18
字数：311 千字
书号：ISBN 978-7-5538-1157-4
定价：49.00 元
承印：三河市天润建兴印务有限公司

若有质量问题，请致电质量监督电话：010-59096394
团购电话：010-59320018